Oskar Treuber

Geschichte der Lykier

Oskar Treuber

Geschichte der Lykier

ISBN/EAN: 9783743397347

Hergestellt in Europa, USA, Kanada, Australien, Japan

Cover: Foto ©ninafisch / pixelio.de

Manufactured and distributed by brebook publishing software (www.brebook.com)

Oskar Treuber

Geschichte der Lykier

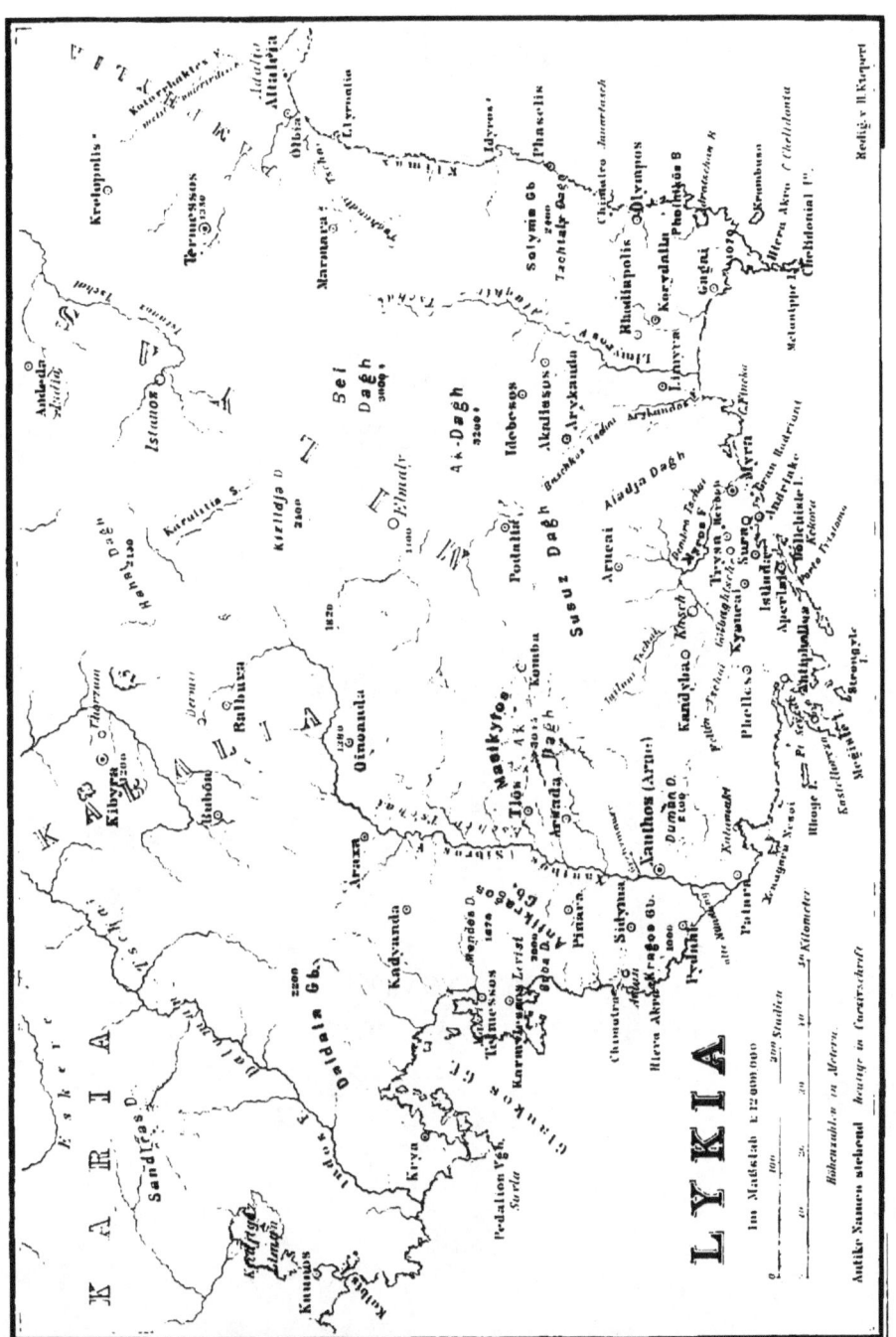

GESCHICHTE DER LYKIER

VON

Dr. OSKAR TREUBER
PROFESSOR AM KÖNIGL. GYMNASIUM IN TÜBINGEN.

MIT EINER VON H. KIEPERT ENTWORFENEN KARTE.

STUTTGART.
DRUCK UND VERLAG VON W. KOHLHAMMER.
1887.

Bestreben, soweit das Buch dadurch nicht unnötig mit Citaten belastet worden wäre, wo ich andern etwas verdankte, dies klar hervorzuheben.

Zum Schlusse bitte ich um eine gerechte und sachliche Beurteilung.

Silvester 1886.

O. Treuber.

Der Verfasser bittet noch vorhandene Druckfehler sowie Ungleichheit in der Bezeichnung der Citate und der Interpunktion damit zu entschuldigen, dass er während des Druckes infolge der Erkrankung des ihm befreundeten Kollegen, welcher ihm von Anfang an in der Korrektur beistand, auch noch die Güte eines zweiten in Anspruch nehmen musste, und dass er selbst in dieser Zeit durch den Tod seines einzigen Kindes in schwere Trauer versetzt wurde. Was die Beibehaltung der griechischen Form der Eigennamen anbelangt, so hat er sich erst im Verlaufe des Druckes davon überzeugt, dass sie, weil nicht auch nur annähernd durchführbar, besser unterlassen worden wäre.

Ende Mai 1887.

INHALTS-ÜBERSICHT.

	Seite
Erstes Kapitel. Das lykische Land	1
Zweites Kapitel. Der Lykier ethnologische Stellung und Vorgeschichte	13
Drittes Kapitel. Der Lykier älteste Berührungen mit anderen Völkern	47
Viertes Kapitel. Lykien bis zur persischen Zeit . .	88
Fünftes Kapitel. Lykien zur Zeit des persischen Reiches	95
Sechstes Kapitel. Der Lykier Rechtsgewohnheiten und Gräber	117
Siebentes Kapitel. Lykien vom Untergang des persischen Reiches bis 168 v. Chr.	134
Achtes Kapitel. Lykien als freier Bundesstaat unter römischem Protektorat	167
Neuntes Kapitel. Lykien als römische Provinz .	210
Nachträge	239

VORWORT.

Was ich hiemit veröffentliche, ist eine gründliche Umarbeitung und beträchtliche Erweiterung einer von mir im Jahr 1867/68 mit Erfolg ausgearbeiteten Preisaufgabe der hiesigen Universität: De Lyciorum terra, rebus gestis, institutis. Dem „nonum prematur in annum!" bin ich also doppelt gerecht geworden. Persönliche Verhältnisse, vor allem aber die Ansprüche, welche meine zudem häufig wechselnde Aufgabe als Lehrer an mich stellten, liessen mich in der Zwischenzeit zu keiner grösseren wissenschaftlichen Arbeit gelangen. Und auch jetzt sind es tempora subsiciva, durch deren Verwendung das kleine Werk entstand. Einem Lehrer an oberen Gymnasialklassen, der sich nicht zu der Höhe des Vortrages oder Diktierens ausgearbeiteter Manuskripte emporzuschwingen versteht, sondern des schlichten Glaubens ist, dass er vor allem verpflichtet sei seine Schüler nach und nach zu eigenem, selbständigen Denken anzuleiten, bleibt, vollends wenn er, wie bei uns in Württemberg gottlob noch ziemlich üblich, kein Fachlehrer ist, sondern z. B. wie der Verfasser zur Zeit neben griechischer und lateinischer Lektüre, sowie griechischer und lateinischer Komposition in mittelalterlicher und neuer Geschichte und in philosophischer Propädeutik zu unterrichten hat, nicht viel Zeit und meistens noch weniger geistige Energie zu Privatstudien übrig. Diesen Umstand dürften unter bei weitem günstigeren Verhältnissen arbeitende Akademiker, wenn sie Arbeiten eines Gymnasiallehrers beurteilen, manchmal mehr berücksichtigen.

Meinem verehrten Lehrer, Herrn Prof. Dr. A. Michaelis, der meine damalige Arbeit rezensierte, fühle ich mich heute noch, wie für freundliche Beurteilung, so für manche treffliche Bemerkung zu Dank verpflichtet. Es war mein Bemühen, meiner neuen Arbeit den Vorzug der reifen und durchaus selbständigen Durchdringung des geschichtlichen Teils zu sichern, welchen dieser Gelehrte meiner damaligen jugendlichen Leistung freundlichst zuerkannte. Wie weit es mir gelungen, habe nicht ich zu beurteilen. Dass Eines meiner jetzigen bescheidenen Arbeit abgeht, die Frische und Wärme der Darstellung, fühle ich selbst. Dieser Mangel ist teils Folge der schwierigen Umstände, unter denen ich öfters zu arbeiten hatte, und der häufigen, manchmal längeren Unterbrechung der Arbeit, teils ist er durch den Gegenstand selbst bedingt; Sprache und Ton der Untersuchung musste notwendig überwiegen, und wenig Gelegenheit war geboten „stilistische Kunst" in Zeichnung von Verhältnissen und Persönlichkeiten zu versuchen.

Vom Geo- und Topographischen habe ich nur soviel in die Arbeit aufgenommen, als für Verständnis der Eigenart, sowie der geschichtlichen Entwickelung des Volkes fördernd erschien. Herrn Professor Heinr. Kiepert in Berlin danke ich herzlich für die Güte, mit welcher er die Entwerfung des beigegebenen Kärtchens übernahm.

Gegenüber den verschiedenen Lesungen und Übersetzungen der Inschriften in lykischer Sprache und den darauf gebauten Einreihungen der Lykier in verwandtschaftliche Zusammenhänge glaubte ich Vorsicht anwenden zu müssen; man braucht z. B. nicht Sprachforscher von Beruf zu sein, um sich zu überzeugen, dass Savelsberg in seinen Beiträgen mit unzureichenden Mitteln und verfehlter Methode ans Werk gegangen.

Einen Versuch auf diesem Gebiete etwas Selbständiges zu leisten wollte und konnte ich nicht machen. Ich habe daher nur das benützt, was mir durch consensus gesichert schien. In Betreff der ethnographischen Stellung der Lykier habe ich deshalb wohl für manche eine zu skeptische Haltung eingenommen. Aber meiner Überzeugung nach ist, wenigstens zur Zeit, gegenüber den verschiedenen Aufstellungen, welche sie in einen grösseren Zusammenhang der Verwandtschaft bringen, die ἐποχή noch geboten.

Ein grösseres Mass von Berücksichtigung glaubte ich den Ergebnissen der Numismatik schuldig zu sein. Freilich ist auch da noch manches unsicher und schwankend; besonders in Bezug auf die Münzen mit Legenden lykischer Schrift und auf die Zugehörigkeit älterer Münzen nach Lykien. Auch Sixs neueste Bearbeitung der lykischen Münzen in der Revue numismatique 1886, von der ich die zwei ersten Artikel noch genauer einsehen konnte[1]), scheint mir noch manche höchst unsichere Aufstellung zu enthalten.

Nicht ohne jede Berechtigung könnte man an meiner

---

[1]) Die zwei letzten Artikel konnte ich während des Druckes noch einigermassen benützen. Six hat am Schlusse seiner Arbeit der gleichen Empfindung Ausdruck gegeben, wenn er (Rev. numism. 1887 S. 17) sich dahin ausspricht, dass er durch Umfang und Beschaffenheit des ihm zu Gebote stehenden Materials genötigt war über manche Fragen „des hypothèses souvent hasardées et en tout cas provisoires" zu bieten.

Arbeit zu geringe Berücksichtigung des archäologisch-kunstgeschichtlichen Teils bemängeln. Aber da ich mich auch auf diesem Gebiete zu wenig Fachmann fühle, so glaubte ich mich auf das beschränken zu sollen, was für die Geschichte im engeren Sinne von Wert ist oder was die Leser nicht in leicht zugänglichen Werken mindestens ebenso gut dargestellt finden, als es mir möglich gewesen wäre.

Auf absolute Vollständigkeit mache ich keinen Anspruch; wer die Art der Aufgabe erwägt, wird sie nicht verlangen. Sicherlich habe ich für meine umfangreichen Kollektaneen manches, manches auch bei der Ausarbeitung in denselben übersehen. Manche Notiz habe ich absichtlich unberücksichtigt gelassen, weil sie mir in ihrer Vereinzelung nicht verwertbar erschien.

Im Tübinger Gymnasialprogramm 1886 habe ich teils einleitende teils ergänzende kleinere Erörterungen zu meinem Buche gegeben. Das nächste wird noch einige Spezialfragen behandeln.

Ist es mir mit meiner Arbeit gelungen, das durch die zwei so erfolgreichen österreichischen Expeditionen, bei einigen auch durch die Frage des Mutterrechts in letzter Zeit wieder reger gewordene Interesse an diesem kleinen, eigenartigen Volke auch meinerseits zu fördern und wenigstens in manchem die geschichtliche Kenntnis seiner Geschicke und Einrichtungen zu sichern und zu vermehren, so wird mir das ein genügender Lohn für die viele Mühe sein, welche mich die Arbeit gekostet. Ich hoffe wenigstens das anerkannt zu sehen, dass ich mir die Sache nicht leicht gemacht.

Bei dem grossen Zeitabstand, welcher meine erste Bearbeitung von der jetzigen Arbeit trennt, könnte es scheinen, als ob ich manches andern entlehnt, ohne deren Priorität anzuerkennen. In Wirklichkeit war es mein

Erstes Kapitel.

Das lykische Land[1].

Mit dem Namen „Lykien" in seinem weiteren Sinne bezeichneten die Griechen die bogenförmige, den südwestlichen Auslauf des Taurossystems bildende hochgebirgige, zwischen $26^{3}/_{4}{}^{0}$ und $28^{1}/_{3}{}^{0}$ östl. Länge von Paris und 37^{0} und 36^{0} 10′ nördl. Breite liegende Halbinsel, deren Gürtung westlich durch den tiefen Golf von Makri (Telmessos), östlich durch die flache Bucht von Adalia (Attaleia) bezeichnet wird.

Als Zentrum dieses Gesamtlandes stellt sich das 1000 bis 1200 m hohe ausgedehnte Hochland von Elmaly dar, im Altertum mit dem Namen „Milyas" bezeichnet, der jedoch auch noch auf weiter nach Norden gelegene,

---

[1] Benützt sind in diesem Abschnitte: Ritters Erdkunde XIX. Teil. — Kiepert, Lehrbuch der alten Geogr. — Benndorf, Vorläufiger Bericht über zwei österr. archäol. Expeditionen nach Kleinasien (archäol.-epigr. Mitteilung. aus Österr. VI. Heft 11. 1883). — Benndorf-Niemann, Reisen in Lykien und Karien I. 1884 (von nun an „B.-N." citiert). — v. Warsberg, homer. Landschaften I. 1884 und Tietze, Beiträge zur Geologie Lykiens 1885 waren mir leider unzugänglich.

zu Pisidien gehörige Gegenden ausgedehnt wurde. Dieses Binnenhochland umsäumen langgestreckte Alpenketten, deren Gipfel zum Teil die Höhe von 3000 m überschreiten, im Westen der Ak-Dagh (mit dem Masikytos der Alten für eins erklärt), im Süden eine Kette, deren südwestlicher Teil heutzutage Susuz-Dagh heisst, während der nordöstliche ebenfalls als Ak-Dagh bezeichnet wird, im Osten der Posan, Oeren und Bei-Dagh; im Norden fehlt es an einer markanten einheitlichen und geschlossenen Abgrenzung, was neben der ursprünglich ethnischen Bedeutung des Wortes Milyas dessen dem Umfange nach unsicheren, schwankenden Gebrauch zur Folge hatte. Dieses Binnenhochland wurde jedoch erst spät höherer Kultur zugänglich gemacht und gehört kaum zum eigentlichen Schauplatz der lykischen Geschichte[1]). Diesen bilden die drei grossen Thäler, in welchen die Randgebirge des Binnenhochlandes ihre Gewässer dem Meere zusenden, im Westen das Thal des Xanthos (Sirbis), welcher, nachdem er den Gebirgswall durchbrochen, von Norden nach Süden fliesst, das älteste Lykien; im Osten des Gesamtlandes das im ganzen dem Xanthosthale parallele Thal des Alaghyr-Tschai (Limyros?), der seine Mündungsebene mit andern Flüssen teilt, rechts im Westen mit dem Baschôz-Tschai (Arykandos), links im Osten mit zweien ziemlich unbedeutenden, von kurzer Stromlänge. Das dritte dieser drei grossen Thäler ist das Dembre-Tschai (Myros); dessen oberer Teil, die Hochebene von Kasch genannt, zieht sich sieben Stunden lang der Meeresküste parallel von Südwesten nach Nordosten hin, erhält aber von dem südlich dem Meere zu gelegenen Gebirgszuge, der gegen das Flussthal in einer beinahe unzugänglichen 400 m hohen Felswand abfällt, keine

---

[1]) Demselben gehörten die Städte Podalia und Komba an.

Zuflüsse, sondern bildet den Sammelraum ausschliesslich für die Wasser der kontinentalen Hochgebirge. Der Fluss dieses Hochbeckens, das jedoch keiner intensiveren Bewirtschaftung und höheren Kultur Raum bietet, trägt den Sondernamen Fellén-Tschai und vereinigt sich, nachdem er eine grössere Anzahl von Nordwesten kommender Flussläufe in sich aufgenommen hat, bei Der-Aghzy mit dem in entgegengesetzter Richtung strömenden Irnes-Tschai; dann durchbrechen die Wassermassen den Südrand des Küstengebirges, fliessen in der Richtung von Nordwesten nach Südosten in einem schmalen, von wasserlosen Rändern eingeschlossenen Thale der Küstenebene des alten Myra (h. Dembre) zu, welche allein Sitz grösserer Ansiedelungen und einer entwickelteren Kultur werden konnte, aber eines eigenen Hafens entbehrt.

Zu den das Hochland von Elmaly einschliessenden Zentralgebirgszügen bilden die übrigen Gebirge Lykiens niedrigere Vorwerke: im Osten die lange, anfangs in einer Gabelung vom pisidischen Termessos und pamphylischen Attaleia nach Süden bis zum Kap Chelidonia sich erstreckende Solymerkette, deren Mitte ungefähr der alte Solymastock, der heutige Tachtaly-Dagh (2400 m) bildet, an dessen Fusse am Meere das frühe von dorischen Kolonisten besetzte Phaselis mit seinen drei Häfen lag. Weiter nach Süden in der Nähe der Erdfeuer von Janartasch am nördlichen Fusse eines etwa 1000 m hohen Bergstockes, der Phoinikus oder Olympos hiess, lag die Stadt Olympos. Den entsprechenden Westwall des lykischen Landes bildet der vereinzelte, von dem erst spät lykisch gewordenen Telmessos (Makri) südwärts bis zu der kleinen Bergfeste Pydnai sich erstreckende Gebirgszug, dem jetzt auch von Kiepert auf seiner 1884 erschienenen Karte von Lykien die Namen Kragos und Antikragos so beigelegt werden, dass der beträchtlich grössere, nörd-

4 Erstes Kapitel.

lich vom Awlanthal liegende Teil letzteren, der kleinere südlichere ersteren Namen erhielt[1]), während er früher Schönborn sich anschliessend, dieser ganzen westlich vom Xanthosthal liegenden Kette den Namen Antikragos beilegte (so noch im Lehrbuch der alten Geographie S. 124) und mit Kragos den das Xanthosthal im Osten abgrenzenden Gebirgszug bezeichnete, vor allem den westlichen Ak-Dagh, welchem jetzt auf seiner Spezialkarte der alte Namen Masikytos beigefügt ist.

Telmessos liegt an einer Bucht, welche einen Teil des alten Sinus Glaucus, heute Golf von Makri bildet und einen zugänglichen Landeplatz bietet; sonst aber fehlt es der ganzen Westküste Lykiens mit einziger Ausnahme

---

[1]) K. schliesst sich hierin den Ausführungen in B.-N. S. 57 an. Da das Wort Kragos ursprünglich appellative Bedeutung hatte (auch im rauhen Kilikien trägt eine πέτρα περίκρημνος πρὸς θαλάσσῃ diesen Namen Str. XIV p. 669. Ptol. V, 8, 2 führt in der zu diesem Lande gehörigen Landschaft Selinitis ein Ἀντιόχεια ἐπὶ Κράγῳ an; Appian Mith. 96 nennt sicherlich nach dem rauhen Kilikien gehörige Kastelle Κράγος und Ἀντίκραγος, letzteres wohl auf Missverständnis beruhend, vgl. auch An. stad. mar. magn. 200—201), da ferner Bezeichnungen wie Ἀντίκραγος, Ἀντίταυρος, Ἀντιλίβανος nicht naturwüchsig sind und nicht im praktischen Leben verwendet werden, sondern den Stempel mehr wissenschaftlicher Terminologie an sich tragen, so würde an und für sich die Schönbornsche Verteilung der beiden Bezeichnungen sich mehr empfehlen. Denn wird ein Name x, der im epichorischen Sprachgebrauch zwei Gebirgszügen angehört, später von mehr wissenschaftlicher Terminologie nur auf einen der beiden angewandt, während der andre antix benannt wird, so wird die das x im engeren Sinne des Wortes und das antix scheidende Mitte ein räumlich und geschichtlich bedeutender Einschnitt sein. Das ist aber das Xanthosthal um ein gutes mehr als das Awlanthal. Dass ein von B.-N. a. a. O. für ihre Ansicht verwandter inschriftlicher Beweis unsicher ist, darüber s. meine „Beiträge zur Geschichte der Lykier", Tübinger Gymnasialprogramm 1886 (von nun an mit „T. Gpr. 1886" bezeichnet) S. 17.

des im Südende der Gürtung der Halbinsel von Makri
gelegenen Karmylessos an bequemen Ankerplätzen.

Nordöstlich von Telmessos ist die Stätte des hochgelegenen Kadyanda, südöstlich von demselben, so ziemlich unter derselben Länge wie Kadyanda lag auf einem dem Xanthosthale zugewandten über 800 m hohen Ausläufer des „Antikragos" Pinara, eine der ältesten und grössten Städte Lykiens, dessen Name in dem heutigen eine Stunde westlicher liegenden Minara erhalten ist. Südlich vom Awlanthal lag im Gebiet des „Kragos" das beinahe gleich hohe Sidyma, auch Kragos genannt, das in dem kleinen Kalbatia einen Hafenort hatte. Mit der alten Iliera Akra, der Südwestspitze Lykiens, beginnt die Südküste des Landes, bis Pydnai gebirgig, da der südöstliche Rand des „Kragos" meistens bis zum Meer reicht. Bei dieser kleinen Feste fängt die aus angeschwemmtem Boden bestehende Mündungsebene des Xanthos (h. Eschén-Tschai) an, der in diesem Jahrhundert seine Mündung bedeutend nach Osten verlegt hat. Was überhaupt eine Eigentümlichkeit Lykiens, vor allem seiner Flussgebiete ist, die rasche Aufeinanderfolge der Eigenart der Hochgebirgslandschaften und der Ebenen, alpiner Frische und subtropischer Üppigkeit und Hitze, zeigt sich besonders beim Xanthos. Im Verlaufe weniger Wegstunden fällt er, indem er den hohen Gebirgswall durchbricht, um etwa 800 m. Hat Ende Februar im mittleren Thale der schönste Frühling sich entfaltet, so herrscht auf dem Ak-Dagh und den übrigen das Flussthal umsäumenden Gebirgshöhen noch der Winter mit seinen Schneemassen und um Patara an der Strommündung ist die Hitze beinahe schon unerträglich geworden — diese Gegensätze bei einander in einem Stromlaufe von nicht mehr als 20 Wegstunden Länge. Im Sommer ist der Aufenthalt in der Thalsohle beinahe unmöglich; die heutigen Bewohner ziehen mit ihren Herden aufs Gebirge, auf die Jailas: eine Gewohnheit, die wir wohl auch für die alte Bevölkerung, soweit es Besitz und Art des Erwerbs ihr ermöglichte, annehmen dürfen, mag auch immerhin infolge der geringeren Dichtheit der Bevölkerung und des damit gegebenen verminderten Anbaus das Sommerklima des Thales ungesunder und extremer geworden sein. Ganz nahe an dem südlichen Ende des Durchbruches liegt auf dem rechten Ufer das kleine Araxa. Etwa 25 km weiter abwärts, über eine gute Wegstunde vom linken Ufer entfernt liegt Tlos mit seiner 460 m hohen Bergfeste, ein „vollkommenes Gegenstück" zu Pinara; seine Ruinen sind heutzutage grösstenteils in „grandiosen Urwald eingewirrt". Etwa 8 Stunden weiter abwärts lag hart am linken Ufer des Stroms die ihm gleichnamige Stadt Xanthos, deren älterer lykischer Name Arne war, bis zum Beginn der römischen Kaiserzeit die bedeutendste Stadt des Landes. Der Anblick, der sich von der 100 m hohen Akropolis dem entzückten Auge auf das $2^1/_2$ Stunde entfernte Meer und auf die das Thal umrahmenden Gebirgszüge darbietet, wird mit dem Ausblick verglichen, welchen man von der athenischen Akropolis aus geniesst; jedoch ist das Bild kontinentaler und die von ihm gebotenen landschaftlichen Gegensätze sind energischer. Über 2 Stunden weiter abwärts, etwa $^1/_2$ Stunde von der jetzigen Mündung des Stromes entfernt lag Patara, die Stätte eines alten apollinischen Orakels, im Besitz eines jetzt verschlammten Hafens, in römischer Zeit eine Hauptstation des Orientverkehrs; seine Stätte ist heute gänzlich versumpft und bis zur Unbewohnbarkeit ungesund. Ungefähr in der Mitte zwischen diesen beiden Städten des unteren Stromgebietes lag, heute infolge der Anschwemmungen vom Meere doppelt so weit entfernt als Strabo angiebt, das offene Letoon, das

Zentralheiligtum früher der Städte des Xanthosthales, später des lykischen Bundes, der lykischen Landesgöttin Leto geweiht, dem Anschein nach frei von dauernder menschlicher Niederlassung.

Nahe bei Patara befinden sich die westlichen Ausläufer des Strandgebirges, welches die Mitte der lykischen Südküste bildet und als drittes den Zentralketten vorliegendes Vorwerk betrachtet werden kann. Das Gebirge fällt meistens steil ins Meer ab. Die Rhede von Patara ist östlich von einer sehr gebirgigen vorspringenden Halbinsel eingeschlossen, hinter welcher eine Bucht liegt, welche heute nach der kleinen Ortschaft Kalamaki benannt wird, wohl der von Liv. 37,16 als Phoinikus benannte Hafen; zwei kleine vor dieser Bucht liegende Inseln führten im Altertum den Namen der Inseln des Xenagoras[1]). Von dieser Bucht an fällt eine lange Strecke entlang das Küstengebirge in steilem und nur selten durch schmale Terrassen unterbrochenem Abhange aus einer Höhe von über 1000 m ohne irgend welchen Ufersaum ins Meer hinab. Dann streckt sich eine schmale gebirgige hakenförmig gebogene Landzunge ins Meer vor, im ganzen dem Hauptzug des Strandgebirges parallel laufend, und bildet so zwei Buchten, eine nördliche, heute „Port Vathy", eine südliche „Port Sevedo", geeigneter zum Landen als die erstere. Im nördlichsten Winkel der letzteren lag das alte Antiphellos (älterer Name Habesos), bei dem, wie bei Telmessos und auch an andern Stellen Lykiens die Küste seit dem Altertum sich gesenkt hat. Nördlich von diesem Küstenorte, jenseits des Gebirgskamms, ist die Stätte des alten Phellos, das an Bedeutung und Bevölkerung

---

[1]) Stadiasm. 218. 19. (Nach dem Halikarnassier Xenagoras benannt, der nach Her. 9, 107 den Bruder des Xerxes Masistes rettete und dann Κιλικίης πάσης ἦρξε ζῶντος βασιλέως?)

vom ersteren nach und nach überholt wurde; in grösserer Entfernung nördlich von Phellos lag Kandyba. Etwas entfernt vom Ausgang der Bucht befindet sich eine grössere Insel, im Altertum Megiste, heute Kasteloryzo genannt, in alter Zeit im Besitze von Rhodos, heute der Hauptsitz griechischer Handelsleute, welche vor allem lykisches Holz nach Syrien und Alexandria ausführen, merkantil der bedeutendste Ort der lykischen Südküste von Patara an bis zum Südostkap (K. Chelidonia). Von Antiphellos an ist die immer noch gebirgige Küste reich ausgezackt. Von den so gebildeten Buchten heben wir nur einige hervor: am sehr schmalen Ausgange einer beinahe ganz geschlossenen Bucht lag das alte Aperlae; geschützt ist die Bucht noch dadurch, dass den sie bildenden Landzungen die langgestreckte Insel Dolichiste (heute Kekowa) vorliegt. Nördlich von Aperlae in der Binnengebirgslandschaft lag Kyaneae. An diese Bucht reiht sich eine zweite grössere und bedeutend offenere an, an der die alten Städte Sura und Andriake lagen, und in die der kleine Küstenfluss Andriakos mündet. Nördlich von dieser Bucht, aber bis in die allerjüngste Zeit einer einen halbwegs bedeutenden Transport gestattenden Wegeverbindung entbehrend, befindet sich die Stätte des laut einer Inschrift zum Demos Trysa gehörigen Heroon von Gjölbaschi, dessen Skulpturen durch die zweite österreichische Expedition vom Jahre 1882 nach Wien verbracht worden sind.

Östlich von dem Vorgebirge von Andriaki beginnt die Mündungsebene des Myros; das eine Stunde vom Meer entfernte Myra gehörte zur Zeit des unabhängigen lykischen Bundesstaates zu den bedeutendsten Städten desselben; in byzantinischer Zeit wurde es Hauptstadt des Landes. Die Mündungsebene des Myros ist durch eine halbkreisförmige, vielfach ausgezackte gebirgige

Halbinsel von der bedeutend grösseren Mündungsebene des Alagbyr-Tschai und seiner Parallelflüsse getrennt. Die Städte derselben lagen an ihrem inneren Rande: Limyra an einem rechten Zuflusse des Arykandos, an dessen Oberlauf nahe dem südlichen Zentralgebirge die ihm gleichnamige Stadt Arykanda lag, westlich vom Hauptstrom zu beiden Seiten desselben die lange Zeit rhodischen Niederlassungen Rhodiapolis und Korydalla; am südöstlichen Endwinkel der Ebene nahe dem Meere das ebenfalls rhodische Gagai (Palaiapolis). Das Südostkap Lykiens, das K. Chelidonia, bildet die Südspitze einer dreieckförmigen gebirgigen Halbinsel. Südlich von ihm liegen die chelidonischen Inseln, welche in der Überlieferung des sogenannten kimonischen Friedens teilweise als Grenze des persischen Machtbereichs genannt werden.

Von der Halbinsel des rauhen Kilikiens, mit der Lykien zu vergleichen nahe liegt, unterscheidet es sich dadurch, dass es kein so grosses tiefeinschneidendes von Westen nach Osten sich erstreckendes Querthal hat wie Kilikien an seinem Kalykadnos, und dass die lykischen Gebirgszüge nicht alle der Küste parallel sich ziehen. Auch ist seine Küste etwas reicher entwickelt und an manchen Stellen durch vorliegende Inseln besser geschützt. Andererseits besitzt es nicht die reiche Küstenentwickelung und die tiefen Einschnitte von Westen nach Osten, welche den Ländern der kleinasiatischen Westküste eigentümlich sind. Seine Küstenbildung lässt Schiffahrt zu; aber zumal da den grösseren Strandebenen die natürlichen Häfen fehlten[1]), konnten Schiffahrt, Gewerbe und Handel nie

---

[1]) Strabo XIV, 664 bezeichnet den παράπλους ἅπας ὁ Λυκιακός als τραχὺς καὶ χαλεπός, ἀλλ'εὐλίμενος σφόδρα. Von natürlichen Häfen fallen dieser Angabe gegenüber für den grössten Teil der lykischen Geschichte der Hafen von Telmessos und die drei Häfen von Phaselis ausser Betracht.

ein überwiegender Faktor des Erwerbslebens werden. Viehzucht, zu der die Gebirgstriften einluden, Ackerbau[1]), zu dem die Ebenen geeignet waren, behielten neben jenen stets die grössere Bedeutung. Vor allem war das Land reich an Holz; seine ungemein hohen Zedern, Tannen und Platanen werden von Plinius gerühmt[2]). Es erzeugte auch Safran, wenn auch nicht von so geschätzter Qualität, wie der kilikische war[3]); ihm eigentümlich war eine besonders weiche Art von Badeschwamm, der bei Antiphellos gewonnen wurde[4]). Im ganzen genügte das Land bei bescheidener Lebenshaltung den Bedürfnissen seiner Bewohner. Auf Verkehr unter sich waren die einzelnen Teile von jeher angewiesen; eines regen Verkehrs mit andern Ländern konnte Lykien eher länger entbehren[5]). Das Land wurde häufig von Erdbeben heimgesucht[6]).

Lykien ist von seinen Nachbarländern aus zu Lande sehr schwer zugänglich: von Karien, überhaupt von der kleinasiatischen Westküste ist es abgeschlossen durch

---

[1]) auch Weinbau. Plin. 14, 118 erwähnt eine besondere Art „Lycia" (uva) quae (alvum) solutam firmat.

[2]) Plin. 12, 9. 13, 52. 16, 137.

[3]) Plin. 21, 31. 33.

[4]) Plin. 31, 131. (Arist.) de anim. VI, 5. Auch ein Medikament der Alten „lycium" hat von Lykien den Namen, wenn es auch nicht ausschliesslich in diesem Lande gewonnen und bereitet wurde; in Lykien aus dem Tausendgüldenkraut centaureum bereitet s. Plin. 25, 67. Ferner fand häufige und mannigfache Verwendung in der alten Heilkunst der in der Nähe von Gagae gefundene lapis Gagates λίθος γαγάτης: Plin. 36, 34. Galen XII p. 203 ed. Kühn. Nicander Theriaca 37. Nach Blümner eine Art Erdharz, Erdpech oder Smalte.

[5]) Iunioris philos. totius orbis descr. 46 (das griech. Original etwa der Mitte des 4. Jahrhunderts n. Chr. entstammend) Lycia regio sibi sufficiens.

[6]) Plin 2, 211: adnotatum est in Lycia semper a terrae motu quadraginta dies serenos esse.

die Wildnisse des Stromgebietes des alten Indos (d. h.
Doloman-Tschai), das zwischen imposante Hochgebirge
eingesenkt ist; von Pamphylien scheidet es der ähnlich
gestaltete Oberlauf des Alaghyr-Tschai und die denselben und den Lauf des Tschandyr-Tschai einengenden
Gebirgsmassen; an Lykiens Ostküste führt von Phaselis
bis zur Ebene von Adalia ein nur bei Windstille gang-
barer schmaler Küstenpfad, die sogenannte Klimax.
Auch zu den phrygischen und pisidischen Binnen-
grenzlandschaften führen nur schwierig zu begehende
Verbindungswege.

Ähnlich ist zur See der Verkehr von und nach Lykien nicht besonders erleichtert; am meisten noch mit
Rhodos. Es fehlt dem Lande im Unterschiede von den
westkleinasiatischen Landschaften an einer es mit Europa
verbindenden Inselkette; infolge davon gehört es auch
kulturgeschichtlich schon mehr zum eigentlichen Asien.

Diese Isoliertheit des Landes musste bewirken, dass
die Lykier uralte Sitten und Einrichtungen lange bei-
behielten und fremden Einwirkungen nicht leicht zugänglich waren, sowie dass, was ihnen von fremden
Kulturelementen besonders in Kunst und Religion zu-
ging, von ihnen nicht alsbald, indem sie gleichsam nur
den Transit besorgten, weitergegeben, sondern vorher
verarbeitet und umgestaltet wurde. Lykien war von der
Natur dazu geschaffen, in manchen Stücken das ver-
mittelnde Glied zwischen Vorderasien, besonders Syrien
und den Euphratländern, und Europa zu bilden.

Andrerseits ist aber die Lage Lykiens doch nicht so
isoliert, dass das Volk der stählenden Einwirkungen des
Kampfes ums Dasein entbehrt hätte. Wie wir sehen werden,
hatten die Lykier schon geraume Zeit, ehe die grossen
Reiche ihrer Selbständigkeit gefährlich wurden, einen Teil
der Küsten ihres Landes gegen die Rhodier zu verteidigen.

Ähnliche Isolierung zeigt sich im Verhältnis seiner einzelnen Landschaften. In einem stramm zusammengefassten und seine Teile gleichförmig gestaltenden Einheitsstaat des Landes Kantone zu vereinen machte die Geschlossenheit seiner einzelnen Gebirgslandschaften von vornherein unmöglich. Ja selbst das Xanthosthal für sich betrachtet ist nicht dazu geschaffen unter eine straffe, einheitliche Leitung zu kommen; die Bergstädte Pinara und Tlos konnten nicht von Xanthos, der Stadt der Niederung aus beherrscht werden; ebensowenig war auf irgend welche längere Dauer schon wegen der Rivalität der beiden ersteren das Umgekehrte möglich. Durch die Figuration des Thales waren seine Städte darauf angewiesen, wenn auch auf dem Umwege partikularistischer Fehden zu einem föderativen Ausgleich ihrer Ansprüche zu kommen. Und hierin war das Xanthosthal, das lange Zeit beinahe einziger Sitz lykischer Kultur und eines entwickelteren staatlichen Lebens war, und auch, nachdem andre Gebiete denselben erschlossen waren, der bedeutendste Faktor blieb, vorbildlich für die spätere staatliche Entwickelung des gesamten lykischen Landes. Die Abgeschlossenheit und der verhältnismässig geringe Umfang des Gesamtlandes trug andrerseits dazu bei, dass das lykische Volk schliesslich auf lange Zeit zu einer gesunden Föderation sich zusammenfand.

Da Meer und Binnenlandschaft, Ebene und Hochgebirge in Lykien eng bei einander liegen, so waren seine Bewohner in Beziehung auf den Einfluss, den das Land auf die Gemüts- und Geistesrichtung seiner Bewohner ausübt, vor starker Einseitigkeit bewahrt und die einzelnen Kantone bildeten unter sich eine im ganzen heilsame Ausgleichung.

Zweites Kapitel.
Der Lykier ethnologische Stellung und Vorgeschichte.

Die älteste sichere Erwähnung der Lykier liegt uns in Homers Ilias vor, in der dieses Volk eine hervorragende Rolle unter den Bundesgenossen der Troer spielt und unverkennbar vom Dichter mit besonderer Hochachtung behandelt wird.

Lykier bei Homer.

Es darf jedoch als sicher angenommen werden, dass die Lykier nicht dem ursprünglichen Kerne angehören, aus dem durch eine Reihe aufeinander folgender Erweiterungen unsere Ilias entstanden ist. Andererseits sind sie aber auch nicht erst durch die jüngsten Zusätze in das Epos hineingekommen[1]). Einen Anlass zur Einreihung der Lykier in die Zahl der Bundesgenossen der Troer mag immerhin der von Herodot I. 147 berichtete, von Duncker[2]) wohl mit Unrecht als unbegründet auf

---

[1]) Diejenigen Partien der Ilias, in welchen lykische Helden thätig sind, habe ich besonders in Rücksicht auf ihr verhältnismässiges Alter besprochen in T. Gpr. 1886 S. 1—6.

[2]) G. d. A. V⁵ S. 194.

die Seite geschobene Umstand gegeben haben, dass in
einigen der ionischen Städte Kleinasiens die fürstlichen
Geschlechter sich vom lykischen Glaukos ableiteten,
aber keineswegs war sie die Ursache, wie Niese[1]) in
seiner einseitigen, die Sagen durchaus und ganz von der
Phantasie oder dem jeweiligen Belieben der Dichter
ableitenden Auffassung glaubt. Ein weiterer Anlass,
der aber wohl mit dem, was Herodot angiebt, im Zusammenhang stand, kann die Zurückführung der Gründung Milets auf Sarpedon gewesen sein[2]). In Wahrheit
wird diese Einreihung zur inneren Vorbedingung das gehabt haben, dass die Lykier in der sagenhaften Überlieferung von den früheren Völkerkämpfen Kleinasiens,
wie sie zur Zeit des Ausbaues des homerischen Epos
unter den Ioniern vorhanden war, keine geringe Rolle
spielten und auch noch für die ionischen Verhältnisse
der damaligen Gegenwart von Bedeutung waren.

südliche und nördliche Lykier. In Beziehung auf Homer ist nun eine Entscheidung
der Frage zu versuchen, ob uns in der Ilias neben den
südlichen, im Xanthosthal sitzenden Lykiern in unzweifel-
hafter Weise noch nördliche Lykier im Aiseposthal ent-
gegentreten, und ob, wenn wir diese erste Frage bejahen,
diese nördlichen Lykier als ein Volk zu betrachten sind,
das wirklich einmal existiert hat. Dass bei Homer sich
zweierlei Lykier finden, galt im Altertum für ausgemacht[3])
und damit war für die Alten nach ihrer ganzen Auf-
fassungsweise auch die historische Existenz nördlicher
Lykier gegeben.

Neuerdings dagegen ist von verschiedenen Seiten

---

[1]) Entwicklung der homerischen Poesie S. 111.
[2]) Strabo XII, 573. Robert, Bild und Lied S. 115 ff.
[3]) Strabo XII, 572 οἱ διττοὶ Λύκιοι; vgl. ausserdem noch XI,
565. XII, 585. 586. 596 und Eustathius zu Il. IV, 101. VI, 171
und dessen Citat aus Arrian zu Il, 824. Plutarch de mul. virt. c. 9.

behauptet worden, dass eine direkte durchaus bestimmte Erwähnung nördlicher Lykier bei Homer nicht vorliege, und deren historische Existenz bestritten worden [1]). Richtig ist, dass sich in Homer keine Stellen finden, wo ganz unzweifelhaft die Leute des Pandaros unter der Bezeichnung Lykier zu verstehen wären. Dagegen wird V, 105 und 173 Pandaros als aus Lykien stammend bezeichnet. Ob in der sechsmal[2]) dem Hektor in den Mund gelegten Anrede

Τρῶες καὶ Λύκιοι καὶ Δάρδανοι ἀγχιμαχηταί

die Stellung des Λύκιοι einen unanfechtbaren Beweis dafür abgiebt, dass diese Lykier in unmittelbarer Nachbarschaft der Troer sassen, wie von Christ[3]) behauptet, könnte immerhin in Zweifel gezogen werden mit Berufung darauf, dass diese Stellung, von einer Änderung des Epitheton abgesehen, die rhythmisch allein mögliche ist. Andererseits kann die Bezeichnung der Leute des Pandaros als Τρῶες in II, 826, die spätere Entstehungszeit des Troerkatalogs unberücksichtigt, nicht gegen die Annahme von Lykiern im Aiseposthale geltend gemacht werden, da auch schon zwischen den südlichen Lykiern und den Troern manche Berührungspunkte vorhanden sind und diese Bewohner des Aiseposthals mit dem Reiche der Troer politisch zusammenhingen. Wenn ferner nach Strabo[4]) in der zum südlichen Lykien gehörenden Stadt Pinara Pandaros als Heros verehrt wurde, so nötigt das nicht zu der Annahme, dass Pandaros ur-

---

[1]) Ed. Meyer, Geschichte der Troas S. 6. Niese S. 111 Anm. 2. Sittl, Philologus 1885 Heft II.
[2]) VIII, 173; XI, 286; XIII, 150; XV, 425, 486; XVII, 184.
[3]) Die sachlichen Widersprüche der Ilias, Sitzungsberichte der philos.-philolog.-histor. Kl. der Kgl. bayr. Ak. d. W. 1881, II S. 158 ff.
[4]) XIV, 665.

sprünglich entweder neben Glaukos und Sarpedon Führer der einzig existierenden südlichen Lykier war und erst später nach Zeleia am Aisepos versetzt wurde, welche Versetzung dann die missverständliche Annahme eines nördlichen Lykiens zur Folge gehabt hätte[1]), oder dass in einer Version der Sage Pandaros, in der andern Glaukos und Sarpedon die Führer der einzig vorhandenen südlichen Lykier waren und durch eine gewaltsame Vermittlung dieser beiden Versionen Pandaros aus dem südlichen Lykien entfernt und auf Grund davon, dass in Zeleia sich zufällig auch der Kult des Ἀπόλλων Λυκηγενής fand, hier untergebracht wurde[2]). Ebensogut kann diese Thatsache als Beweis dafür betrachtet werden, dass zwischen dem südlichen Lykien und einem nördlichen ein innerer Zusammenhang vorhanden war. Die Existenz von nördlichen Lykiern ist aber unserer Ansicht nach positiv bezeugt durch Strabo[3]). Diese Angabe des Kallisthenes, dass Lykier im Verein mit den Trerern Sardes zerstörten, ist denjenigen, die an die Existenz von nördlichen Lykiern entweder nicht dachten, oder dieselben verwerfen zu müssen glaubten, unverständlich vorgekommen[4]). Es ist aber die Annahme, dass das Λυκίων entweder in dem Text des Kallisthenes, auf den Strabos Angabe zurückgeht, oder in dem Text Strabos selbst durch Verderbnis entstanden wäre, ausgeschlossen, da ein Λυδῶν und wohl auch ein Κιλίκων, woraus durch Verwechslung Λυκίων hätte werden können, sachlich unmöglich ist.

[1]) Niese a. a. O. S. 109, 111.
[2]) Sittl, Philologus 1885 Heft II.
[3]) XIII, 627: φησὶ δὲ Καλλισθένης ἁλῶναι τὰς Σάρδεις ὑπὸ Κιμμερίων πρῶτον, εἶθ᾽ ὑπὸ Τρηρῶν καὶ Λυκίων, ὅπερ καὶ Καλλῖνον δηλοῦν, τὸν τῆς ἐλεγείας ποιητήν.
[4]) Ed. Meyer, Geschichte des Altertums I, S. 455.

Kallisthenes hat diese Angabe, die er vielleicht von seinem Oheim Aristoteles überkommen hatte, wohl in einem Exkurs seiner Geschichte des Kriegszugs Alexanders nach Asien gemacht. Braucht es nun auch jetzt keines Beweises mehr, dass in Wirklichkeit Sardes nur einmal von Kimmeriern eingenommen wurde[1]), so kann Kallisthenes, als er zur unrichtigen Annahme zweier derartiger Eroberungen, allerdings überwiegend aus einem anderen Grunde, gelangte, doch neben einer Angabe, welche die Eroberung den Kimmeriern zuschrieb, auch eine andere vorgelegen sein, nach der Trerer und Lykier Sardes eroberten. Über das Verhältnis der Trerer zu den Kimmeriern war überhaupt keine Klarheit vorhanden, wie aus Strabo zu ersehen[2]). Als sicher darf angenommen werden, dass die Kimmerier, auf dem das europäische Küstengebiet des schwarzen Meers entlang führenden Weg in die Gegend der Propontis ziehend, die thrakischen, ihnen stammverwandten Trerer[3]) mit sich fortrissen. Ähnlicherweise schlossen sich ihnen auch kleinasiatische Stämme an, wie sie ja auch wahrscheinlich von den Ephesiern in ihrem Kampf gegen Magnesia als Bundesgenossen verwendet wurden. Unter den Lykiern, die vereint mit Kimmeriern oder Trerern Sardes einnahmen, kann eine zu den südlichen Lykiern ge-

[1]) Rohde, Rhein. Mus. XXXVI S. 559 ff. und Ed. Meyer, Geschichte des Altertums I, a. a. O.

[2]) Der (XIV, 647) die Trerer als ein kimmerisches Volk, (I, 6) als für manche mit den Kimmeriern zusammenfallend bezeichnet, dieselben aber an letzterer Stelle gleich darauf wieder von ihnen trennt, XIII, 586 sie zu den Thrakern rechnet, XII, 552, wie oft, für seine Auffassung und Wertschätzung Homers gegen Apollodor polemisierend, sie mit den Kimmeriern von jenseits des Halys nach Kleinasien kommen lässt.

[3]) von Bergk werden sie sehr kühn für Kelten = Treviri erklärt.

hörende Schar nicht verstanden werden, da uns davon, dass Kimmerier oder Trerer bis ins Xanthosthal vordrangen, was an und für sich schon wegen der schwierigen Kommunikation zu Lande wenig wahrscheinlich wäre, nichts überliefert ist, und andererseits die südlichen Lykier, wie wir später ausführen werden, um diese Zeit durch Kämpfe gegen die Milyer, sowie durch die Notwendigkeit, die nicht erfolglosen Versuche, welche damals griechische Elemente unter Führung von Rhodos machten, um sich im Osten des lykischen Gesamtlandes festzusetzen, zurückzuweisen oder wenigstens einzudämmen, hinlänglich in Anspruch genommen waren, so dass ein von einem Teil derselben ins Innere von Kleinasien ausgeführter Raubzug nicht wahrscheinlich ist. Dagegen steht der Annahme, dass nördliche Lykier von kimmerischen Scharen mit fortgerissen wurden, nichts im Wege, zumal da dieselben bei den wirren Verhältnissen, welche gerade im nördlichen Teil Kleinasiens vorhanden waren, geneigt sein mochten, ihre Heimat zu verlassen. Diese nördlichen Lykier gingen dann mit den von Lygdamis geführten kimmerischen oder trerischen Scharen in Kilikien, wohin sie sich wandten, als anderswo für sie kein Raum oder keine Beute mehr vorhanden war, zu Grunde. So verschwanden diese nördlichen Lykier etwa im letzten Drittel des siebenten Jahrhunderts vom Schauplatz der Geschichte, und wenn im Troerkatalog[1]) das Gebiet des Pandaros nicht als Λυκία, und seine Scharen als Τρῶες bezeichnet sind, so kann das auch darin begründet sein, dass zu der Zeit, aus der dieses Verzeichnis herrührt, die nördlichen Lykier schon ausgewandert und untergegangen waren.

[1]) Ilias II, 824 ff.

Bei Homer haben die südlichen Lykier, die wir von nun an unter der Bezeichnung „Lykier" verstehen, zum Gebiet das Thal des unteren Xanthos, wozu natürlich auch die zu beiden Seiten desselben sich erstreckenden Gebirgszüge gehören[1]). Die Kämpfe, die Bellerophon mit den Solymern führt, sind in Wirklichkeit Kämpfe, welche die Lykier sehr lange mit einem unmittelbar benachbarten Stamme führten, den sie immer mehr nach Norden und Osten zurückdrängten, wie derselbe seinerseits manchmal verheerend in das untere Xanthosthal eingebrochen sein wird. Herodot[2]) behauptet, dass die Lykier in der Vorzeit unter Führung des von seinem Bruder Minos in einem Thronstreit verdrängten Sarpedon aus Kreta eingewandert seien. Diese Einwanderungssage berechtigt so wenig zu der Behauptung, dass die Lykier wirklich von Kreta eingewandert sind, dass sie nicht einmal eine sichere Grundlage dafür gewährt, eine engere Verwandtschaft zwischen den Lykiern und dem älteren barbarischen Teil der Bevölkerung Kretas anzunehmen. Denn sie muss nicht notwendig aus einer lange Zeit durch Fortpflanzung von Generation zu Generation sich erhaltenden Erinnerung an eine früher vorhandene und durch Trennung gespaltene Einheit der beiden Volksstämme entstanden sein, wobei an und für sich Lykien gerade so gut die Landschaft sein könnte, von der aus der andere Teil ausgezogen wäre, oder auch die beiden Teile in einer dritten Landschaft früher hätten bei einander sein können; sie kann auch nur daraus entstanden sein, dass man, wie häufig, aus der Ähnlichkeit der Sitten und Einrichtungen zweier Volksstämme

Älteste bekannte Sitze und Herkunft der südlichen Lykier.

---

[1]) V, 479, dieser Stelle nachgebildet: II, 877; VI, 171 f.; 210. Λυκίη εὐρεῖη ist das Xanthosthal (Il. VI, 173. 188, 210; XVI, 455, 672, 683).

[2]) I, 173 und VII, 92.

auf ihre Verwandtschaft schloss und diesen Schluss in einer erdachten und genealogisch ausstaffierten Wanderungssage ausdrückte. Dann würde sie für uns gar nichts anderes besagen als eben das, was Herodot bald darauf angiebt, dass die Lykier zum Teil kretische Sitten hatten [1]). Nach Herodot brachten die aus Kreta herübergekommenen Einwanderer den Namen „Termilen", den die Lykier noch zu seiner Zeit bei ihren Nachbarn hatten, mit ins Land. Dieser Name ist uns auch sonst noch litterarisch überliefert in einem Bruchstück der Herakleias des Panyasis[2]), nach dem Tremilos, der Heros Eponymos des Stamms, die ogygische Nymphe Praxidike am Sibros (dem andern Namen des Flusses Xanthos) heiratete und von derselben zu Söhnen den Tloos, Xanthos, Pinaros und den räuberischen Kragos hatte. Der Name findet sich auch auf lykischen Inschriften in der Form Tramili [3]).

Ihr alter einheimischer Name: Tremiler

Nach Herodot hatte das zu seiner Zeit von den Lykiern bewohnte Land vor Alters den Namen Milyas, war

Verhältnis der Lykier zu den Milyern.

[1]) Der von Höck, Kreta II S. 338 ff. für die von ihm als historische Thatsache betrachtete Einwanderung von Kretern nach Lykien aus der Identität einiger Ortsnamen (Ἄπτερα nach St. B., Ἐλύρος nach Hesych in Kreta und Lykien) versuchte Beweis ist kaum genügend, und Höck giebt dieser Einwanderung von Kretern, indem er die Einwanderer wenigstens zunächst nicht ins Xanthosthal gelangen lässt und die Termilen von denselben unterscheidet, einen von Herodots Angabe abweichenden Sinn.

[2]) St. B. s. Τρεμίλη bei Dübner fr. 17; Müller F. H. G. III, 236, 84. Nach St. B. fand sich das Ethnikon auch im 4. Buche der Genealogien des (Pseudo?) Hekataios. Ephoros bei Strabo XIV, 678 und Paus. I, 19, 3 sind wohl auf Herodot zurückzuführen. Der Landschaftsname Tremilis aus des Xanthiers Menekrates Λυκιακά bei Antonin. liber. c. 35 = M. F. H. G. II, 343, 2.

[3]) Besonders auf der xanthischen Siegessäule und sonst in Xanthos; dann noch in Inschr. von Antiphellos, Rhodiapolis, Myra, Limyra, vgl. M. Schmidt de nonn. inscr. lyc. S. 21.

also vor dem Eindringen der Lykier von Milyern bewohnt. Der Sinn des Satzes οἱ δὲ Μιλύαι τότε Σόλυμοι ἐκαλέοντο ist nicht recht deutlich; doch spricht der Zusammenhang dafür, dass Herodot nicht etwa nur allgemein angeben will, dass die ältere bei Homer sich findende ethnische Bezeichnung „Solymer" das gleiche Volk betreffe, das zu seiner Zeit Milyer heisst, sondern jedenfalls auch, dass der Teil von Lykien im weiteren Sinne des Worts, der zu seiner Zeit als Milyas bezeichnet wurde, früher von Solymern bewohnt war. Es kannte eben der Geschichtschreiber keine dem Ethnikon Σόλυμος entsprechende Landesbezeichnung. Das Verhältnis zwischen Solymern und Milyern zu bestimmen ist schwierig und scheint auch den Alten nicht ganz klar gewesen zu sein. Der Landschaftsname Milyas wurde in verschiedener Ausdehnung gebraucht; das einemal wird damit nur die nördliche, durch Gebirge von den westlichen, südlichen und östlichen Teilen Lykiens abgeschlossene, zu Lykien im weiteren Sinne gehörige Binnenlandschaft bezeichnet, das anderemal die Bezeichnung noch weiter nach Norden und Nordwesten ausgedehnt¹).

Milyer und Solymer

¹) Herod. III, 90 sind die Μιλύαι zwischen Λύκιοι und Παμφύλοι als zum ersten der von Darius eingerichteten Steuerbezirke (und Satrapien) gehörig aufgeführt und darunter, höchstens abgesehen von kleineren Teilen der westlichen Grenzlandschaften der Pisider, die Herodot unter dieser Bezeichnung nicht kennt, die aber auch von der persischen Herrschaft sich im ganzen frei erhielten, die Bewohner des lykischen Hochlands verstanden. Herod. VII, 77 kann aus den Völkerschaften, die mit den Milyern zu einem Korps vereinigt waren, für den Sinn der Bezeichnung „Milyer" nichts geschlossen werden, da die ganze damalige Einteilung des persischen Heeres sich nicht an die territoriale Zusammengehörigkeit hielt. Zudem ist der Name einer der Völkerschaften, welche mit den Milyern zu einem Korps vereinigt wurden,

Die Solymer[1], welche sicher von den Tremilern nicht erhalten. Strabo XIII, 631 giebt die Grenzen der Milyas so an, dass dieselbe ganz ausser Lykien hinausfällt und den westlichen Teil von Pisidien im weiteren Sinne des Worts bildet. Damit stimmen auch seine Angaben XII, 570 und XIV, 666 überein. Polyb. V, 72 ist unter M. in erster Linie an einen Teil Pisidiens zu denken; XXII, 24 (27), 9 sind jedenfalls die Teile Pisidiens, welche ἐπὶ τάδε des Kamms des Taurus liegen, mit eingeschlossen. Plin. V, 95 spricht in sehr verworrener Darstellung von Thracum suboles Milyae, quorum Arycanda oppidum, die oberhalb Pamphylien, seitwärts von Lykaonien sitzen sollen. V, 147 lässt er an der Grenze von Galatien Milyae sitzen, qui circa Barim sunt (also im ganzen mit Strabo übereinstimmend, zwischen Apamea und Sagalassos). Bei Arrian. Anab. I, 24, 5 ist unter Milyas, welche als zu Grossphrygien gehörig bezeichnet wird, das lykische Hochland verstanden, ausserdem aber noch ein Teil der Kabalia. S. auch G. Hirschfeld, Berl. Monatsb. 1879 S. 305.

[1] Die nur vereinzelten Erwähnungen der Solymer könnten, zumal wenn man davon ausgehen wollte, dass bei Homer Od. V, 283 die Solymerberge jeder Fixierung sich entziehen, die Ansicht nahelegen, dass sie ihre Existenz überhaupt nur der Phantasie der epischen Poesie verdanken, und von den späteren willkürlich den Lykiern benachbart sitzende Stämme als Solymer bezeichnet worden seien (so von manchen die Bewohner der Kabalia, welche zum Teil auch noch zur Milyas gerechnet wurde, Str. XIV, 630 f.), um den Begriff eben irgendwo in der Nachbarschaft Lykiens unterzubringen. Sicher ist, dass in späterer geschichtlicher Zeit der Volksname Solymer so wenig im Gebrauch war, dass man sie für verschollen oder untergegangen hielt. Apollodor zählte nach Str. XIV, 680 die S. zu den ἄγνωτα der von Homer erwähnten ἔθνη. Plin. V, 127: Ex Asia interiisse gentes tradit Eratosthenes Solymorum, Lelegum, Bebrycum etc. Dagegen findet sich der Name Solymer als Bezeichnung eines gleichzeitigen Volkes in Bezug auf ein Ereignis des 4. Jahrhunderts v. Chr. bei St. B. Σόλυμοι οἱ νῦν Πισίδαι: „Σολύμους καλουμένους παρελθὼν Μαυσσώλου ...“ Aber erstens ist die Benennung der von St. B. citierten Quelle uns nimmer erhalten, zweitens ist das Citat wahrscheinlich auch nach vorn abgerissen und das „καλουμένους“ spricht dafür, dass wir es hier nicht mit einer Bezeichnung zu thun haben, welche damals noch praktische Realität hatte, sondern

Lykiern zu scheiden sind[1]), werden von manchen mit
irgend welcher Gelehrsamkeit entsprungen war. Aber dafür, dass
Str. XIII, 630 mit Recht in Termessos (maior) „Solymer" sitzen lässt,
sprechen die in der Nähe dieser Stadt gefundenen Inschriften c. i.
g. 4366 k und q, die einen Ζεὺς Σολυμεύς erwähnen. Streng genommen kann freilich daraus nur soviel erschlossen werden, dass
die topische Bezeichnung des Gebirges Σόλυμα in Wirklichkeit
vorhanden und nicht bloss auf den heutigen Tachtaly-Dagh be-
schränkt war, sondern sich auch auf die ganze Gebirgskette erstreckte. Plutarch de def. or. 21 erwähnt Σολύμους τοὺς Λυκίων
περιοίκους, wobei er nachher Λυκίους so gebraucht, dass die S.
darin einbegriffen sind. Die Notiz, von Plutarch wohl einer älteren
Quelle entnommen, beweist, wenn man die Umgebung, in der
sie steht, berücksichtigt, kaum, dass der Name S. eine ethnische
Bezeichnung des praktischen Lebens war.

Ähnlich zu urteilen ist über Zosimus IV, 20 καλοῦσι δὲ
αὐτοὺς (= τοὺς Ἰσαύρους) οἱ μὲν Πισίδας, οἱ δὲ Σολύμους, ἄλλοι δὲ
Κίλικας ὀρείους.

Nach Eustath. ad Il. II, 877; IV, 184: Od. V, 283 war noch
zu seiner Zeit die Bezeichnung Σόλυμοι in Kraft für die Bewohner
eines irgendwo in Lykien liegenden sehr festen Ortes in der
veränderten Anlaut zeigenden Form: Τζέλυμοι. (Ob aber mit de
Lagarde Ges. Abhdlg. S. 281 dieser Anlaut τζ für den ursprünglichen gelten darf, aus dem die Griechen ein σ gemacht hätten,
ist mir zweifelhaft, vgl. Σάννοι und Τζάννοι). Befremdend, jedenfalls
auf den ersten Anblick, ist die Notiz bei Hesych: Σόλυμοι ἔθνη
Σκυθῶν, wobei der Plural ἔθνη zu beachten; jedoch vielleicht
nicht vereinzelt, wenn auf Orphica Argon. V, 756 f.; 1306 f.,
wo Solymer als an der Küste in der Nähe von Kolchis sitzend
erwähnt werden. etwas zu geben ist. Auch Anth. Planud. 39
werden unter den Völkerschaften und Gegenden, welche Zeugen
der Thaten des angesungenen Longinus waren (nach Dübner des
Longinus, durch den Justin II. Narses in Ravenna ersetzte) nach
dem kaukasischen Ἴβηρ Σόλυμοι genannt.

Im T. Gpr. 1886 S. 13 ff. habe ich, davon ausgehend, dass
bei St. B. s. v. Πισιδία die Mutter des Solymos Χαλδήνη, von
Antimachos nach den Scholien zu Hom. Od. V, 283 ἐκ Σολύμων:
Καλχηδονία benannt wird, die Vermutung zu begründen versucht,
dass Solymer-Pisider mit pontischen Stämmen verwandt waren.

[1]) wie Strabo XIV, 667 im Gegensatz zu solchen hervor-

den Milyern identifiziert¹). Eine enge Verbindung zwischen Milyern und Solymern wird ferner dadurch ausgedrückt, dass man die Milyer²) von der Μιλύη, der Frau und Schwester des Σόλυμος, die nachher den Kragos geheiratet habe, ableitet; andererseits wird von den Pisidern behauptet, dass sie früher Solymer hiessen³), während Strabo ihre Sprache, welche nach seiner Angabe früher von einem Teil der Kibyraten gebraucht wurde, als von der pisidischen unterschieden bezeichnet⁴), ein Unterschied, der jedoch nur auf dialektischer Differenzierung beruht haben mag. Dass Milyer und Pisider verwandt sind, dafür spricht das Hinübergreifen des Namens Milyer und Milyas in pisidisches

hebt, die Lykier und Solymer identifizierten, eine Meinung, die er auch XII, 573 bespricht, wo er sie unrichtigerweise dem Herodot beizulegen scheint.

¹) Von Timagenes nach St. B. s. v. Μιλύαι οἱ πρότερον Σόλυμοι: ebenso nach anderer Vorgang Str. XIV, 667; Zosimus a. a. O. Nach Eustath. ad Il. VI, 184 sind die lykischen Solymer den Μινύαι ἀπὸ Μινύος gleich; das v beruht auf Verwechslung: Σόλυμοι οὗτοι Μινύαι ἀπὸ Μινύος ἐκαλοῦντο, οὗ ἀδελφοὶ Σαρπηδῶν καὶ Ῥαδάμανθος. Die Stelle zeigt auch einen der Anlässe zu dieser Verwechslung. Die Gleichstellung von Solymern und Milyern auch Tzetzes Chil. VII, 149 τῶν Μιλιῶν Μιλασσιτῶν καθώς φασιν οἱ ἄλλοι.

²) St. B. s. Μιλύαι λέγονται καὶ Μίλυες, ἀπὸ Μιλύης τῆς γυναικὸς Σολύμου καὶ ἀδελφῆς, ὕστερον δὲ Κράγου γυναικός.

³) St. B. s. v. Πισιδία. Plin. V, 94. Eust. ad Il. VI, 181 φασὶ δὲ οἱ παλαιοὶ τοὺς παρὰ τῷ Ὁμήρῳ Σολύμους εἶναι τοὺς ὕστερον λεγομένους Πισίδας; ebenso op. min. 30, 70 ed. Tafel und ähnl. ad Dion. perieg. 858.

Die bei St. B. aus (Pseudo?) Hekataios Asia erhaltene Notiz Μόλαι (sicherlich = Μιλύαι) ἔθνος Φρυγίας wird weniger auf Zugehörigkeit zu der grossen phrygischen Nation hinweisen, als topographisch zu verstehen sein.

⁴) XIII, 631: τέτταρσι δὲ γλώσσαις ἐχρῶντο οἱ Κιβυρᾶται, τῇ Πισιδικῇ, τῇ Σολύμων, τῇ Ἑλληνίδι, τῇ Λυδῶν.

Gebiet¹). Wir dürfen demnach wohl vermuten, dass Milyer, Solymer und Pisider ursprünglich ein Volk waren und erst im Laufe der Zeit sich unter demselben Unterschiede ausbildeten, welcher vor allem dadurch bewirkt wurde, dass die Milyer und Solymer früher durch Berührung mit der Kultur von der ursprünglichen Wildheit und Fehde- und Raublust verloren. Rückfällig wurde freilich ein Teil derselben in der Zeit der Seeräuber. Für die Frage, ob diese ursprünglich zusammengehörige Volksmasse indogermanisch oder semitisch war, wird man die Gewinnung einer sicheren Antwort weder verlangen noch für sich selbst beanspruchen dürfen. Freilich, dürfte man annehmen, dass des Plinius „Thracum suboles"²) in einer von Plinius benützten, in solchen Fragen zuverlässigen Quelle stand, so würde das für den arischen Charakter dieser Volksmasse sehr in die Wagschale fallen. Aber wir können hier eine der vielen von Plinius begangenen Flüchtigkeiten und Verwechslungen vor uns haben. In Beziehung auf die Solymer sind Beweise für deren vielfach behaupteten semitischen Charakter wohl nicht vorhanden. Auch zugegeben, dass das Solymagebirge, von dem sie den Namen haben sollen und in dem sie sitzen, und somit sie selbst semitischen Namen tragen (sullam „Treppe"), so kann diese Bezeichnung von semitischen Völkern, die mit ihnen in Be-

Solymer Pisider semitisch

---

¹) Unmittelbar bei Oinoanda lag, wie mehrere im Bulletin de corresp. hellén. 1866 S. 199 ff. veröffentlichte Inschriften beweisen, ein Termessos, dessen Bürgerschaft sich, zum Unterschied von der des in Pisidien gelegenen Termessos, den Τερμησσεῖς μείζονες, Τερμησσεῖς οἱ πρὸς Οἰνοάνδοις nannte. Durch diese Inschriften ist die Angabe von St. B. s. v. Τερμησσός: ἔστι καὶ ἄλλη ταύτης ἀποικία καὶ αὕτη Πισιδίας, λεγομένη μικρά, ὡς ἡ προτέρα μείζων bestätigt.

²) V, 95.

rührung kamen, ausgegangen, von andern und schliesslich von ihnen selbst angenommen worden sein. Übrigens kann das Wort Σόλυμος auch einer arischen Sprache angehören, da sich zu demselben in Beziehung auf die Endung auf karischem Boden mehrere Analogien finden¹).

Die pisidischen Ortsnamen sprechen für eine Zusammengehörigkeit der Pisider mit den sogenannten westkleinasiatischen Stämmen. Das Fragment des Choirilos²), in dem als zum Heere des Xerxes gehörig ein auf solymischen Bergen wohnendes Volk geschildert wird als γλῶσσαν φοίνισσαν ἀπὸ στομάτων ἀφιέντες, bezieht sich aller Wahrscheinlichkeit nach gar nicht auf unsere Solymer, sondern eher, wie Josephus³) es deutete, auf die Juden, wenn auch keineswegs alles auf dieselben passt, oder doch auf irgend welche den Juden benachbarte Völkerschaft. Wenn endlich bei Plutarch⁴) von den den Lykiern benachbarten Solymern berichtet wird, dass sie vor allem den Kronos verehren, so muss man schon von vornherein entschlossen sein Semiten zu finden, um zu behaupten, dass dieser Kronos nur ein semitischer Gott sein könne. Nach allem erscheint es uns als viel wahrscheinlicher, dass Solymer, Milyer und Pisider indogermanisch waren⁵) oder einem von dem Unterschied

---

¹) S. Georg Meyer, die Karier, eine ethnographisch-linguistische Untersuchung, in Bezzenberger, Beiträge zur Kunde der indog. Spr. X, 1 u. 2 S. 182.
²) Näke S. 130.
³) c. Apion. c. 22.
⁴) de def. or. cap. 21. Für phönikisch-semitisch halten die S. Lassen Z. d. D. M. G. X (1856) S. 386; Fischer Bellerophon S. 27 ff.; der Argumentation des letzteren schliesst sich im wesentlichen an Hitzig, Gesch. des jüd. Volkes II S. 345 ff.
⁵) Für den arischen Charakter derselben spricht sich auch Waddington aus in Le Bas, Voyage archéologique en Grèce et en Asie mineure III S. 108 (von mir von nun an „Wadd." citiert).

zwischen Indogermanen und Ariern nicht berührten Grundstock der kleinasiatischen Bevölkerung angehörten. Zu den aus Kreta unter Sarpedon herübergekommenen Tremilern lässt Herodot[1]) später, aber noch zu Lebzeiten des Sarpedon, den Lykos, den Sohn des Pandion aus Athen kommen, infolge dessen die Tremiler den Namen Lykier erhalten hätten. Diese Angabe beruht offenbar ganz und gar auf einer athenischen Erfindung, und der Pseudomythus war zu der Zeit, als ihn Herodot niederschrieb, wohl noch nicht besonders alt. Die mannigfach vorhandene Ähnlichkeit im religiösen Kultus legte den Gedanken nahe, dass eines der beiden Länder vom andern beeinflusst worden sei. Dieser Gedanke führte nach der Grundanschauung, welche die Logographen und ihre Zeit beherrschte, zu der Annahme einer früher erfolgten Einwanderung von einem Land ins andere. Für einen Athener oder auch einen Ionier lag nichts näher, als Athen für den bei dieser in der Vorzeit angenommenen Einwirkung aktiven und gebenden Teil zu betrachten und so eine Einwanderung von Athen nach Lykien zu behaupten und zu glauben. Die mythologische Hypostasierung dieser Annahme, d. h. der Führer der aus Athen auswandernden Schar war in der Person des Lykos leicht zu finden, auch wenn ein solcher nicht schon vorher aus irgend einem Stammbaum eines vornehmen attischen Geschlechts oder durch die Thätigkeit von Logographen in die athenische Genealogie gekommen war. Zudem mochte es der athenischen Politik den Lykiern gegenüber, deren Anschluss zum Ausbau des athenischen Seebundes nötig war, als wirksames Mittel zur Erwerbung der lykischen Sympathien erscheinen, sich als verwandt auszugeben. Nach unserer

Sage von der Einwanderung des Atheners Lykos.

---

[1]) I, 173.

Ansicht ist es nicht nur verfehlt, in dieser Angabe Herodots als wahren Kern eine alte Überlieferung von irgend welcher griechischen Kolonisation im Xanthosthale zu finden, sondern wir können darin auch nicht mit Holm[1]) die Thatsache niedergelegt sehen, dass in Lykien, wie in Pamphylien altgriechische Bevölkerungselemente sassen. In Wirklichkeit fand nach unserer Ansicht, die zu begründen wir weiter unten versuchen werden, in früher Zeit auf religiösem Gebiet eine Einwirkung von Lykien auf Attika statt, wobei wir jedoch nicht an die Ansiedlung einer irgendwie beträchtlichen Masse von Lykiern in Attika denken.

Bedeutung des Namens „Lykien".

So erhebt sich für uns die Frage nach der Entstehung und Bedeutung des Namens „Lykier". Da wir trotz des unleugbar noch in der Mitte des fünften Jahrhunderts bei den Lykiern zu Kraft bestehenden Mutterrechts uns nicht dazu entschliessen mögen, einen Totemismus anzunehmen und in den Lykiern „Wulfunge" zu sehen, schon deshalb, weil augenscheinlich die Bezeichnung Lykier dem Volk von andern Völkern gegeben wurde und wir keinen Anhalt haben, dem Namen Τερμίλαι die Bedeutung „Wolfsleute" beizulegen, so leiten wir das Wort von der Wurzel λυκ ab, wobei zwei Möglichkeiten sich darbieten: man kann in den „Männern des Lichts" entweder Leute sehen, die aus der Gegend des Lichts herkommen, also „Ost(er)leute", oder Leute, an denen der Lichtkult den mit ihnen in Berührung kommenden Völkern als markante Eigentümlichkeit entgegentrat. Für die Leute des Ostens entscheidet sich Duncker[2]): „Nach der Ansiedlung ihrer Kolonisten auf der Westküste Kleinasiens hielten die Griechen das Thal

---

[1]) Griech. Gesch. I S. 94.
[2]) I⁵ S. 490.

des Xanthos für das Lichtland des Ostens; sie gaben
ihm diesen Namen und meinten, dass Apollo den Winter
hindurch in Lykien zubringe und während der sechs
Wintermonate Orakel zu Patara erteile". Dieser Erklärung unseres Volksnamens liegt die Voraussetzung
zu Grunde, dass die Griechen schon früher ohne bestimmte
Fixierung die allgemeine Bezeichnung λύκιος und λύκιοι
hatten, die nicht bloss ein geographischer Begriff = ἑῷοι,
Orientalen war, sondern als konstituierendes Merkmal
eine religiöse Eigentümlichkeit in sich schloss, da sonst
es unerklärbar wäre, dass die europäischen Griechen,
nachdem sie, wie Duncker meint und nach seiner Grundanschauung vom Ausgangspunkt und der zeitlichen Aufeinanderfolge der Einwanderung der Griechen ins europäische Griechenland und die kleinasiatischen Gebiete
meinen muss, erst durch Vermittlung ihrer kleinasiatischen
Kolonien mit den Lykiern bekannt geworden waren,
diesen allgemeinen Begriff in Lykien fixiert hätten.
Ferner liegt Lykien zu den kleinasiatischen Kolonien
bedeutend mehr südlich als östlich, und der Verkehr
zwischen den kleinasiatischen Kolonien und dem europäischen Mutterland war doch jedenfalls ein derartiger,
dass die europäischen Griechen von den Kolonisten auch
über die Lage Lykiens Mitteilung erhielten. Die Bedeutung „Orientalen" könnte die Volksbezeichnung nur
dann haben, wenn wir zu der Annahme berechtigt wären,
dass die Lykier längere Zeit hindurch das erste asiatische
Volk waren, mit dem die Griechen in Berührung kamen.
Deshalb entscheiden wir uns für die Ansicht, dass die
Lykier diese ihre Bezeichnung einem für sie charakteristischen Lichtkult verdanken [1]).

---

[1]) So auch Deimling, Leleger S. 100. Ed. Meyer, Gesch. der
Troas S. 7. E. Curtius I⁵ 73.

Ethnologische Stellung der Lykier unsicher.

Eine auch nur einigermassen sichere ethnologische Einreihung der Lykier ist nicht möglich, da die Etymologisierung ihrer Sprache, die auf einer nicht unbeträchtlichen Anzahl zum Teil diglotter Inschriften uns erhalten ist, trotz vielfacher Versuche noch nicht in sicherer Weise und genügendem Umfange gelungen ist. Als sicher darf nur gelten, was auch jetzt allgemein angenommen wird, dass dieselbe nicht semitisch, sondern eher indogermanisch ist[1]). Wir sehen uns im wesentlichen noch auf Vermutungen angewiesen, zu denen uns eine Vergleichung dessen, was wir von lykischer Kultur wissen, mit der Kultur der übrigen westkleinasiatischen Völker führen kann, sowie auf eine möglichst kritische Benützung der uns erhaltenen Angaben der Alten. Ergiebigkeit jener Vergleichung ist aber von vornherein deshalb sehr zweifelhaft, weil es unmöglich ist, sicher zu scheiden, welche Eigentümlichkeiten Folgen einer ursprünglichen ethnischen Verschiedenheit, und welche bloss durch die besondere, von der Eigenart des Landes bestimmte Entwicklung bewirkt worden sind[2]). Die zweite kann ebenfalls nicht zu einem sicheren Resultat führen, weil, selbst angenommen, dass die Angaben der Alten

---

[1]) Giebt die Sprache eines Volkes auch kein untrügliches Kriterium für seine natürliche Verwandtschaft, so würde doch bei einem Volke, das wie die Lykier seine Eigenart so zäh bewahrte, dass es z. B. mit den Karern verglichen viel langsamer und später der hellenischen Sprache zugänglich wurde, doch die Verwandtschaft seiner Sprache mit andern, vor allem solchen von Völkern ähnlicher Entwicklung, grosse Sicherheit für natürliche Zusammengehörigkeit mit diesen Völkern geben.

[2]) Zwischen Troern und Lykiern besteht Verwandtschaft, wenn wir überhaupt für die Lykier Verwandte angeben können. In Troas findet sich von den Grabformen der tumulus gruppen-, ja scharenweise; in Lykien die Felsengräber in ganzen Nekropolen.

zuverlässig sind, die Faktoren, aus denen das Facit zu ziehen wäre, auch ihrerseits wenigstens bis jetzt in ihrem Wert bei weitem noch nicht zuverlässig bestimmt sind.

Um mit den Angaben der Alten zu beginnen, müssen die Notizen: Steph. Byz. s. v. Ὠγυγία· καὶ οἱ Λύκιοι Ὠγύγιοι ἐξ αὐτοῦ Ὠγύγου, da ja darin nur das hohe Alter der Lykier ausgedrückt sein kann[1]), und die bei Hesych: Γίγαντία ἡ Λυκία πρότερον καὶ οἱ κατοικοῦντες Γίγαντες, eine Bezeichnung, durch welche wohl ursprünglich ein Dichter die gewaltige Gebirgsnatur Lykiens zum Ausdruck brachte, als ethnologisch nichtssagend bei Seite gelassen werden. In der aus gewaltsamer Kombination[2]) entstandenen Angabe des Diodor[3]), dass Xanthos, der Sohn des Triopas, mit seinen argivischen Pelasgern zuerst einen Teil Lykiens besetzt hielt, ehe er von da nach Lesbos ging, kann im günstigsten Falle auch nur ein Hinweis auf die Altertümlichkeit des lykischen Volks gefunden werden.

Wenn man teils auf Grund von litterarischen No- *Verwandtschaft* tizen[4]) teils mit Hinweis darauf, dass auf Inschriften *mit den Thrakern nicht* und Münzen[5]) sich für das pisidisch-phrygische Apol- *bewiesen.*

[1]) Die Bezeichnung Ὠγύγιοι ist vielleicht auf Panyasis zurückzuführen, der dem Τρέμιλος die ogygische Nymphe Praxidike zur Frau giebt. Über die Entwickelung der Bedeutung des Wortes s. auch v. Wilamowitz, Philol. Unters. VII, 16.

[2]) Die ganze Unterlage bildet nur die Gleichheit des Namens Xanthos.

[3]) V, 81.

[4]) Plin. V, 95; Arrian. Anab. 1. 26.

[5]) c. i. gr. 3969. 3970 = Wadd. III, 1195. c. i. gr. 2811 b = Wadd. 1620 a ein βουλευτὴς Ἀπολλωνιατῶν Λυκίων Θρᾳκῶν auf einer Inschrift, welche in die Zeit des M. Aurel und L. Verus fällt. Derselbe Mann wird bezeichnet als πολίτης Ἀντιοχέων Καισαρέων Κολωνῶν, woraus wohl geschlossen werden darf, dass zur Zeit dieser Inschrift die Gemeinde Ἀπ. Λυκ. Θρ. noch nicht Kolonie war. Die Münzen zusammengestellt und besprochen

Ionia-Mordiaeum (d. h. Olubarlu)¹) die Bezeichnung Ἀπολλωνιατῶν Λυκίων Θρᾳκῶν κολωνῶν findet, die Verwandtschaft der Lykier mit den Thrakern als erwiesen betrachtet²), so ist dieser Beweis nicht stichhaltig. Das Wort κολωνῶν spricht, davon abgesehen, dass es auf einer Inschrift aus der Zeit des M. Aurel und L. Verus sich noch nicht findet, entschieden dagegen, dass wir es mit einer in vorrömische Zeit fallenden ἀποικία eines Teils der Thraker zu thun haben, der sich entweder schon bei seiner Einwanderung in Kleinasien den Sondernamen Lykier beigelegt oder denselben infolge davon erhalten hätte, dass er längere Zeit vor der Ansiedlung einer von ihm ausgehenden Schar in Apollonia-Mordiaeum seine Wohnsitze im östlichen Lykien gehabt hätte. Denn wenn auch die Bürger von Apollonia unter römischer Herrschaft darnach verlangt hätten, ein ursprüngliches ἄποικοι in das lateinische κολωνοί umzusetzen, so wäre ihnen die Erfüllung dieses, mitten in einer hellenistischen Gegend wenig wahrscheinlichen, Wunsches kaum gestattet worden, da die Bezeichnung als κολωνοί oder κολωνία im römischen Reich ihre bestimmten Voraussetzungen hatte³). Dazu kommt aber noch, dass die

---

Wadd. Rev. numism. 1853 S. 165 ff. Hiezu kommt noch eine von Arthur Engel Rev. num. 1884 S. 14 veröffentlichte Münze des Elagabal, welche auf dem Revers die Inschrift Ἀπολλωνιατῶν Λυκ. Θρᾳκ. Κολ. trägt.

¹) s. Wadd. S. 293 f. und G. Hirschfeld, Berliner Monatsberichte 1879 S. 317.

²) Die thrakische Verwandtschaft bezw. den thrakischen Ursprung versuchen zu erweisen Bachofen, Das lykische Volk S. 19, welchem in B.-N. S. 145 Anm. 2 wenigstens insoweit zugestimmt wird, dass lykische Thraker angenommen werden, und Wadd. III, 293 f.

³) s. Marquardt, Röm. St.-Verw. I ² S. 89, 124 f. Die Amtssprache der Kolonien war auch im Orient überwiegend lateinisch,

Inschriften mit der oben angegebenen vollen Bezeichnung κολωνῶν frühestens ins Ende des zweiten Jahrhunderts n. Chr. fallen. Die Münzen haben auch nur zum Teil die volle Bezeichnung; manche und zwar solche, die das Bild und die Inschrift des Mark Aurel tragen und auf dem Revers noch hinlänglich Raum haben, bieten nur Ἀπολλωνιατῶν Λυκίων, die beiden Worte teils vollständig, teils eins von beiden oder auch beide abgekürzt. Erst eine Münze des Septimius Severus[1]) hat den Zusatz Θρᾳ(κῶν) Κολ(ωνῶν)[2]). Dieser Thatbestand nötigt zu der Annahme, dass Θρᾳκῶν im Verhältnis zu Λυκίων eine selbständige Bestimmung enthält, und zu der Vermutung, dass erst unter Mark Aurel und zwar nicht gleich zu Anfang seiner Regierung Thraker, vielleicht ausgediente thrakische Soldaten, in diesem Apollonia untergebracht wurden. Der Stadt wurde dann später das ius coloniae verliehen, wie Septimius Severus das vielen orientalischen Gemeinden gegenüber that[3]). Diese Inschriften und diese Münz-

---

doch findet sich auch griechische Sprache in solchen nicht selten, vgl. z. B. c. i. gr. 2883 vom pamphyl. Attaleia. 3993 (Iconium), 4164 (Sinope); 4472 (Laodicea ad mare in Syrien); 4496 = Wadd. 2607 (Palmyra); 4644 (Bostra); 5853 (Puteoli) in einer samischen Inschrift bei W. Vischer, Kleine Schriften II S. 155; im Bull. de corr. hell. I S. 336 (griech. u. lat. Text) Olbasa. In Bezug auf Münzen s. Eckhel, D. n. t. IV p. 470 und Lenormant Monnaie dans l'antiquité II S. 223 f.

[1]) Wenn wir bei Wadd. III S. 294 lesen: Sur les plus anciennes médailles imperiales d'Apollonie frappées sous le règne de Marc Aurèle la légende est Ἀπολλωνιατῶν Λυκίων, les mots Θρᾳκῶν Κολωνῶν n'apparaissent que sous le règne de Marc Aurèle, so ist das zweite de Marc Aurèle offenbar verschrieben für de Septimo Severo.

[2]) Dem entsprechend ergänzt Wadd. selbst auf der Inschrift 1194 = c. i. g. 3971, durch die uns Bruchstücke der „res gestae Divi Augusti" erhalten sind, Ἀπολλωνιατῶν Λυκίων ὁ δῆμος.

[3]) Über die auf Grund einiger der Münzen dieses Apollonias

34 Zweites Kapitel.

legenden beweisen nur, dass schon vor der Zeit des M. Aurel die Gemeinde die Bezeichnung Ἀπολλωνιᾶται Λύκιοι führte, aus welcher Bezeichnung nur soviel hervorgeht, dass entweder die ganze Gemeinde oder ein später hinzugekommener Teil aus Lykien stammte¹). Was die litterarischen Beweise für diese lykischen Thraker anbelangt, so haben wir schon oben²) die Zuverlässigkeit der Angabe des Plinius angezweifelt. Dieselbe würde übrigens auch nur für den thrakischen Ursprung der Milyer sprechen, nicht für solchen der Lykier, die ohne weiteres mit den Milyern zusammenzuwerfen keine Berechtigung vorhanden ist, wenn auch das spätere lykische Volk natürlich manche milysche Elemente in sich schloss. Bei Arrian I, 26³) liegt nicht die geringste Notwendigkeit vor, an in Lykien ansässige Thraker zu denken.

von Droysen Hellenismus III ² S. 197 f. gemachte Aufstellung, dass Alexander d. Gr. diese lykisch-thrakische Kolonie gegründet habe, s. T. Gpr. 1886 S. 12 f., wo der Nachweis dafür versucht wird, dass diese Münzen dem Kaiser Alexander Severus, vielleicht auch schon dem Caracalla angehören.

¹) Die allerdings nicht besonders wahrscheinliche Möglichkeit, dass eine solche Ansiedlung von Lykiern durch die Römer in dem schon bestehenden Apollonia erst in der Zeit nach dem Tode des galatischen Amyntas erfolgt wäre, lässt die von Wadd. für Strabo XII, 569 wieder aufgenommene Korrektur des unmöglichen καὶ Κιλίκων in καὶ Λυκίων noch etwas unsicher erscheinen. Möglich wäre, dass nach Besiegung der Seeräuber zu denselben gehörige Bewohner Ostlykiens von Pompeius im phrygisch-pisidischen Grenzland untergebracht wurden. Plut. Pomp. 28 spricht freilich neben Soli und Dyme nur von αἱ μικραὶ καὶ ὑπέρημοι τῶν Κιλίκων πόλεις.

²) S. 25.

³) Ἀλέξανδρος δὲ ἄρας ἐκ Φασηλίδος μέρος μέν τι τῆς στρατιᾶς διὰ τῶν ὀρῶν πέμπει ἐπὶ Πέργης, ᾗ ὡδοπεποιήκεσαν αὐτῷ οἱ Θρᾷκες χαλεπὴν ἄλλως καὶ μακρὰν οὖσαν τὴν πάροδον.

Eine entferntere Verwandtschaft der Lykier mit den Thrakern wird allerdings anzunehmen sein, wenn auch der weitere Beweis, den Bachofen für seine Behauptung beibringt, die Homonymie des Führers thrakischer Scharen, die zur Zeit der Kimmerierzüge von Europa nach Asien übersetzten[1]), und des fingierten ἥρως κτίστης der Stadt Patara[2]) keineswegs genügt. Irgend welche nicht näher zu bestimmende Verwandtschaft der Lykier mit den Thrakern[3]) ergiebt sich aus dem Zusammenhang, der nach unserer Ansicht zwischen den Troern, einem allerdings früh zu einer selbständigen Entwicklung gelangten Zweige der mit den Thrakern eng verwandten Phryger, und den Lykiern besteht.

Dieser Zusammenhang ist allerdings nicht so eng, wie vielfach behauptet wird[4]), und kann auch kaum in einer ganz einwandfreien Weise begründet werden. Genealogisch ist keine Verbindung zwischen den Sagen der Troas und Lykiens. Dass die nördlichen Lykier, die zu den Troern im weitesten Sinne des Wortes gerechnet werden, eines Stamms mit den südlichen waren, ist wohl sehr wahrscheinlich[5]), aber nicht durchaus sicher.

---

[1]) Eustath. ad Dionys. Perieg. 322.
[2]) Steph. Byz. s. v.
[3]) Die Annahme eines ethnischen Unterschieds zwischen den sogenannten pierischen Thrakern und den Thrakern, wie sie sich uns in dem nach ihnen benannten Lande in der vollständig historischen Zeit darbieten, ist auch nach unserer Ansicht unstatthaft.
[4]) Curtius, Griech. Gesch. I⁵ 74. (Der Zeus Triopas der Lykier ist eine gar wenig begründete Combination; s. H. Dietr. Müller, Mythol. der gr. St. 1 S. 40); Giseke, Thrakisch-pelasgische Stämme S. 15.
[5]) Dafür spricht der bezeugte Kult des Pandaros in Pinara. Dass eine Münze mit der Chimaira der Stadt Zeleia angehört, möchten wir nicht irgendwie dafür geltend machen. Eustath. ad

Von gleichlautenden geographischen Bezeichnungen giebt es eine grössere Anzahl, die auf verwandtschaftliche Beziehungen zwischen der Troas samt ihrer Umgebung und der Nachbarschaft Lykiens hinweisen[1]); aber für eine Verwandtschaft zwischen der Troas und Lykien sprechen nur die grosse Ähnlichkeit des Namens der lykischen Stadt Tlos mit Troia und Troes, welche durch das „Trouneme"[2]) einer lykischen Inschrift zu voller Gleichheit erhoben würde, und der in beiden Landschaften sich findende Flussname Xanthos[3]). Den grösseren

Il. IV, 101 erzählt eine wohl mehr fabel- als sagenhafte Geschichte von der Gründung Zeleias: Τρώπας Παρραιβῶν τύραννος οὕτως ὠμός ἦν ὥστε ὁ υἱὸς Καρνάβας κτείνας αὐτὸν τυραννοκτονίας γέρας ἔλαβε παρὰ τῶν πολιτῶν, φυγὰς τε ἧκων εἰς Βρένθην τῆς Τροίας καὶ καθαρθεὶς ὑπὸ Τρωός καὶ λαβὼν ἔδαφός τι κτίζει Ζέλειαν. Schol. ad Il. IV, 88 heisst dieser angebliche Vater des Lykaon: Karkabos. (Dieser Name könnte in reduplizierter Form die gleiche Wurzel enthalten, wie der Name der lykischen Stadt Κάρβανα. St. B.) Die Abkunft des Lykaon von einem solchen Grossvater und Urgrossvater wird angegeben, um die allegorische Erklärung der Athene, welche den P. auffordert auf Menelaos zu schiessen, als die eigene schlechte Gesinnung dadurch zu stützen, dass τὸ ἔθνος φύσει ἐπίορκόν τε καὶ ἄπιστον. Ist Parthenius 5 de Leucippo in δι' ἣν αἰτίαν καταλιπὼν τὴν οἰκίαν Θεσσαλοῖς letzteres Wort richtig überliefert und von Parthenius nicht rein erfunden, so läge darin die Behauptung einer Niederlassung von Thessalern auch im südlichen „grossen" Lykien.

[1]) So Λυρνησσός in Troas und in Pamphylien bzw. Kilikien Κισθήνη, St. in Mysien und Insel bei Lykien Str. XIII, 606 und 666; Ἴμβρος, die der Troas benachbarte Insel und eine karische Bergfeste Strabo XIV, 651; Τένεδος, Insel bei Troas und Stadt, St. B. s. v. nach Apollodor in Pamphylien und St. mar. magn. 224. 225. 272.

[2]) Daneben finden sich auch Formen mit l: Tlafa, Tlafi, Tlahi, Tlui auf der xanthischen Stele.

[3]) Für Niese, Entw. d. homer. Poes. S. 117, keine einheimische Bezeichnung des troischen Flusses, sondern erst mit den Lykiern in die Ilias eingeschmuggelt, und ähnlich Robert, Bild und Lied

Wert legen wir auf die Homonymie von Troia und Tlos.
Das starke Vorwiegen des Apollokults verbindet wieder
Lykien nicht ausschliesslich mit der Troas, da dasselbe
wenigstens einigermassen für die ganze kleinasiatische
Westküste und auch noch für Teile Kilikiens charakterist-
isch ist. Halten wir uns für berechtigt, verwandtschaftliche
Beziehungen zwischen den Troern und Lykiern anzunehmen, so ist damit auch einige Verwandtschaft mit
den Phrygern gegeben [1]). Würde die Vergleichung der *Verhältnis zu den Phrygern*
Überreste der lykischen und der phrygischen Sprache
eine enge Zusammengehörigkeit dieser Idiome ergeben,
was jedoch nicht der Fall ist, so wäre anzunehmen, dass
die Lykier, wie die Troer, und vielleicht noch früher
als dieselben sich vom phrygischen Gesamtvolk getrennt
und infolge der Abgeschlossenheit und eigenartigen
Plastik des lykischen Landes eine noch selbständigere
Entwickelung genommen hätten. Vergleichungspunkten
zwischen Lykiern und Phrygern lassen sich Verschieden-
heiten gegenüberstellen, welche zum mindesten ebenso-
schwer ins Gewicht fallen. Ähnlichkeiten der Architek-
tur wie der Technik beweisen überhaupt so wenig für
ethnische Zusammengehörigkeit irgend etwas, dass sie
sogar für sich allein genommen nicht einmal für Beeinflussung eines Landes durch das andere ein sicheres Anzeichen geben, da sie ohne solche die Wirkungen ähnlicher
Landesnatur oder Äusserungen gleicher Kulturstufe sein
können. Wollte man aber davon absehen, so liesse sich

S. 115, wogegen mit Recht Hinrichs, Philol. XXXIV (1885), 3
Einsprache erhebt, wenn wir auch dessen lautliche Vermittlung
von Σκάνδ(ανδρ)ος und Ξανθός anderer Beurteilung anheim stellen.

[1]) B.-N. S. 89 die Lykier „ein den Phrygern ursprünglich
verwandtes Glied der arischen Familie". Milchhöfer, A. d. gr. K.
S. 238, scheint die Zusammenhänge zwischen Lykien und Phrygien
zu übertreiben.

die altphrygische Felsenkammerarchitektur als der Keim betrachten, den die Lykier aus der gemeinsamen Heimat mitgebracht und dann in ihrem Land entwickelt hätten[1]). Am Ende liesse sich dem friedliebenden Charakter des binnenländischen phrygischen Volkes, der sich auch in seinen Sagen ausspricht, die Thatsache an die Seite stellen, dass die Lykier in geschichtlicher Zeit nur notgedrungen Kriegszüge ausserhalb ihres Landes machten. Dagegen spricht das, was wir von phrygischer und von lykischer Religion wissen, eher gegen als für eine nähere Verwandtschaft der beiden Völker. Von den orgiastischen Kulten der Göttermutter Ma-Rhea und des Sabazios finden wir in Lykien teils gar keine teils nur vereinzelte Spuren[2]), eine Verschiedenheit, deren Beweiskraft sich durch den Hinweis auf die Unvollständigkeit unserer Überlieferung sowie auf die Möglichkeit, dass die lykische Leto und die lykische Artemis aus der Ma sich heraus entwickelt haben werden, wie die ephesische Artemis und die troische Aphrodite, wohl nicht ganz aufgehoben

[1]) Lykien von Phrygien künstlerisch nicht beeinflusst nach G. Hirschfeld, Paphlagon. Felsengräber, Berlin 1885 S. 44 A. 1.

[2]) Auf einer lykischen, der Zeit vor Alexander angehörigen Münze: Gardner, the types of the Greek coins X, 34, das Bild der kleinasiatischen Naturgottheit zwischen zwei Sphinxen und eine Blume in der Hand. Dass dieses Münzbild vereinzelt oder selten ist, daraus auf eine geringe Bedeutung des Kults dieser Gottheit zu schliessen, wäre voreilig, da auch in Gegenden, wo wir über die grosse Bedeutung einer Gottheit für das religiöse Leben der Bewohner sicher unterrichtet sind, dieselbe sich selten auf griechischen Münzen findet: vgl. E. Meyer, G. d. Troas S. 25.

[3]) Daraus, dass ein Lykier Xanthos (ein Freigelassener) frühestens im ersten Jahrhundert n. Chr. in Athen ein Heiligtum des Μὴν Τύραννος mit καθαρμοί gründet (c. i. att. III, no. 74 = Dittenb. Syll. no. 378) könnte nicht einmal mit Sicherheit darauf geschlossen werden, dass um diese Zeit der Kult des Μὴν Τύραννος in Lykien viel verbreitet war.

wird¹). Nach allem lässt sich also die Verwandtschaft der Lykier auch mit den Phrygern nicht näher bestimmen.

Neuerdings ist von G. Meyer²) auf sprachwissenschaftlichem Wege der Beweis dafür versucht worden, dass unter den kleinasiatischen Völkern die Karer den Lykiern am nächsten standen. Nach unserer Ansicht ergiebt aber das von G. Meyer zusammengestellte und verwertete Material keinen genügenden statistischen Anhalt für den Schluss, dass nach Erweis des Stammmaterials, der Suffixe und der Wortstämme die Lykier den Karern näher stehen, als Phryger, Myser, Pisider u. s. f. Ebensowenig scheint uns ein genügender Beweis dafür erbracht, dass das Karische dem Griechischen am nächsten stand. Somit ist es uns unmöglich, der Hypothese Meyers zuzustimmen, dass Karer und Lykier gemeinsam mit einander aus Thrakien, das auch ihm, wie heutzutage so manchem, eine officina gentium ist, zu gleicher Zeit, da die Phryger ins kleinasiatische Binnenland einwanderten, zu Wasser südwärts fuhren, und die Lykier, ehe sie nach Kreta und dann von da nach Lykien kamen, einen Teil der Karer bildeten, die nach alter Tradition die ägäischen Inseln besetzt hielten. Gegen so enge Zusammengehörigkeit der Karer und Lykier spricht auch das, was uns Herodot berichtet³), dass die Karer die Myser und Lyder für ihre Brüder hielten. Andererseits weist auf irgend welche engere Beziehung zwischen Karern und Lykiern die von Strabo⁴) berichtete That-

---

¹) Die Möglichkeit, dass in Lykien neben dem Apollokult orgiastische Kulte sich fanden, wird sich allerdings nicht bestreiten lassen, da in allen Religionen einander widersprechende Züge und Strebungen sich finden.
²) **Bezzenberger**, Beitr. z. K. d. indog. Sprachen X, 1 u. 2.
³) I, 171.
⁴) XII, 573; XIV, 665, 675.

sache hin, dass die Dichter, vor allem die Tragiker, die Lykier als Karer und Lykien als Karien bezeichneten. Dies wird uns auch bestätigt durch den Titel eines aischyleischen Dramas Κᾶρες ἢ Εὐρώπη und dessen Fragmente[1]). Die Vertauschung dieser beiden Völkernamen erinnert an die noch häufigere von Τρῶες und Φρύγες und wurde von den Dichtern deshalb häufig vorgenommen, weil die abwechselnde Verwendung zweier prosodisch verschiedener Bezeichnungen für ein und dasselbe Volk metrisch vorteilhaft war, allerdings die von Κᾶρες und Λύκιοι nicht so sehr, wie die von Φρύγες und Τρῶες.

Aus dieser poetischen Bezeichnung der Lykier als Karer und ihrem häufigeren Analogon kann aber auf eine nähere Verwandtschaft der beiden Völker nicht mit Sicherheit geschlossen werden, da sie, wenn auch nicht vom Dichter ohne Anlehnung an einen schon vorhandenen Sprachgebrauch erfunden, doch darauf zurückgehen könnte, dass die Griechen zu einer Zeit, wo sie mit den Karern zahlreichere und engere Berührungen hatten als mit den Lykiern, ungenau die ihnen gewohn-

---

[1]) s. Blass u. Bergk, Rhein. Mus. XXXV S. 85 ff. u. 248 ff. Die Κᾶρες sind der aus Lykiern bestehende Chor, die Εὐρώπη die Mutter des Sarpedon, die auch nach Herod. IV, 45 nach Lykien kam. Bergk können wir in der strengen Scheidung des älteren Sarpedon von dem jüngeren homerischen, dem Sohne der Laodameia, nicht beistimmen, noch weniger darin, dass der Chor als Κᾶρες bezeichnet sei, um einer Verwechselung dieser zwei S. vorzubeugen. Seine Korrektur Τλῶων ist kaum berechtigt. Ferner durch die Angabe des Inhalts der euripideischen Stheneboia, die uns bei dem Scholiasten zu Gregor. Corinth. ad Hermog. περὶ μεθόδου δεινότητος erhalten ist: πεισθεὶς δὲ ὁ Προῖτος ἐξέπεμψεν αὐτὸν ἐς Καρίαν. (s. Fischer, Bellerophon S. 46). Amisodaros, der nach Il. XVI, 328 die Chimaira aufzog und dessen Söhne Atymnios und Maris als Genossen des Sarpedon fielen, wird einmal Schol. und Eustath. ad l. c. als Herrscher von Karien bezeichnet.

tere Bezeichnung Karer auch auf die letzteren übertrugen. Mit dieser Vermengung stimmt nicht recht zusammen, dass die Geringschätzung der Karer, wie sie sich in verschiedenen sprichwörtlichen Redensarten ausdrückt, obwohl dieselben erst durch die grosse Anzahl karischer Sklaven im europäischen Griechenland beliebt und mehr stehend wurde, bei den kleinasiatischen Griechen schon frühe vorhanden gewesen zu sein scheint[1]), während augenscheinlich die Lykier viel günstiger beurteilt wurden. Anderes weist jedoch auf eine gewisse ethnische Gemeinsamkeit zwischen Karien und Lykien hin. Ephoros[2]) nahm an, dass bei Homer die Idrier und Termilen in den Karern miteinbegriffen seien. Apollonios von Aphrodisias bezeichnet in seinen Καρικά die Stadt, die später Idrias genannt wurde, als von Lykiern gegründet und lässt daneben den Idrieus einen Sohn des Kar sein[3]); ferner werden Termeros und Lykos als Leleger bezeichnet[4]). Dieser Termeros ist der Heros Eponymos der karischen Stadt Termera, die bei Stephanus Byzantinus wohl infolge dieser Zusammenstellung des Termeros und Lykos unrichtig nach Lykien versetzt wird. Die Wurzel dieses Termera findet sich wieder in Termessos und vielleicht auch in Termile; eine verwandte, Tel, in Telmessos, dem Namen zweier Städte, und Telmera,

---

[1]) vgl. das 24. Fragm. des Archiloch.
[2]) Strabo XIV, 678.
[3]) St. B. s. v. Χρυσαορίς und Εὔρωπος.
[4]) Schol. ad Euripid. Rhesos 565 (bei Parth. narr. XXXV flieht Apteros, nachdem er den Verführer seiner Braut Lykastos getötet, πρὸς Ξάνθον εἰς Τέρμερα, wobei vielleicht an die mythische Personifikation des Stromes Xanthos gedacht werden darf. Τέρμερα würde also hier Lykien bezeichnen). Ein Termeris (oder -os) wird bei St. B. s. v. Τλῶμος in einer nicht mehr genau erkennbaren Weise mit der sagenhaften Gründungsgeschichte der so benannten lykischen Stadt in Verbindung gebracht.

das vielleicht nur eine andere Bezeichnung der Stadt Termera ist.

<small>Lelegische Elemente in Lykien</small>

Eine gelehrte Hypothese[1]) lässt die Karer und Leleger, als sie vom Archipel in den kleinasiatischen Kontinent hinüberzogen, von Kretern als Bundesgenossen begleitet werden, und durch diese Völkervereinigung unter Leitung des Sarpedon Milet gründen und die Termilen im späteren Lykien ansiedeln. Dieser Hypothese, die wohl eine Kombination der Gründungssage Milets und der Annahme von der Einwanderung der Termilen aus Kreta ist, liegt die Voraussetzung zu Grunde, dass lelegische Elemente auch in Lykien vorhanden waren. Auch wir möchten diese vereinzelten Daten[2]) dahin deuten, dass sie nicht sowohl Anzeichen einer Verwandtschaft der eigentlichen Karer und der eigentlichen Lykier sind, sondern einer solchen zwischen den Bevölkerungen der beiden Landschaften vor der Einwanderung dieser zwei Stämme sind. In den Lelegern sehen wir mit Eduard Meyer[3]) die einheimische kleinasiatische Küstenbevölkerung, und vielleicht sind wir berechtigt in der Erzählung[4]), dass in Tralles für die Tötung eines Lelegers oder Minyers dessen Angehörigen als Busse ein Scheffel Kichererbsen gegeben wurde, das ν des Μινύαι

---

[1]) Str. XII, 573 (Apollodor?).

[2]) Verwandt sind die N. Passala (St. B., An. St. mar. magn 291), Patalos nach St. B. eine an der karischen Küste liegende Insel mit d. N. des lyk. Patara. Ferner Kalynda, Kalbis in Karien; Kalabantia in Lykien. Kandasa-Kondyka (Ptol. V, 3, 7); Karbasyanda und Karbana (St. B.). Zu beachten ist auch St. B.: Τυμνησσός πόλις Καρίας ἀπὸ τυμνησοῦ ῥάβδου. Ξάνθιοι γὰρ τὴν ῥάβδον τυμνίαν λέγουσιν. Ein anderer karischer Ort hiess Tymnos, ein lykischer Tymena (für letzteren Namen giebt St. B. eine andere Etymologie an als für Tymnessos).

[3]) Ersch und Gruber XXX, 53 ff. Art. Karien.

[4]) Plutarch. qu. graec. 46.

und Μιλύην in ein λ zu ändern¹), so dass wir in derselben eine Erinnerung an die enge Verwandtschaft der Leleger und Milyer hätten. Wir nehmen jedoch nicht, wie früher E. Curtius, lautlichen Übergang von Μινύαι zu Μιλύαι oder umgekehrt an, da derselbe im Griechischen ganz vereinzelt wäre, sondern glauben, dass den betreffenden Schriftstellern, möglicherweise auch frühen Abschreibern die Existenz eines Volksnamens Μιλύαι unbekannt war, und dass sie deshalb dieses unbewusst oder durch eine falsche Korrektur in das ihnen bekannte Μινύαι umsetzten²). Für unsere Annahme einer Verwandtschaft zwischen Lelegern und Milyern spricht wohl auch der Umstand, dass die Teile Kariens, für welche uns Hindeutungen auf ethnischen Zusammenhang mit Lykien vorliegen, vom Namen Tremilai abgesehen, vereinzelte von einander getrennte Landstriche sind, in denen das lelegische Element sich mehr erhalten haben wird. Möglicherweise gehören dieser ursprünglich Lykien und Karien gemeinsamen Urbevölkerung auch die Kaunier an, die Herodot³) von den Karern scharf unterscheidet, obwohl sie zu seiner Zeit karische Sprache angenommen hatten. Darin, dass die Kaunier eines Tags die aus der Fremde zu ihnen gekommenen Gottheiten bewaffnet bis an die Grenze von Kalynda jagten, sehen wir eine Reaktion gegen den Einfluss der lykischen Religion⁴).

¹) Eine Stelle, in der diese Verwechselung unverkennbar vorliegt, s. oben S. 24, A. 1.
²) Nebenher wirkte, wie oben bemerkt, bei solchen, welche zwischen Milyern und Lykiern nicht unterschieden, die Ableitung der letzteren aus dem minoischen Kreta mit.
³) I, 122.
⁴) Kaunos später zu Lykien gerechnet, Hierocl. p. 695, so auch in den auf seinen κτίστης sich beziehenden Sagen: Eustath. ad Dion. v. 454. Con. narr. 2. Leleger in Kaunos Parthen. narr. am. 11.

Zweites Kapitel.

Zu einem Urteil über das ethnische Verhältnis der Lykier zu den Milyern-Solymern fehlt es uns an jedem Anhaltspunkt.

Vielleicht die Troer ausgenommen sind die Fäden, welche von den Lykiern zu den übrigen westkleinasiatischen Stämmen hinzuführen scheinen, und die man schon mannigfach weiter hinübergesponnen hat bis zu den Illyriern und Messapiern, so dünn und vereinzelt, ja vielleicht auch so trügerisch, dass es, so lange bis etwa die Sprachvergleichung eine wirklich haltbare Brücke zu andern Völkern hinüber schlägt[1]), geraten ist,

---

[1]) Deecke, der schon früher die Lykier mit Thrakern, Illyriern, Messapiern u. s. f. in Verwandtschaft setzte, hat in Bezzenberger, Beitr. zur Kunde der indog. Spr. XII, 1 und 2: Lykische Studien I S. 124—154, zum Teil unter Anknüpfung an G. Meyers Aufstellungen, den Beweis versucht, dass „das Wortmaterial der Inschriften in lykischer Sprache in Wurzeln und Suffixen die meiste Ähnlichkeit mit dem Karischen und dann einerseits mit dem Iranischen, andrerseits mit dem Griechischen zeigt, so dass die lykisch-karische, wie die phrygisch-thrakisch-illyrische Sprachgruppe eine Mittelstellung zwischen den Ariern und den Hellenen einnimmt, eine Thatsache, die durch Lautgestaltung und Flexion bestätigt wird". Aber die bis jetzt vorgebrachten Beweisgründe scheinen uns auch bei Deecke nicht auszureichen.

C. Pauli, unter den heutigen Etruskologen der Gegner des indogermanischen Charakters der etruskischen Sprache, weist in „Eine vorgriech. Inschr. v. Lemnos" 1886 S. 59 ff. die von M. Schmidt aufgestellte Behauptung, dass das Lykische die grösste Verwandtschaft mit dem iranischen Zweige der indog. Sprachenfamilien zeige, zurück. Auch gegen die Meinung Fr. Müllers (Or. u. Occ. II, 743), dass es mit den indog. Sprachen vielleicht entfernt verwandt sei, macht er Gründe von Gewicht geltend. Mit Deecke und G. Meyer stimmt Pauli nur darin überein, dass auch für ihn die lykische Sprache mit der karischen eng verwandt ist. Diese Verwandtschaft erschliesst P. aus der Entsprechung lyk. und kar. Personen- und Ortsnamen, sowie der

die Lykier als ein Volk zu betrachten, das, im wesentlichen sui generis, mitten zwischen andersartigen Stämmen sass[1]). Woher und auf welchem Wege sie ins Xanthosthal kamen, darüber Vermutungen aufzustellen hätte keinen Wert. Nur soviel darf als sicher gelten, dass sie nicht direkt aus dem asiatischen Binnenland kamen und wohl auch in Anbetracht der gar schwierigen Landwege, die Lykien mit Karien und Pamphylien

Zusammengehörigkeit lyk. Personennamen und kar. Ortsnamen, und lyk. Ortsnamen und kar. Personennamen (manches in den Verzeichnissen ist zu streichen, wie Πάτερος, Κράγος, welche keine selbständigen lyk. Personennamen sind). Diese Thatsachen genügen nach unserer Ansicht nicht zum Beweis, da sie verschiedene andere Erklärungen zulassen. Mit ähnlichen Gründen wird die Verwandtschaft des Lykischen und des Karischen mit dem Lydischen erwiesen. Das Karische ist aber für P. keineswegs indog.; seine Kritik der von G. Meyer in dieser Richtung aufgestellten Beweise ist teilweise begründet, zum Teil aber künstlich und etwas gewaltsam, wie der Abweis der Erklärung von Ἀλάβανδα (= einem ind. arvabandha, Rossebezwinger; s. a. St. B. s. v.) und Ὑλλούαλα. Die Sprachen von Lykien, Karien und Lydien sind für P. mit grosser Wahrscheinlichkeit mit dem Etruskisch-Pelasgischen verwandt (S. 74), das er sich mit Hilfe seiner Lesung und Erklärung der auf Lesbos gefundenen Inschrift zusammenkonstruiert. Die Lykier sind so glücklich unter den Pelasgern untergebracht, die weder indog. noch semit. sein sollen; pelasgisch sind die L., weil sich in L. mehrere mit dem -nd und dem -s(s) Suffix gebildete Ortsnamen finden (S. 62), welche früher von einem anderen Gelehrten als Kriterium lelegischer Bevölkerung aufgestellt wurden. Den Beweis für die Wahrscheinlichkeit der Verwandtschaft des Lykischen mit dem Etruskischen, sowie die Beseitigung der dagegen sprechenden Grundverschiedenheit der in ihrer Bedeutung gesicherten Verwandtschaftsnamen der beiden Sprachen hat Pauli etwas leicht genommen. Überhaupt können die eigenen Aufstellungen desselben vor einer auch nur halb so scharfen und genauen Kritik kaum stand halten, wie er sie andern gegenüber anwendet.

[1]) So auch Ed. Meyer, G. d. A. § 252.

verbinden, die letzte Strecke ihrer Wanderung nicht zu
Lande machten. Einige Zeit lang mögen sie immerhin
auf Kreta gesessen haben. Von den nördlichen Lykiern,
die wir als früher mit den südlichen zu einem Ganzen
zusammengehörig zu betrachten geneigt sind, liesse sich
nur dann mit einiger Wahrscheinlichkeit vermuten, wann
und wo ungefähr sie sich losgetrennt haben, wenn wir
einen Anhalt für die Bestimmung des Ausgangspunktes
der Wanderungen der Gesamtheit hätten. Als ungefähre
Zeit der Einwanderung der südlichen Lykier in das
Xanthosthal nehmen wir etwa spätestens die Mitte des
zweiten Jahrtausends an, da sie augenscheinlich schon
vor der Zeit der griechischen Kolonisation fest in demselben sassen und vielleicht auch schon geraume Zeit
mit dem europäischen Griechenland Berührungen hatten.

Drittes Kapitel.

Der Lykier älteste Berührungen mit anderen Völkern.

Im Laufe der zweiten Hälfte des zweiten Jahrtausends kamen nun die Lykier in Berührung mit semitischer Kultur und semitischen Völkern, mit Phönikern und den vielleicht nur semitisierten Chetas, wobei sie von den ersteren auf dem Gebiet der Technik, vor allem der Schiffahrt, von den letzteren in Beziehung auf Kunst und Religion beeinflusst wurden. Die Chetas werden den Lykiern die Bekanntschaft mit der assyrischen Kunst vermittelt haben, wie dann später ihrerseits die Lykier Elemente assyrischer Kunst zu den europäischen und kleinasiatischen Griechen trugen. Von grossem Umfang werden jedoch die faktoreiartigen Niederlassungen der Phöniker auf lykischem Boden nicht gewesen sein, da der Verkehr zwischen Cypern und Rhodos wohl in der Regel ein direkter war und Lykien den Phönikern ausser Holz für ihre Schiffe nicht viel bot. Es sind auch nur wenige lykische Ortsbezeichnungen, für deren Erklärung aus dem Semitischen grössere Wahrscheinlichkeit vorhanden ist oder die sonst auf Phöniker hinweisen ¹).

¹) So mag, wenn alt, auf Ph. hinweisen Φοινικοῦς, anderer Name der Stadt und des Berges Olympos, bei St. B. auch Name einer Insel (Liv. 37, 16 wird auch die Bai von Kalamaki so benannt); bei Const. Porphyr. de them. I, 14 heisst nicht bloss die Stadt so, sondern auch der benachbarte Fluss. Auf semitische Wurzeln gehen wohl zurück: Χίμαιρα und Ἀῤῥαβόττης nach St. B. Name einer lykischen Insel (nach Olshausen, Rhein. Mus. VIII (1853) S. 322 und Monatsber. der Berl. Ak. 1879 S. 582 = Vorhof des Todes = Eingang zur Unterwelt; das nördliche Ἀῤῥαβόττιον jedoch nach Ed. Meyer, G. d. Troas S. 75, nach einem lydischen Prinzen benannt) und vielleicht Solyma.

Für Patara scheint die indogermanische Etymologisierung entweder von √pat sich senken = patala Niederung (Hitzig, in Z. d. D. M. G. IX S. 731 f. und Gesch. d. jüd. V. II, 347 f. oder die von Otto Blau, Z. d. D. M. G. XVII S. 659 unter Benützung der uns bei St. B. erhaltenen Erklärung, welche Alexander Polyhistor in Form eines etymologisierenden Mythus gab, vorgeschlagene Zusammenstellung mit dem lat. patera zum mindesten ebenso wahrscheinlich als die Ableitung vom semitischen patar. Für Sirbis Str. XIV, 655 oder Sibros Panyasis fr. 17 (Eust. ad Il. XII, 312 Sirmis, das ὕστερον an dieser Stelle beruht kaum auf bewusster Vergleichung der homerischen Benennung mit der des Panyasis, da Schol. ad Il. XII, 313 ὁ δὲ Ξ. Σίρβις νῦν καλεῖται), den andern Namen des Fl. Xanthos, wird sich ebenso gut eine indogermanische Anlehnung finden lassen, als die an das arabische zirba, und man hat auch schon das Wort mit dem Persischen in Verbindung zu bringen gesucht. Ähnlich ist es mit dem Namen Sidyma, dessen Lage schon keineswegs für eine phönikische Niederlassung spricht. Letzteres erklären (wie Kibyra und Phaselis) für eine phönikische Kolonie Maspero-Pietschmann, G. d. morgenl. V. S. 242; B.-N. S. 89 halten Patara, Sirbis, Sidyma für semitisch. Die ἀρχαῖα γράμματα bei Plut. Al. 17, 4 sollten nicht auf semitische Spuren zurückgeführt werden, zumal da die ganze Geschichte entweder ein plumper Priesterbetrug oder eine erst später ausgesonnene Schwindelei ist. Eher noch sprechen die in Lykien sich findende Verehrung der Fische und deren Verwendung zu Orakelzwecken

Wahrscheinlich traten die Lykier den Phönikern bald in wirksamer Weise feindlich entgegen[1]), so dass es auch schon deshalb nicht zu zahlreichen und bedeutenderen Niederlassungen derselben kam.

An vorübergehende Herrschaft der Chetas über Lykien wird nicht zu denken sein, wie sich auch in Lykien wenigstens bis jetzt noch keine sogen. Hittitendenkmäler gefunden haben[2]). Immerhin mag von Nordsyrien aus die geistige Entwicklung der Lykier stärker beeinflusst worden sein, als von den Phönikern. Jedoch die Ansicht von Sayce[3]), dass das lykische Alphabet durch Vermittlung eines vorausgesetzten kleinasiatischen Syllabars

Lykier und Chetas.

(s. T. Gpr. 1886 S. 24) für semit. Einfluss. Fischkult findet sich aber auch auf einer Inschrift aus Smyrna, Röhl in Bursians Jahresber. 1878 S. 74, und wird vielleicht von Plin. n. h. XXXII, 16 auch für Chios bezeugt.

[1]) So auch Maspero-Pietschmann, G. d. m. V. S. 212.

[2]) Ed. Meyer, Gesch. d. A. 1 § 255 und G. Hirschfeld, Paphlagon. Felsengräber S. 45.

[3]) In Schliemann, Ilios Anh. S. 766—781, Troia S. XXXI. Deecke leitete es in K. O. Müller, Etrusker ² II S. 523 aus dem kyprischen Syllabar ab, hat sich aber neuerdings Sayce angeschlossen. Auch Georges Perrot bringt Rev. d. d. m. 1886 Juliheft S. 341 f. die σήματα λυγρά, welche Bellerophon nach Lykien mitbringt, mit dem hittitischen Syllabar zusammen, indem er annimmt, dass der griechische Dichter zu einer Zeit, da die Griechen selbst noch keine Schrift hatten, hittitische Zeichen an Denkmälern und Handelsartikeln gesehen und diese Beobachtung dichterisch verwertet habe, eine Annahme, die uns etwas künstlich vorkommt. Für J. P. Six Rev. num. 1886 Heft I S. 105 ist das lykische Alphabet eine ziemlich junge Erfindung, da es auf den Münzen erst im 5. Jahrhundert zu erscheinen anfange und ältere lykische Münzen andere Schriftzüge tragen. Nach Kirchhoff, Griech. Alph. ³ S. 47 f. ist es erst aus dem Dorischen entstanden (so auch Milchhöfer, Anf. der griech. Kunst S. 182), aber auch bei dieser Annahme bleibt ihm eine gewisse Selbständigkeit gewahrt.

auf die hittitischen Hieroglyphen zurückgehe, bedarf jedenfalls noch weiterer Begründung. Zu der Annahme, dass etwa die Lykier einmal unter Oberhoheit Ägyptens standen, ist nicht der geringste Anlass vorhanden, wenn es auch wahrscheinlich ist, dass Ägypten im 15. Jahrhundert über die ägäischen Inseln eine gewisse Souzeränität ausübte¹). Ob Lykier bei einem der unter Ramses II., unter Merneptah und unter Ramses III. von Haufen verschiedener Volksstämme gegen Syrien, beziehungsweise Ägypten unternommenen Raubzüge beteiligt waren, ist nach dem bis jetzt vorliegenden Befund der ägyptischen Quellen als fraglich zu betrachten. Die Möglichkeit einer Beteiligung lykischer Scharen, die entweder vom Xanthosthal auszogen oder an der Ansiedlung in demselben gar nicht beteiligt waren, von vornherein zu leugnen, erscheint uns nicht berechtigt²).

Lykier und Ägypten.

Die Lykier wurden aber in dieser frühen Zeit nicht bloss von orientalischen Völkern beeinflusst, sondern sie griffen ihrerseits in die Verhältnisse der Westküste Kleinasiens und des europäischen Griechenlands ein; wenigstens weisen verschiedene, allerdings teilweise sagenhafte Überlieferungen darauf hin.

Der Lykier alte Berührungen mit den Griechen.

Eine Erinnerung an die Bedeutung, welche sie einst für die kleinasiatische Westküste besassen, hat wohl dazu beigetragen, dass sie bald in die Ilias hineinkamen; dass sie auf die den Griechen feindliche Seite gestellt wurden, hat vielleicht auch seinen Grund darin, dass sie den Versuchen griechischer Kolonisation im eigenen Lande mit Energie und Erfolg entgegentraten.

Die Angabe Herodots³), dass ein Teil der klein-

Lykier und kleinasiatische Ionier

¹) Ed. Meyer, G. d. A. § 194, 220.
²) S. T. Gpr. 1886 S. 6 ff.
³) I, 147.

asiatischen Ionier lykische Fürsten hatte, haben wir schon früher als glaublich anerkannt. Ihr an die Seite zu stellen ist die uns von Pausanias[1]) erhaltene, allerdings durch eine logographisch-historische Kombination hindurchgegangene und umgeformte Tradition, dass vor der ionischen Zuwanderung die ursprüngliche Bevölkerung der Stadt Erythrai neben Kretern, Karern und Pamphyliern aus Lykiern bestand. Würde diese Notiz vereinzelt sein, so könnte sie dadurch beseitigt werden, dass man annehmen würde, die Tradition habe zuerst nur von Kretern gesprochen und dann seien die Lykier auf Grund ihrer angenommenen Verwandtschaft mit den Kretern hinzugefügt worden (Λυκίων μὲν κατὰ συγγένειαν τὴν Κρητῶν). Aber die von Herodot bezeugte Thatsache legt doch die Annahme näher, dass die Lykier der ursprünglichen Tradition angehörten, und obiger Zusatz nur der Absicht entspringt, dieses überlieferte Vorhandensein lykischer Elemente einer Zeit begreiflicher zu machen, wo die Lykier hinter ihren Bergen in stiller Abgeschiedenheit lebten. Auch die Pamphylier gehörten der ursprünglichen Tradition an, da in einer ionischen Stadt kein Motiv denkbar ist, das ihre Einfügung hätte veranlassen können.

Wir dürfen wohl behaupten, dass Lykier schon vor der ionischen Kolonisation sich an Teilen der später von den Ioniern besiedelten Küste festgesetzt hatten, und die Jonier es geraten fanden, mit diesen einen Ausgleich zu schliessen, in welchem den letzteren Besitz und Anteil an der Regierung gewährleistet wurde.

Eine viel umstrittene Überlieferung lässt Lykier in der vordorischen Geschichte der Argolis eine bedeutende Rolle spielen. Die Erbauung der Burgen von Mykene

Lykier und Argolis

---

[1]) VII, 3, 7.

und Tiryns wurde schon ziemlich früh Kyklopen zugeschrieben¹). Eine uns bei Strabo (VIII, 373) erhaltene Notiz giebt an, dass die Tiryns erbauenden Kyklopen aus Lykien kamen. Das von Strabo angegebene, aber wohl unrichtig erklärte Epitheton derselben „γαστερόχειρες²)" fand sich nach Pollux I, 5, 50 bei Hekataios, und die Creuzersche Hypothese, dass die ganze Angabe Strabos aus Hekataios stamme, ist annehmbar. Bei Pseudoapollodor wird Proitos von seinem bösen Bruder Akrisios vertrieben, kommt nach Lykien zum dortigen König und wird, nachdem er dessen Schwiegersohn geworden, von diesem mit einem lykischen Heere zurückgeführt, worauf die Kyklopen Tiryns befestigen. Schon bei Homer ist Proitos Schwiegersohn des lykischen Königs, und eine bessere Motivierung für dieses Verwandtschaftsverhältnis zweier durch ein breites Meer getrennter Herrscher als durch die Flucht des einen zum andern lässt sich kaum denken. Deshalb betrachten wir diese Angabe des Pseudoapollodor als ziemlich alt.

Diese Tradition, dass Tiryns von lykischen Kyklopen d. h. von lykischen Bauleuten und, was wohl dann notwendig anzunehmen ist, zur Zeit eines regen Verkehrs zwischen Lykien und Argolis und einer Beeinflussung auch der staatlichen Verhältnisse der Argolis durch Lykien erbaut worden sei, hat schon vor der Ausgrabung der

Die Burgen von Mykene und Tiryns von (lykischen) Kyklopen erbaut.

---

¹) Eur. Herc. fur. 944 f. Mykene: τὰ Κυκλώπων μέλεα φοίνικι κανόνι καὶ τύκοις ἡρμοσμένα· Eur. J. A. 152: Κυκλώπων θυμέλαι· und 1500: πόλισμα Περσέως Κυκλωπίων πόνον χερῶν. Nach Paus. II, 25, 8 Tiryns von Kyklopen erbaut; nach II, 16, 5 und VII, 25, 5 Tiryns und Mykene. Nach Pseudoapollodor II, 1 Tiryns. Infolge dieser ihnen zugeschriebenen Bauten wurden die Kyklopen den Daktylen und Telchinen in etwas verwandt.

²) „τρεφομένους ἐκ τῆς τέχνης", welche Erklärung vielleicht schon von Hekataios herrührt.

tirynthischen Burg neben manchen, die für ihre Richtigkeit
sich aussprachen[1]), grundsätzliche Anfeindung erfahren[2]),
und ebenso nach diesem Unternehmen Schliemanns[3]).
Die zwei Fachmänner, die an dem Schliemannschen
Werk über Tiryns mitgearbeitet haben, nehmen derselben
gegenüber ganz verschiedene Stellung ein. F. Adler
tritt in der von ihm verfassten Vorrede[4]) mit Wärme
und Entschiedenheit für die Richtigkeit derselben ein.
Freilich erklärt auch er, dass eine definitive Beantwortung der Frage, ob und inwieweit diese Burgbauten der
Argolis unter lykischem Einfluss und unter Mitwirkung
von lykischen Bauleuten entstanden sind, erst dann möglich sei, wenn neben der dringend notwendigen Ausgrabung der Hofburg von Mykene namentlich die ältesten Baudenkmäler von Lykien und Kreta aufgenommen und zusammengestellt sein werden. Den Einfluss der
monumentalen Baukunst der Phöniker auf die griechische
giebt er nur in sehr beschränktem Masse zu. Dörpfeld
dagegen, der die Ausgrabungen von Tiryns als Fach-

---

[1] z. B. Helbig, Homer. Epos S. 47. Milchhöfer, Anf. d. gr
K. S. 140.

[2] so von Duncker, G. d. A. V⁵ S. 60 f., der gegenüber
allen Überlieferungen, welche Einwirkungen auf die europäischen
Griechen von Osten besagen, äusserst kritisch ist, soweit es sich
nicht um Phöniker handelt.

[3] So Émile Burnouf, Rev. d. d. m. 1886 Märzheft für den die
Kyklopen „des êtres dérivés du dieu soleil" sind und das Lykien,
aus dem sie kommen, eben das Lichtland der Sonne ist. Derselbe macht aber mit gleicher Entschiedenheit und viel Ironie
Front gegen die Phönikerhypothese. Liegt der Burnouf'schen
Erklärung vielleicht eine ähnliche Anschauung zu Grunde, wie
sie W. Schwarz in Urspr. d. Myth. S. 16 vertritt, für welchen die
Kyklopen dem „Himmelsriesen" gleich sind, der im „sich auftürmenden Unwetter" die Wolkenburg aufrichtet und sich so als
Baumeister erweist?

[4] besonders S. LIII und LIX.

mann leitete und beaufsichtigte, spricht sich ebenso energisch für phönikischen Einfluss, im besonderen dahin aus, dass phönikische Bauleute Tiryns erbaut haben, indem er vor allem die eigentümliche Kasemattenanlage von Tiryns betont und darauf hinweist, dass in Lykien oder an irgend einem andern Punkte Kleinasiens, der nicht von Phönikern besucht war, noch keine derartige Kasemattenanlage gefunden worden sei, andererseits aber mit Tiryns die karthagische Byrsa und die Mauern anderer phönikischer Städte in Nordafrika diese Kasemattenanlagen gemeinsam haben. Soweit ein Laie sich ein Urteil über einen Meinungsgegensatz von Fachmännern erlauben darf, scheint uns der Dörpfeldische Beweis für phönikischen Einfluss oder Ursprung nicht zwingend zu sein, da die Bauten in Nordafrika unter allen Umständen bedeutend jüngerer Entstehung sind als Tiryns, und die Phöniker bei denselben, wie es ihrer Eigenart entsprach, nach fremdem Muster gearbeitet haben können.

Der phönikische Ursprung wäre nur dann ausser Frage gestellt, wenn die Analoga zu dieser Eigentümlichkeit der tirynthischen Burg im syrischen Phönikien oder etwa auf Kypros sich fänden. Zudem würde die Erbauung von Tiryns durch Phöniker zu eigener Verwendung voraussetzen, dass dieselben, ehe sie dazu schritten, schon ziemlich lange sich die Herrschaft über diesen Teil der Argolis erworben und gesichert hätten, und ihnen dann der Bau von Tiryns das Mittel gewesen wäre, diese territoriale Herrschaft auf Generationen hinein zu befestigen. Dies würde aber dem ganzen Charakter widersprechen, den für eine unbefangene Beurteilung, wie sie sich neuerdings Bahn bricht, die sogenannte phönikische Kolonisation auf griechischem Boden hatte. Die Mithilfe von Phönikern bei der Erbauung

der zur Befestigung und Vermehrung fremder Macht und
Stärke dienenden Burg würde andererseits bei denselben
einen Mangel an Voraussicht und ein Übermass von Ver-
trauen gegenüber den augenblicklichen Bundesgenossen
voraussetzen, wie sie diesem schlauen Volke nicht zugeschrieben werden dürfen. Sie hätten ja dadurch der augen-
blicklich ihnen freundlich gesinnten Herrscherfamilie die
beste Waffe geschaffen, ihren Handel ganz nach Willkür zu regeln oder gänzlich zu hemmen. Dass die
Lykier schon infolge der Eigenart ihres Landes in
früher Zeit im Steinbau geübt und bewandert waren,
wird sich nicht leugnen lassen, und auf länger dauernde,
engere Verbindungen zwischen der Argolis, zu der
in dieser alten Zeit politisch auch Korinth gehörte,
und Lykien weist, abgesehen von den „lykischen Kyklopen," die Bellerophonsage und der Bellerophon-
kult hin.

So hat unseres Erachtens die Annahme Adlers
grössere historische Wahrscheinlichkeit für sich, als die
Dörpfelds. Die Version, nach der Tiryns und Mykene
von „lykischen Kyklopen" erbaut worden sind, beruht
allerdings kaum auf ununterbrochener Tradition. Zuerst
wurden die Burgbauten, deren Errichtung durch Menschen-
hände den lebenden, in dieser Beziehung zurückgekom-
menen Geschlechtern unmöglich schien, Riesen zugeschrieben. Dass diese Riesen Kyklopen genannt wurden,
beruhte unserer Meinung nach nicht auf einem inneren
Zusammenhang des Wesens der „poseidonischen" Kyklopen mit der bauenden Thätigkeit — schon deshalb
nicht, weil es fraglich ist, ob zur betreffenden Zeit in
den Vorstellungen der Bewohner der Argolis das als
ursprünglich angenommene poseidonische Wesen der Kyklopen auch nur noch latent vorhanden war — sondern
darauf, dass Polyphem, jedenfalls die populärste Ky-

klopenfigur, nach der Odyssee¹) jeden Tag morgens und abends seine Höhle mit einem Steinblock verschliesst, den vom Boden aufzuheben nicht einmal die Tragkraft von 24 vierrädrigen Wagen genügen würde. Zu einer solchen Rasse — so schloss das Volk von Argolis — müssen die Wesen gehört haben, die Mauern aus so massiven Blöcken erbaut haben. (Nach Adler haben manche Blöcke ein Gewicht von 12—13000 kg). Nebenher mag der Kult von Kyklopen ursprünglich anderer Art, wie ihn Pausanias²) von Korinth bezeugt, mitgewirkt haben, wenn derselbe wirklich in dieser frühen Zeit schon vorhanden war. So entstand die Volkssage, dass Kyklopen die Burgen erbaut haben. Die Bestimmung dieser Kyklopen als lykisch kam erst später und auf schon halb gelehrtem Wege hinzu. Man hatte Überlieferungen, die für die Vorzeit auf enge Verbindungen vor allem der Herrscher der Argolis mit Lykien hinwiesen; da lag es nahe, die Kyklopen, welche die Burgen der Herrscher erbaut haben sollten, aus Lykien kommen zu lassen. Beweiskraft hat demnach diese Version von lykischen Kyklopen an und für sich nicht, sie hat nur den Wert, dass sie eben auch ein Anzeichen einer Tradition ist, laut der früher enge Beziehungen zwischen der Argolis und Lykien vorhanden waren³).

¹) IX, 240 ff.
²) II, 2, 2.
³) Die Entstehung der in den Scholien Eurip. Or. 965 sich findenden Bezeichnung der Kyklopen als Ἔθνος Θρᾳκικόν habe ich im T. (Cpr. 1886 S. 11 zu erklären versucht. W. Mannhardt, dessen Werke mir erst bei der letzten Revision meiner Arbeit zugänglich wurden, erklärt in „Antike Wald- und Feldkulte" S. 103—112 ff. das ursprüngliche Wesen der Kyklopen dahin, dass sie Gegenbilder der nordeuropäischen „wilden Leute" seien und ihre Naturgrundlagen in Gewitterstürmen und Wirbelwinden haben. Damit ist wohl das Richtige getroffen. Dass die Kyklopen auch mit

Die Bellerophonsage weist bei genauerer Prüfung auf in früher Zeit vorhandene engere Verbindungen zwischen Argos-Korinth und Lykien hin. (Bellerophonsage ursprünglich lykisch)

Die einzelnen diesem Heros zugeschriebenen Thaten versetzt die homerische Form der Sage alle nach Lykien. In der späteren Gestaltung der Sage spielt nur eine, die Bändigung des Pegasus, auf korinthischem Boden sich ab. Man kann allerdings den Bellerophon als eine Art Nationalheros der Korinthier bezeichnen mit Hinweis darauf, dass der Pegasus mit oder ohne seinen Lenker sich im ganzen nur auf Münzen von Korinth oder von Städten findet, die entweder korinthische Kolonien waren oder sonst unter korinthischem Einfluss standen[1]), und litterarisch wird uns der Kult des Bel-

den Höhlen von Nauplia durch die Volkssage der Argolis in Verbindung gebracht wurden (Str. VIII, 369, 373), wird eher für als gegen unsere Erklärung der Entstehung der Sage von den Baukyklopen sprechen. Furtwängler in Roscher, Lex. d. gr. u. röm. Myth. Art. Gorgoneion S. 1704 betrachtet die Bezeichnung dieser K. als „lykisch" als ihnen von Anfang an zukommend, wobei ihm dieses Lykien das mythische Lichtland Apollons ist (also wie Burnouf a. a. O.). Dass nach Paus. II, 20, 7 ein bei Argos befindliches steinernes Medusenhaupt für ein Werk der K. galt, beruht aber auch für ihn auf „ziemlich später Sage". Die von ihm allerdings nur in fragender Form vorgeschlagene Erklärung dieser Annahme, dass die K. dieses Relief verfertigt hätten, ist wenig plausibel. Er scheint anzunehmen, dass, wie auf syrakusanischen, in der Zeit 317—10 geprägten und späteren sicilischen und römischen Münzen (s. S. 1726), so auch auf diesem Relief das Gorgoneion sich inmitten eines Triquetrums befand und deshalb das Relief auf Grund davon, dass das Triquetrum als Symbol von Lykien bekannt war, den lykischen K. zugeschrieben wurde. Das ist ein Schluss, wie ihn die moderne vergleichende Kunstgeschichte gerne zieht; aber eine Volkstradition entsteht auf solchem Wege nicht und auch die antike Gelehrsamkeit spann kaum solch feine Verbindungsfäden.

[1]) s. Imhoof-Blumer, Monnaies Grecques 1883 Ind. Auf

lerophon in Korinth bezeugt¹). Andererseits hiess einer der Demen des lykischen Tlos Βελλεροφόντειος²), in den Ruinen von Tlos fanden sich bildliche Darstellungen von Kämpfen des Bellerophon³); bei Termessos wurde eine Schanze des Bellerophon gezeigt⁴); in der Nähe der Stadt Xanthos befand sich vielleicht beim Letoon ein Grab des Bellerophon⁵). Auch ausserhalb Lykiens finden sich Spuren, aus denen man darauf schliessen könnte, dass die Gestalt des Bellerophon schon früh in Kleinasien vorhanden war. Das karische Bargylia wurde für eine Gründung des Bellerophon ausgegeben⁶). Auch Tarsos, in dessen Nähe man später das aleische Gefilde ansetzte, kann genannt werden; letzteres gab dann zu einigen verunglückten, mythisch ausgeschmückten etymologischen Erklärungen des Stadtnamens Anlass⁷);

lyk. Münzen erscheint der Pegasus schon ziemlich früh. Six in Rev. num. 1886 no. 201—220 (ein Teil der Zeit 395—80 zugeschrieben).

¹) Paus. II, 2, 4; nach II, 1, 8 sein Bild nebst dem des Pegasus im Tempel des Poseidon Hippios.

²) c. i. g. 4325 b ? = Wadd. 1224. Ein Demos von Xanthos: lobateios: c. i. g. 4269 d = Wadd. 1260. B.-N. n. 81, 82, 85.

³) Fellows, Discov. in Lyc. p. 136, 181, 252. Ritter, Kleinasien II S. 1009, 1011. Mitt. d. deutsch. arch. Inst. III T. 10. In Gjölbaschi ist auf der Osthälfte der Südmauer der Kampf B.s mit der Chimaira dargestellt. Benndorf, vorl. Ber. S. 51.

⁴) Str. XIII, 630.

⁵) Quint. Smyrn. X, 147—166.

⁶) Steph. B. s. v. Die Münzen dieser St. haben das Bild des Pegasus samt dem des Bellerophon. Imh.-Blumer a. a. O. S. 306, wie die der anderen kar. St. Stratonikeia. Allerdings liesse sich behaupten, dass man erst, um dieses Münzbild zu erklären, die Gründung der St. durch B. angenommen habe. Die Gründung der kar. St. Hydissos wurde einem Sohne des B. zugeschrieben. Steph. B. s. v.

⁷) s. Steph. B. s. v. und Dion. Perieg. 869 f. und Eustath. ad l. c.

vielleicht dürfen wir auch die Angaben, welche Perseus mit Tarsos in Verbindung setzen, als ursprünglich von Bellerophon geltend ansehen¹).

Die eine Thatsache, dass zwei lykische Demen nach Bellerophon und Iobates benannt waren, genügt, um die Aufstellung Dunckers²) zu widerlegen: „Die Verlegung des Kampfes vom Himmel gerade nach Lykien ist dadurch motiviert, dass die Griechen im Lande der Termilen (das war der Name, mit dem sich die Lykier nannten) einen dem ihrigen analogen Dienst des lichten Gottes vorfanden, dass sie annahmen, der Gott verweile den stürmischen und regnerischen Winter über in dem helleren und freundlicheren Lykien."³) Ebensowenig lässt sich mit ihr die Ansicht Rapps⁴) vereinigen, dass die bei Homer vorhandene Verlegung der Thaten des ursprünglich griechischen Heros nach Lykien aus dem allgemeinen Bestreben zu erklären sei, „wunderhafte Erscheinungen, für die man auf dem eigenen Boden keine Erklärung fand, wie z. B. die Amazonen oder die Greifen, an die Grenzen der bekannten Welt zu verlegen, wofür der Orient mit seinen fabelhaften Tieren besonders geeignet erscheinen musste." Da gewiss nicht angenommen werden

---

¹) Joh. Antioch. frgm. 18. Müller. Malala Chron. p. 36 f. ed. Bonn. Suid. sub Μέδουσα. Lucan III, 225. Freilich tragen die Münzen von Tarsos, wie die der ebenfalls kilikischen Städte Anemurium und Iotape, sowie die der isaurischen Iconium und Coropissos den Typus des Perseus, s. Wadd. Rev. numism. 1883 S. 31. Die Umsetzung des ursprünglichen Bellerophon in den Perseus müsste deshalb schon früh in hellenistischer Zeit erfolgt sein.

²) G. d. A. V³ S. 73.

³) Diese Aufstellung setzt auch noch voraus, dass die Griechen noch ein klares Bewusstsein davon gehabt hätten, dass der Bellerophon eine Hypostasierung einer einzelnen Seite ihres Lichtgottes war.

⁴) Roscher, mythol. Lex. S. 760.

kann, dass die Lykier unter Anbequemung an eine von den Griechen aus solchen psychologischen Gründen vorgenommene Verlegung oder Gleichsetzung ihre vorher anders benannten Demen umgetauft oder bei einer etwaigen erstmaligen Einrichtung der Demen sich nach derselben gerichtet hätten; da auch daran, dass irgend einmal unter dem Einfluss des Hellenismus aus irgendwelchen politischen Ursachen eine Neueinteilung des Gebiets bezw. der Bürgerschaft stattgefunden hätte, wobei die alteinheimischen Bezeichnungen beseitigt worden wären, kaum zu denken ist, müssen Bellerophon und Iobates zum mindesten schon frühe zum Bestand der mythischen Überlieferung Lykiens gehört haben [1]). Es hat vielmehr schon vor der Zeit, in der die homerische Glaukosepisode entstanden ist, eine Übertragung des Bellerophonmythus aus der Volkstradition des einen Gebiets in die des andern stattgefunden. Darauf weist auch ein Teil der in den Bellerophonsagen sich findenden Doppelnamen hin, jedenfalls die des Bellerophon selbst, der auch mit dem rein griechischen Namen Hipponoos bezeichnet wurde,[2]) und die des lykischen Königs: Iobates neben dem gutgriechischen Amphianax [3]). Dafür, dass Korinth und Umgegend nicht die ursprüngliche Heimat des Bellerophonkultus war, spricht der Umstand, dass von den

[1]) Dies meint wohl auch Wadd. III S. 311, wenn er sagt: tous ces noms montrent, combien les légendes chantées par Homère étaient anciennes dans la Lycie.

[2]) Schol. ad Il. VI, 155 und Tzetzes ad Lycophr. 17. Der weitere an ersterer Stelle sich findende Name L(D)eophontes kann auch gut griechisch sein — λεώς = Volk. M. Müller hält den Anlaut d für richtig und erklärt es gleich skr. dâsa-hánta.

[3]) Schol. Il. VI, 200; vielleicht geht auch der Name der Frau des Proitos, Anteia neben Stheneboia, welch letzterer uns zuerst aus Euripides bezeugt ist, auf eine von Haus aus nicht griechische Form zurück.

Thaten des Helden nur die vorbereitende und ihn nur
im allgemeinen kennzeichnende Bändigung des Pegasus
auf korinthischem Schauplatz vor sich geht. Zudem ist
der Pegasus in der ältesten Urkunde des Mythus, wie
sie bei Homer vorliegt, nicht genannt, und die Annahme
ist kaum statthaft, dass er, obwohl schon damals zum
Mythus gehörig, vom Dichter aus Gründen des Zusam-
menhangs oder entsprechend der Art, wie die epische
Anschauung und Darstellung ihre Helden handeln lässt,
nicht erwähnt worden sei [1]). Bei Homer zeigt der Mythus
ein überwiegend lykisches Gepräge. Der Held stammt
allerdings aus Ephyre, was sich jedoch dadurch erklären
lässt, dass zur Zeit des Dichters Mythus und Kult des
Heros schon in Korinth vorhanden war und nebenher
durch diese Ableitung des Heros aus Griechenland den
ionischen fürstlichen Geschlechtern, die sich durch Vermittlung des lykischen Glaukos von Bellerophon ableiteten, mittelbar auch griechische Herkunft zugeschrieben
wurde. Was unzweifelhaft an der ganzen Sage ein historischer Mythus ist, der Kampf mit den Solymern, ist
spezifisch lykisch. Die Bedeutung des Kampfes mit den
Amazonen lässt sich schwer auch nur mit einiger Sicherheit feststellen. Da wir sonst in Lykien nichts von Amazonen erfahren, könnte man sich versucht fühlen, anzunehmen, dass der Kampf mit den Amazonen bei Bellerophon nicht der Volkssage angehörte, sondern willkürlich
vom Dichter hinzugefügt wurde, um den Helden einem
Herakles oder Theseus an die Seite zu stellen. Da es
aber schwer zu beweisen sein wird, dass die Sage von
den Kämpfen des Herakles mit Amazonen älter ist als
die homerische Glaukosepisode, wird man besser daran
festhalten, dass die vom Dichter bearbeitete Volkssage

[1]) s. T. Gpr. 1886 S. 16.

den Amazonenkampf schon enthielt. Gerade auf lykischem Boden möchte die Deutung des Amazonenmythus etwas für sich haben, nach der das Wort Amazonen ursprünglich Bezeichnung für gynaikokratisch organisierte und regierte Völkerschaften war, so dass der Amazonenkampf des Bellerophon der episch-mythische Niederschlag der Entwicklung wäre, die das lykische Volk von der strengen Gynaikokratie zu der blossen, bei ihm in geschichtlicher Zeit noch vorhandenen Mutterfolge durchmachte [1]).

Chimaira

Name und Vorstellung der Chimaira scheinen uns von den Semiten zu den Lykiern und durch deren Vermittlung zu den Griechen gekommen zu sein. In Lykien wurde sie dann mit der Zeit auf in diesem Land sich findende, für vulkanisch gehaltene [2]) Phänomene bezogen

---

[1]) Die Scholien zu Il. VI, 186 denken an einen Einfall der Amazonen, und wollte man die von Klugmann, Philol. XXX (1870) S. 555 ff. entwickelte Anschauung, dass den Amazonensagen die Erinnerung an die kriegerischen, männlichen Sitten der nordischen Weiber der Kimmerier und Treren zu Grunde liege, als überall anwendbar und den wirklichen Quellpunkt der Sagen treffend betrachten, so würde der Amazonenkampf des Bellerophon die mythische Form für Kämpfe der Kimmerier und Lykier sein. Neuerdings findet wieder Sepp, Altbayerischer Sagenschatz S. 238 in den glücklichen Kämpfen gegen die Amazonen die Verdrängung eines roheren Gestirndienstes durch reineren Sonnenkult. Die unter anderen auch von Duncker, G. d. A. V [5] S. 45 f. vertretene Anschauung, dass Amazonensagen überall da aufkamen, wo früher Kultusstätten der syrischen Astarte waren, der Jungfrauen in Männertracht und bewaffnet dienten, unterliegt verschiedenen Bedenken. Nach Lippert, Gesch. d. Fam. (s. bes. S. 82) sind die Amazonensagen alle „plastische Personifikationen des Mutterrechts": jedoch wird nicht zu verkennen sein, dass die Behandlung der klassischen Mythen nicht zu den stärksten Seiten dieses Werkes gehört.

[2]) Nach B.-N. S. 82 sind die Erdfeuer von Janartasch bei Phaselis keineswegs vulkanischer Natur, und ist die ursprüngliche

und entsprechend lokalisiert. Die vielleicht erst auf
griechischem Boden vollzogene Verbindung des Bellerophon mit dem Pegasus beweist, dass Bellerophon
den Griechen als eine Sondergestaltung des Himmelsgottes entgegentrat. Die Verbindung, in der Bellerophon schon in Lykien mit Glaukos und Sarpedon
stand, zeigt, dass der in ihm nach und nach zum Heros
sich entwickelnde Himmelsgott zu dem Meer und den
Gewässern überhaupt in Beziehungen stand. Diese Beziehung war derart, dass Bellerophon entweder der Held
der aus dem Meer aufgehenden Sonne war, welche
Anschauung die Lykier dann aus früheren Wohnsitzen
mitgebracht hätten, oder der Gott, der aus dem Meer
und sonstigem Gewässer die Wetterwolken entstehen
lässt und kraft eines dualistischen Gegensatzes in
seinem Wesen, wie ein solcher so ziemlich bei allen
Naturgottheiten sich findet, im Gewitter gegen die finsteren, unheildrohenden Wetterwolken siegreich kämpft.
Für die erstere Auffassung wäre die Chimaira ursprünglich eine Verkörperung irgend welcher die Ordnung
störender und menschenfeindlicher Naturkräfte oder vielleicht der unheilvollen Seite und Wirkung der Sonnenhitze; für die zweite ist sie die Verkörperung eben der
Gewitterwolken und der Gewittererscheinungen [1]).

Stätte der Chimaira das Awlanthal. Näheres über die alten und
neuen Deutungen der Ch. s. T. Gpr. 1886 S. 17—21.

[1]) Die zweite Auffassung empfiehlt sich der gerade gegenwärtig bei einem grossen Teil der Mythologen stark vorhandenen
Neigung, möglichst viele, ja am Ende alle Mythen und mythische
Gestalten auf Gewittererscheinungen zurückzuführen. Sie stützt
sich auf die von M. Müller, Kuhns Zeitschr. V, 140 aufgestellte
etymologische Erklärung des Namens Bellerophon: $φέλλερος$ =
skr. varvara = lat. villosus = zottig. Belleroph. = Töter der
zottigen Ungeheuer, der Gewitterwolken, die in der Chimaira
verkörpert sind, oder, wenn $φόντης$ von der Wurzel $φαν$, = der

Glaukos und Sarpedon

Glaukos, Sohn des Hippolochos, Enkel des Bellerophon nach Ilias VI, 197. 206, und Glaukos, der Sohn des Sisyphos, Vater des Bellerophon (v. v. 154. 155) sind ihrem mythischen Werte nach identisch; der lykische Glaukos, nach dem ein Demos in Lykien benannt war [1], und der korinthische Glaukos sind unter dem Einfluss der genealogischen Interessen der aus Lykien stammenden fürstlichen Geschlechter Ioniens trotz ihrer Wesensgleichheit als verschieden gesetzt, der eine als Grossvater, der andere als Enkel des Bellerophon. Er ist der zum Heros herabgesunkene, dadurch menschlichem Wesen noch mehr genäherte Gott des Meeres als der ruhigen, lichtschimmernden Fläche, deren heiterer Eindruck durch einen gewissen Ernst und melancholische Tiefe gemildert wird. Das Meer auch von dieser seiner Seite her in einer besonderen Hypostasierung sich zu verkörpern, dazu wurde die Phantasie der Lykier immer wieder von neuem angeregt durch die entzückende Fernsicht, die sich an heiteren Tagen ihnen darbot [2].

Des Glaukos Gegenstück ist sein Bruder Sarpedon, bei dem auch eine genealogische Doppelung stattgefunden hat. Der Sarpedon, der Sohn des Bellerophon ist, und derjenige, welcher Bruder des Minos ist, sind von Haus

die Wolken Herbeiführende oder in den Wolken Erscheinende. Die von alten Lexikographen und Scholiasten gebotene Erklärung des Namens B. = Töter des Bösen (dialekt. βέλλερα = τὰ κακά, ἔλλερα = ἐχθρά, πολέμια, ἄδικα) entspricht wohl der später überwiegend ethischen Auffassung des B.: ob sie das ursprüngliche Etymon des N. trifft, möchte ich nicht mit Bestimmtheit behaupten. Jedoch gelingt es nur auf sehr künstlichem Wege, zwischen der Bedeutung, die das griechische χίμαιρα hat, und der Gestalt der mythischen Chimaira bezw. der ihr zugeschriebenen Bedeutung eine Vermittlung zu finden; s. T. Gpr. 1886 a. a. O.

[1] St. B. s. v. nach Alex. Polyhistor.
[2] s. B.-N. S. 85.

aus ein und dasselbe Wesen. Sarpedon ist das Meer nach seiner stürmischen Seite. Auch in seiner epischen Heroisierung bei Homer klingt dies gegenüber seinem Bruder Glaukos noch nach. Auch er gehört Lykien nicht ausschliesslich an. In Kilikien war ein Heiligtum der sarpedonischen Artemis und des sarpedonischen Apollo mit einem sehr angesehenen Orakel[1]): eine Landspitze Kilikiens hiess Sarpedon[2]): den gleichen Namen führt ein Vorgebirge in Thrakien[3]). Dass dem Sarpedon die Gründung Milets zugeschrieben wurde, haben wir schon in anderem Zusammenhang erwähnt[4]). Aus dem Vorkommen des Sarpedon in Kilikien ist wohl die Angabe[5]) abgeleitet, dass Sarpedon als Bundesgenosse seines in einen Krieg mit den Lykiern verwickelten Oheims Kilix sich zum König von Lykien gemacht habe.

Die Abstammung des Sarpedon von Zeus, sowie der Apollon Sarpedonios weisen darauf hin, dass wir in Sarpedon einen Gott zu denken haben, der zugleich den Mächten des Himmels verwandt ist. Apollon Sarpedonios erinnert an den Apollon Delphinios, wenn er auch die

[1]) Diod. 32, 10, 2 (= Exc. Photii p. 519—522) Zos. 1, 57.

[2]) Str. XIII, 627; XIV, 670, 682: bei der Mündung des Kalykadnos. Liv. 38, 38. Sarpedonium promunturium. Nach Skylax Karyand. F. 85 (= M. 102) N. einer πόλις ἐρχαῖος und eines ποταμός.

[3]) Hesych: Σαρπηδών ἀκτή, ἀντὶ τοῦ Σαρπηδονία. τόπος δὲ οὗτος Θρᾴκης ἀεὶ κλυδώνας ἔχων καὶ κυματιζόμενος, ἱερὸν Ποσειδῶνος. Schol. ad Il. XXIV, 79 — ἐκεῖ δὲ ἐστι καὶ ἡ Σαρπηδονία ἄκρα — νῦν δὲ Καρδιανὲς ὁ κόλπος ὀνομάζεται. Dieser thrakische Sarpedon wurde natürlich von den Mythologen vom lykischen und vom kretischen unterschieden. Nach Pseudoapollodor II, 9 s. f. ist er ein Sohn des Poseidon und Bruder des Poltys. Weihinschrift für diesen thrak. Sarpedon, auf den homer. Beiwörter des lyk. übertragen sind: Arch.-epigr. Mitt. a. Öster. VI S. 31.

[4]) S. 14.

[5]) Pseudoapollodor III, 1, 2.

Drittes Kapitel.

entgegengesetzte Eigenschaft vertrat. Sarpedon ist eine nach einer bestimmten Richtung erfolgte Abzweigung und Heroisierung des Zenoposeidon, den die Karer als Ὀσογῶ verehrten [1]).

Die Verehrung der beiden Brüder als Heroen ist uns auch inschriftlich bezeugt unter Umständen, welche darauf hinweisen, dass beide mit dem Meer zu thun hatten. Nach glücklichen Seekämpfen bringt Aichmon, der Admiral des lykischen Bundes, den Heroen Sarpedon und Glaukos ein Dankopfer dar [2]). Sarpedon scheint, wie in der Ilias, so auch im Kult die bevorzugtere Stelle eingenommen zu haben. Er hat in Xanthos ein Heiligtum [3]). Kult und Vorstellung des lykischen Glaukos werden wir wenigstens für die Zeit einer höheren Entwickelung materieller Kultur in Lykien uns eher nach Art des korinthischen Potnieus mit dessen Beziehungen zum Poseidon Hippios zu denken haben, als nach Art des Glaukos Pontios von Anthedon, des Volksgottes einer armselig lebenden Fischerbevölkerung [4]).

---

[1]) Siehe Preller. Gr. Myth. II² 131 f. Wir stellen Σαρπηδών nicht mit G. Curtius. Gr. Et. ⁵ S. 265 mit sk. sarp, gr. ἑρπ schleichen zusammen, woran zu zweifeln auch Vaniček, gr.-lat. et. W.b. S. 1031 sich erlaubt hat, sondern mit dem lat. rapio und sarpo, dem griech. ἁρπάζω und ἁρπή, indem wir annehmen, dass diese Stämme ursprünglich einer Wurzel entstammen. Σαρπηδών der rasch Erraffende. Bei Ath. I, 13 f. ist nichts von Sarpedon in Lykien dargebrachten Fischopfern zu finden (gegen Benseler, W. d. gr. Eigenn.³).

[2]) C. i. g. 4269 ᵇ = Wadd. no. 1251.

[3]) Appian. b. c. IV, 78. 79. Für Robert. Bild u. Lied S. 115 f. ist S. „der Landesheros des südwestlichen Teiles der Landschaften Karien und Lykien, ganz in demselben Sinne, wie Telephos der von Mysien, Hektor der von Troas ist." Dass wir nichts von einem nach ihm benannten δῆμος wissen, ist wohl Zufall.

[4]) Bei Homer besitzt Sarpedon, obwohl er nur von Mutterseite ein Enkel des B ist, die grössere Autorität. Dieses etwas

Lykien hat endlich noch eine Heroengestalt, die vielleicht auch auf frühe engere Beziehungen mit dem europäischen Griechenland, jedenfalls auf vielfache Berührung mit dem mysischen Gebiete hinweist. Es gab nicht weit von Patara entfernt eine Quelle des Telephos [1]), in der Telephos seine Wunde abgewaschen haben soll, also wohl eine heilkräftige Quelle. Mehr beweisend für höheres Alter des Telephos in Lykien ist die am gleichen Ort bezeugte Thatsache, dass es einen Demos des Telephos, wohl auch im Gebiet von Patara, gab [2]): dass die Telephossage im Süden Kleinasiens früh zu Hause war, beweist auch die Lanze des Achilles, die nach Pau-

Telephos.

befremdende Verhältnis hat die Aufmerksamkeit und den Scharfsinn alter Erklärer in Anspruch genommen (Schol. Il. XII, 101). Es mit der Vaterschaft des Zeus zu erklären, darauf verzichtete man aus guten Gründen. Man legte sich zum Teil die Sache durch eine Sage zurecht, welche erzählte, bei einem über die Thronfolge entstehenden Streit sei der Vorschlag gemacht worden, derjenige von den beiden jungen Prinzen solle Nachfolger werden, dem, während er auf dem Rücken liege, ein auf seiner Brust aufrecht hingestellter Siegelring durch einen Pfeil durchschossen werde. (Ist dieser Vorschlag etwa auf Grund einer in Lykien sich lange erhaltenden Volkssitte vom Erfinder des Pseudomythus erdacht, nach welcher bei irgend einem mit dem Ackerbau zusammenhängenden Feste derjenige „König" wurde, der in solchem Ringschiessen, jedoch wohl ohne menschliche Unterlage, glücklich war?) Hippodameia sei bereit gewesen, ihren Sohn zu diesem Experiment herzugeben, aber nicht die Frau des Hippolochos. Dem richtigen Grund kommt, aber vielleicht durch Zufall, näher die andere Begründung: ἐπεὶ ἀδελφῆς καὶ μοιχευομένης οὐ νοῦθετει τὸ γένος, ἀλλὰ γυναικός. Sarpedon hat nach Mutterrecht als Schwesterbruder besseres Erbrecht als der eigene Sohn des Hippolochos.

[1]) St. B. s. v.

[2]) Ob die Münzen, deren Legende nach Fellows Lycian coins pl. VIII, 2 Têlêbonê lautet, den Namen einer Stadt tragen, ist sehr fraglich. Six a. a. O. no. 222—227, Münzen eines Telebeis „Dynast von Trebenna". Zeit c. 406—390.

sanias¹) in Phaselis im Tempel der Athene sich befand, allem Anschein nach die Lanze, mit der Telephos verwundet und geheilt wurde. Freilich könnte diese Reliquie erst einer späteren Zeit entstammen, in der die Tempel in edlem Wetteifer sich bemühten, möglichst viele derartige Kuriositäten zur Erbauung und Belehrung der Touristen zur Verfügung zu haben²). Konkurrenz zwischen Phaselis und Patara ist vielleicht daraus zu ersehen, dass im Apollotempel zu Patara³) ein angeblich von Telephos geweihter und von Hephaistos gefertigter eherner Mischkessel gezeigt wurde. Aber mag noch so viel Mache dabei sein, zum mindesten musste in der mythischen Tradition Telephos mit Lykien in Verbindung stehen; sonst hätte es solch frommem Betrug an Anlass und zu erreichenden Vorteilen gefehlt.

Lykien und Apoll

Auch sonst übte Lykien auf religiösem Gebiet in alter, wenn auch hier überwiegend in nachhomerischer Zeit, einen Einfluss auf die Griechen aus. Eine besondere Ausgestaltung des Apollokultes wurde von den Lykiern angeregt. Wie dieser Gott auf der ganzen kleinasiatischen West- und Südküste seit alter Zeit einheimisch und hier nicht etwa erst aus dem europäischen Griechenland durch die Kolonien eingeführt worden ist, so war er es besonders in Lykien. Nicht bloss der nördliche Lykier Pandaros hat zu seinem Schutzgott den Apoll: auch Glaukos betet zu ihm, der sich im fetten Gaue Lykiens oder auch sonstwo befinde, dass er ihn trotz

---

¹) III, 3, 8.
²) Dass auch die lykische Priesterschaft in dieser Hinsicht nicht blöde war, zeigt Plin. n. h. XIII, 88, wornach Mucianus als Statthalter von Lykien einen auf Papyrus geschriebenen Brief sah, den Sarpedon von Troia aus in die Heimat geschrieben haben sollte.
³) Paus. IX, 41, 1.

seiner Wunde kampffähig mache, und auf Zeus' Geheiss rettet der Gott den Leichnam Sarpedons. Dass das Volk seinen Namen von der Verehrung des Lichtgottes bekam, haben wir schon ausgeführt. Um das Orakel von Patara noch nicht zu berücksichtigen, so ist unlengbar in hellenistischer Zeit Apollo samt seiner Schwester Artemis und seiner Mutter Leto der Nationalgott der Lykier; sie sind deren πατρῷοι θεοί [1]). Das Letoon ist noch in römischer Zeit [2]) das gemeinsame Heiligtum des Volkes, dessen Priester und Priesterin zugleich die Oberpriester des lykischen Bundes sind. Der Leto Strafe wird in einer Inschrift [3]) gegen den angerufen, der sich gegen Bestimmung und rechtmässige Inhaber eines Grabes verfehlt; in einer andern ziemlich alten erscheint ebenso Leto mit ihren Kindern [4]). Das Bild des Apoll ist häufig auf lykischen Münzen mit griechischer Legende [5]) und

[1]) Wadd. 1221. 1290. B.-N. no. 96 und no. 7 der von M. Holleaux und P. Paris im Bull. d. corresp. hell. Mars 1886 veröffentlichten Inschrift von Oinoanda: ἱερέα θεοῦ πατρῴου Ἀπόλλωνος Λυκίων τοῦ κοινοῦ.

[2]) B.-N. S. 118 ff. und bes. no. 93. Appian Mithr. 27. Str. XIV. 665 a. E. Ein Letotempel auch in Oinoanda no. 14 der oben bezeichneten Inschriften.

[3]) C. i. g. 4300 h (= Wadd. 1273) Antiphellos: nach Savelsberg, Beiträge I, 58 entspricht der Schlussformel dieser griechischen Inschrift: ἡ Λητώ αὐτὸν ἐπιτρίψει diejenige der neben ihr stehenden lykischen nicht, sondern lautet: „der soll untergehen mit seinen Deszendenten und seinen löblichen Kindern", dagegen findet er II S. 73 auf einer lykischen Inschrift von Limyra, der keine griechische zur Seite steht, die Formel: „so schlägt ihn Latona."

[4]) C. i. g. 4259: ἁμαρτωλὸς ἔστω θεῶν πάντων καὶ Λητοῦς καὶ τῶν τέκνων αὐτῆς (Pinara); ähnlich no. 4303 Add. ἁμ. ἔστω εἰς τὴν Λητώ καὶ εἰς τ. λ. θ. π. (Myra); ist der Name Stertinia richtig ergänzt, aus römischer Zeit.

[5]) Die einzelnen Städte zusammengestellt von Cousin et Diehl, Bull. de corr. hell. 1886 Heft I und darnach T. Gpr. 1886 S. 261. Anm.

das Kennzeichen eines grossen Teils der älteren Münzen mit lykischer Legende, das Triquetrum[1]) bezieht sich aller Wahrscheinlichkeit nach auch auf den Gott.

Apollon Lykios. Nicht gesichert scheint allerdings lykischer Einfluss beim Kult des Apollon Λύκιος zu sein. Dieser Beiname, welcher sich bei Homer noch nicht findet, bedeutet ursprünglich nicht den von Lykien herübergekommenen oder vor allem dort waltenden Gott, wenn er von den Alten auch bald so verstanden wurde[2]), sondern dasselbe, wie Λυκηγενής, den Lichtgeborenen oder wohl richtiger den von der (Morgen)Dämmerung Geborenen. Wäre für Leto die Ableitung von √lath nicht aus sprachgesetzlichen Gründen anzuzweifeln, so wäre Λυκογενής gleich Λυκηγενής. Der Apollon Λυκηγενής trägt seine Abzweigung aus dem Sonnengott noch deutlich an sich. Die Beziehung zur Natur und dem, was die Sonnenhitze dem Menschen Schädliches bringt oder aufkommen lässt, tritt scharf hervor in dem Beinamen Σμινθεύς („Mäusegott"), unter dem er vor allem in der Troas und deren Umgebung viel verehrt wurde; dieser Beiname ist nur eine materiellere, auf eine einzelne bestimmte Jahreszeit bezogene Erscheinungsform des Apollon Λύκιος und trat gerade deshalb im Kult und für das praktische Leben stark hervor[3]).

[1]) Siehe unten S. 114.

[2]) Schon Pindar Pyth. I, 75 Λύκιε καὶ Δάλοι' ἀνάσσων Φοῖβε Die Bedeutung, welche man so allmählich dem Λύκιος unterlegte, veranlasste dann auch die falsche Erklärung des Λυκηγενής, gegen welche jedoch in den Schol. ad Il. IV, 101 eine Polemik erhalten ist, die sich nicht auf sprachliche Gründe stützt, sondern auf die richtige Beobachtung, dass Homer noch nichts von einer Geburt des Gottes in Lykien weiss.

[3]) Mit dem Ackerbau hängt vielleicht auch der von Hesych bezeugte lykische Beiname des Ap. „ἐρεθίμιος" und dessen Fest „ἐρεθίμια" zusammen. Der Name ist von manchen mit dem Ap. ἐρεθίμιος der Rhodier (Str. XIII, 613) in Verbindung gebracht

Der Lykier älteste Berührungen mit anderen Völkern. 71

Im europäischen Griechenland findet sich der Kult dieses Apollon Λύκ(ε)ιος in Argos und Sikyon ¹), in Athen und vielleicht in Theben ²). In Argos war das Heiligtum desselben das angesehenste und, weil es als sehr alt erschien, galt es als von Danaos gegründet. Ein Marktplatz hiess Λύκειος ἀγορά ³), und der Gott ist Schutzgott des Landes und der Herrscherfamilie von Argos ⁴). In Attika trägt das Λύκειον, wohl das älteste Apolloheiligtum der Stadt Athen, seinen Namen von dem Apollon Λύκειος, und stand an dieser Gerichtsstätte ein Wolf⁵). Auf europäischem Boden war mit dem Apollon Λύκ(ε)ιος der Wolf in enge Verbindung getreten, wohl unter Einwirkung des besonders in Arkadien üblichen Dienstes des Ζεὺς Λύκειος. In Lykien findet sich dagegen der Wolf als heiliges Tier des Apoll nicht, weder auf Münzen noch sonst, dargestellt. Die uns aus den Λυκιακά des Xanthiers Menekrates erhaltene ⁶), auch von Ovid⁷) poetisch behandelte und nach griechischem Muster weiter ausgeführte Sage, dass Leto, nachdem es ihr von dem Hirtengesinde verwehrt worden, ihre neugeborenen Kinder in der Quelle Melite zu baden, von Wölfen an den Xan-

---

worden. Letzterer war der Gott, der je nachdem den Meltau vom Getreide fernhielt oder denselben bewirkte. Freilich liegt näher daran zu denken, dass der Beiname des Gottes ursprünglich ἐρίθυμος = der Starkmutige, sehr Tapfere war, ein Wort, das besonders häufig Quintus Calaber verwendet.

¹) Paus. II, 19, 3. II, 9, 7.
²) Aesch. Sept. c. Theb. 145 f. (Dindorf ²); Soph. Oed. R. 203 f. (Dind. ³); 919 f. (letztere Stelle mehr beweisend).
³) Soph. El. 66.
⁴) Bes. Soph. El. 1374 f. zusammen mit 1376 ff.; dann auch 645 und 655.
⁵) Harpokration s. ἐπάζων.
⁶) Antonin. Liber. transf. 35.
⁷) Met. VI, 317—381.

thos geführt worden sei, ist unter griechischem Einfluss geprägt. Die Lautähnlichkeit von λύκα und λύκος hat dazu mitgewirkt, dass Apollo zu dem Wolf in enge Beziehung gesetzt wurde. Die erste Ursache aber war sie nicht, auch wohl nicht das, dass der Wolf das Tier des schlimmen Winters ist und der Feind der Herden, sondern eine symbolische Vorstellung, für welche der Wolf eine Verkörperung des dämmernden Lichtes oder ein Bild des unstät und scheu flüchtenden Mörders ist. Apoll, der in der Sonnenhitze Misswachs und Seuchen sendet, aber auch wieder abwendet, war schon dadurch ein strafender Gott. Letzteres tritt bei seiner Zusammenstellung mit dem Wolf noch mehr hervor. Der Wolfsapollo schlägt und straft gewaltig, und dann sind die Wölfe seine Diener [1]; er behütet und errettet aber auch, und dann ist er λυκοκτόνος [2]. Beide Seiten erfuhren notwendig mit der Zeit eine ethische Vertiefung: Apollo wurde Heischer und Ordner der Mordsühne, wenn sie vielleicht auch nicht erst durch seinen Kult eingeführt wurde [3]; wie er Strafe und Busse verlangt, so löst und reinigt er auch [4].

[1] Als solche nach Arist. bei Aelian. de nat. ann. XII, 40 von den Delphern geehrt. Wölfe ernähren ein ausgesetztes Söhnlein des Apoll.

[2] Siehe Soph. El. 6. Aesch. Sept. c. Th. 145 f. kann das Λύκει᾽ ἄναξ λύκειος γενοῦ στρατῷ δαΐῳ sowohl dahin verstanden werden, dass Apoll, wie ein Wolf, in die Herde der Feinde fallen möge, als auch so, dass er die Wolfsschar der Feinde vernichten möge. Aesch. Agam. 1257 ff. scheint mir zwischen λύκει᾽ Ἄπολλον und der Bezeichnung des ehebrecherischen Aigisthos als Wolf (αὕτη, δίπους λέαινα συγκοιμωμένη λύκῳ) keine Beziehung vorhanden zu sein.

[3] Nach H. D. Müller, M. d. gr. St. II, 197 war die Idee der Mordsühne schon den Achaiern nicht fremd.

[4] So erfleht Iokaste in Soph. Oed. R. 923 vom Ἀπ. λύκειος λύσιν τινὰ εὐαγῆ.

Da der Kult dieses Apollon Λύκειος im europäischen Griechenland sich als eine der ältesten Kultformen des Apollo darstellt, besonders in Argos, dessen Gebiet die Überlieferung auch sonst sehr alte Verbindungen mit Lykien zuschreibt, und in Athen, wo als Stifter dieses Dienstes ein Heros Lykos angenommen wurde, könnte man sich zur Annahme versucht fühlen, dass der Kult des Apollon Λύκειος aus Kleinasien, vor allem Lykien herübergekommen sei. Jedoch ist es ebenso gut möglich, dass dieser Kult von den Griechen bei ihrer Einwanderung in den Süden der Hämushalbinsel schon mitgebracht wurde oder von ihnen nach derselben im wesentlichen selbständig aus einem ihnen mit den Bewohnern Kleinasiens gemeinsamen Keime entwickelt wurde [1]).

Mit grösserer Sicherheit behaupten wir einen Einfluss Lykiens auf Griechenland in Beziehung auf den Dienst des Apoll als Letoiden und als des Bruders der Artemis, der unverkennbar über Delos nach dem griechischen Kontinent kam. Zur Zeit der endgültigen Gestaltung der homerischen Epen war für die Ionier Leto schon Mutter des Apoll und Apoll Bruder der Artemis [2]). Deshalb hat man die Einführung der Zwillingsgeschwister Apollo und Artemis als eine Neuerung der Ionier [3]) oder

Apoll und Artemis als Kinder der Leto

---

[1]) Stoll in Pauly, Realencykl. ² Art. Apollon nimmt an, dass Ap. Λύκειος von Kleinasien bes. Lykien nach Europa kam.

[2]) Leto als Gemahlin des Zeus bezeichnet: Il. XIV, 327 (in dem spät und unpassend eingelegten Katalog der Liebschaften des Zeus), XXI, 499 (im Götterkampf, der jedenfalls nicht zu den ältesten Stücken gehört), Od. II, 580; als Mutter der Artemis: Od. VI, 166; als Mutter des Apoll: Il. XVII, 849. XIX, 413. Od. II, 318. Il. I, 9 (Λητοῦς καὶ Διός I, 36 (Ap. zugleich als Σμινθεὺς angeredet); als Mutter beider: Il. XXIV, 606 f.

[3]) Milchhöfer über d. att. Ap. S. 17.

ein Werk der Macht der Dichtkunst¹) angesehen. Dass
der ionische Stamm und die epische Poesie mitgewirkt,
kann und soll nicht in Abrede gezogen werden, aber
der Anstoss kam anderswoher, von Lykien, wo der
Kult der Leto uralt zu sein scheint²). Dass Apollo
Sohn der Leto ist, das kommt in erster Linie bei dieser
Form seines Kults in Betracht. Die Vaterschaft des
Zeus wird im Kult weniger betont und ist nach unserer
Meinung erst auf griechischem Boden hinzugekommen,
wie sicherlich die Eltern der Leto Koios und Phoibe³)
erst vom Bestreben, die Götterwelt genealogisch zu syste-
matisieren, ihr gegeben worden sind und eigentlich nur
darauf beruhen, dass man die gesuchten Eltern der
Mutter in Beinamen ihrer Kinder fand. Dieses Über-
wiegen der Mutter gegenüber dem Vater weist auf ein
Land als Ursprungsgebiet hin, in welchem die Frauen
innerhalb der Familie noch mehr Recht hatten als die
Männer.

Eine halbwegs sichere Etymologie von Λητώ ist
nicht vorhanden⁴), so dass von dieser Seite aus ihr

---

¹) E. Curtius, Die griech. Götterlehre vom geschichtlichen
Standpunkt. Preuss. Jahrb. 1875.
²) Siehe B.-N. S. 118.
³) Hes. Theog. 406. 921. Hymn. in Apoll. Del. 62.
⁴) Gegen die Ableitung von √lath in λαθεῖν (Welcker), wornach sie die Göttin der dunkeln Nacht wäre, welche aus ihrem
Schoss Sonne und Mond gebiert, und Λατογενής dann im ganzen
Λητοΐδης wäre, wird das Fehlen der Aspiration des Auslauts
geltend gemacht (G. Curtius, Gr. Et. ⁵ S. 210); die Zusammenstellung mit Λήδα und Ableitung beider von dem lyk. lada =
Frau (s. jetzt Mor. Schmidt, Neue lyk. Studien S. 37 f.), die
Preller vorschlägt, wäre statthaft, wenn in beiden Formen der
konsonantische Auslaut Endungselement, nicht wurzelhaft wäre.
Schmidt leitet lyk. lada von √la : las ab. Von einer √la-s hat
auch Schweizer, Kuhns Zeitschr. II, 68 Λητώ abgeleitet, jedoch
in der Bedeutung „Liebe, Geliebte" (des Himmelsgottes).

Wesen nicht erschlossen wird. Am wenigsten möchten wir der Aufstellung Milchhöfers [1]) zustimmen, dass sie die schwangere, unstät am Himmel hin- und hergetriebene Wolke darstelle. Uns scheint sie die Personifikation der Allnatur zu sein, welche vor der Ordnung des Kosmos wirr, unstät und regellos war, die aber aus sich heraus die Ordnung schuf, vor allem durch Erscheinen von Sonne und Mond. So hat sie vieles gemeinsam mit der Göttermutter Ma, ist aber doch derselben gegenüber eine höhere, eigenartige Entfaltung und Wendung des gemeinsamen Grundgedankens. Ihre Mutterschaft ist nicht der Ausdruck für das ewig fortgehende Kreisen der Natur, sondern für die Herausgestaltung der geordneten Welt aus dem Chaos, und damit, dass die Gottheit der schaffenden Natur bei den Lykiern so gefasst war, hängt wohl zusammen, dass wir von Kultprostitution und orgiastischer Selbstentmannung in Lykien nichts erfahren und Lykien sich in dieser Hinsicht den Einflüssen der semitischen Religionsanschauungen der Babylonier und Syrer verschloss.

Dabei behielt Leto die Eigenschaft, dass sie über das Werden und Schaffen der Natur waltete, nur dass sie nicht in dessen ewigem Wechsel aufging, und dass, weil sie die Himmelskörper und den ganzen Kosmos aus sich heraus gestaltet hatte, ihre Anschauung einer ethischen Vertiefung mehr zugänglich war als die der Ma. In der kretischen Stadt Phaistos wurde eine Leto Φυτίη verehrt, die besonders das Geschlecht der Geburten bestimmte [2]). Ihr Verhalten zu den Menschen wurde über-

---

[1]) a. a. O. S. 17.
[2]) Das ist aus dem erotisch gewendeten Mythus bei Ant. Lib. transf. 17 zu schliessen. Vielleicht spricht sich ihre Naturbedeutung auch darin aus, dass sie μεγάλη εἰκάζετο. Ant. Lib. 28. Man könnte darin auch ein Analogon zum Ap. Σμινθεύς finden.

wiegend mild gefasst; doch wo gefrevelt und heilige
Ordnungen missachtet werden, straft sie unbarmherzig;
deshalb werden auch auf Grabinschriften Lykiens die
Frevler gegen die Heiligkeit der Gräber ihrer Strafe
empfohlen. Wie unzertrennlich sie von ihren Kindern
ist, zeigt sich auch darin, dass sie bei Homer mit ihnen
auf seiten der Troer steht.

Auf griechischem Boden ist, da die karischen
Stätten ihrer Verehrung[1] wohl in vorhellenische Zeit
hinaufreichen, der Ort der ältesten Verehrung Letos
und der Letoiden die Insel Delos, welche für die Griechen
die Stätte der Geburt teils des Apollo allein, teils der
beiden Geschwister war. Eine Erinnerung an lykischen
Einfluss finden wir in so früher Zeit, dass sie auf ununterbrochener Tradition beruht haben kann, darin, dass
Olen, den die Delier als den Verfasser verschiedener
Hymnen betrachteten, für einen Lykier galt[2]. Kalli-
machos spricht im Anschluss an die herodoteische Angabe,
neben der ihm vielleicht noch andere vorlagen, vom lykischen Greise Olen, der seine heiligen Lieder nach
Delos brachte[3]. In diesem Olen sehen wir keine einzelne

Oder sollte die Maus hier die Nacht bedeuten, eine Bedeutung,
welche sie nach Gubernatis, Tiere in der indog. Mythol. 1874
S. 390 in manchen zu Märchen gewordenen Mythen hat?

[1] Λητῷον ἄλσος bei Kalynda Str. XIV, 651; bei Physkos
652. Das gleiche darf wohl auch von Pamphylien angenommen
werden, wo ihr Kult z. B. für Attaleia durch eine der Kaiserzeit
angehörige Inschrift bezeugt wird. B. d. c. h. 1883 7, Ramsay no. 5.

[2] Herod. IV, 35.

[3] Hymn. in Del. 304. Ausserdem erwähnt bei Paus. II, 13, 3
als Verf. eines Hymnus auf Hera; I, 18, 5; VIII, 21, 3; IX, 27, 2
eines solchen auf Eileithyia; V, 7, 8 auf Achaia. Die Bezeichnung als Hyperboreer (Suid. und die delphische Dichterin Boio
bei Paus. X, 5, 7—8) rührt von einem Teil des Inhalts der ihm
zugeschriebenen Gesänge her und ist jünger als seine Herleitung

Person, sondern die Hypostasierung von Einwirkungen und Entwickelungen einer Reihe von Generationen, welche in eine Zeit fielen, wo das homerische Epos im ganzen schon ausgebaut war. Priesterliches Selbstbewusstsein und priesterliche Ansprüche bewirkten dann, dass dieser Olen als uralt, als Erfinder des Hexameters[1]) ausgegeben wurde; man konnte und wollte nicht zugeben, dass die hieratische Poesie jünger war als die episch-heroische.

Was diesem Olen zugeschrieben wurde, war nicht ausschliessliches Werk von Lykiern, sondern Griechen wirkten auch mit. Und wie der Kult der Leto und der Letoiden, als er von Lykien nach Delos kam, dort schon Kulte vorfand, an welche er anknüpfen konnte und durch deren Berührung er selbst in etwas umgestaltet wurde, so mag dann später wieder eine Rückwirkung von Delos auf den lykischen Kult ausgegangen sein. An eine förmliche lykische Priesterkolonie in Delos denken wir nicht[2]).

aus Lykien; gemacht, um ihm noch mehr Nimbus zu geben und vielleicht auch, um Lykien oder Delos zurückzusetzen. Die als Ἀχαιός (Suid.) halte ich für eine verunglückte gelehrte Hypothese, abgeleitet aus dem Namen der von ihm besungenen Göttin oder Heroin Achaia, die jedenfalls gerade mit den peloponnesischen Achaiern der geschichtlichen Zeit nichts zu schaffen hatte (nach Gustav Gilbert Deliaca S. 21 Beiname der Demeter von ἄχος Leid = mater dolorosa; warum, wenn diese Erklärung sprachlich statthaft, nicht auch Beiname der Leto, die, ehe sie geboren, auch mater dolorosa war?), zu einer Zeit, da das achäische Olenos seine selbständige Existenz verloren hatte und mit Dyme synoikisiert war (s. Polyb. II, 41, 7. Str. VII, 386).

[1]) s. Paus. X, 5, 7, 8. Aus diesen Versen der Boio hätte Flach, Gesch. d. griech. Lyr. I. S. 92 keinen Schluss auf „gemildert dorischen Dialekt" Olens ziehen und diesen dann zu Gunsten der Wahrscheinlichkeit der Herleitung Olens aus Dyme verwerten dürfen.

[2]) Lykischen Einfluss bezw. lykische Herkunft nehmen für

78   Drittes Kapitel.

Hyperboreer-sage

Wahrscheinlich hat Lykien auch Einfluss auf die in Delos erfolgte Ausbildung der Hyperboreersage gehabt. Das erste materielle Substrat, auf dessen Grundlage sich diese Sage bildete, war allerdings die uralte feierliche Überbringung der Eiresione in den Tempel des Apoll[1]), und schon in früher Zeit mögen die ionischen Bewohner der verschiedenen Inseln und des asiatischen Kontinents Theorien mit solchen Dankesgaben nach Delos gesandt haben; aber die ganze Sage als aitiologische Legende über den Ursprung der Eiresione zu betrachten dürfte zu weit gehen. Mit dem ursprünglichen Brauch verschmolz sich zu deren Ausgestaltung ein ideelles Element, so dass am Ende ein Teil der wirklich stattfindenden oder in frommem Scheine inszenierten Sendungen ausgeführt wurden, um der Idee konkreten Ausdruck und reelle Beglaubigung zu verschaffen[2]). Diese Idee ist der fromme Glaube an die Existenz eines auserwählten priesterlichen Volkes des Apoll, ausgestattet mit all den Tugenden, welche eine vollkommene Verehrung des Gottes verlangt, und beglückt mit all

den Dienst der Letoiden auf Delos an: Gustav Gilbert Deliaca 1869. Burkhardt-Biedermann, Der Hymn. auf d. del. Ap. Einladungsschreiben des Basler Pädagog. 1878.

[1]) Insoweit stimme ich den Ausführungen Mannhardts, Ant. Wald- und Feldkulte S. 234 ff. zu; aber schon seine Annahme, dass die περιφερέες bei Her. IV, 33 eine durch aiolische (im ionischen Delos!) Aphairesis entstandene Nebenform für ὑπερφερέες = Überbringer sei, scheint mir gewagt. Er vermutet dann, dass es neben diesem (ὑ)περφερέες eine zweite Form dieses Amtsnamens gegeben habe: ὑπέρφοροι (oder ὑπερφερέται) und aus ihr überwiegend durch volksetymologisches Missverständnis ὑπερβόρειοι entstanden sei. Annehmbarer ist mir die Etymologie von G. Curtius, Gr. Et.⁵ S. 348 = Ultramontani, bei der ein etymologischer Zusammenhang mit βορέας von Anfang an vorhanden ist.

[2]) Dass bei manchen Theorien politische Motive in erster Linie wirksam waren, soll damit nicht in Abrede gezogen werden.

dem Segen und all den Freuden, welche der menschenfreundliche Gott, allerdings vor allem als der Gott des Friede bedürfenden und Friede schaffenden Ackerbaus gedacht, seinen wahren Verehrern spendet. In allerfrühester Zeit mag man sich dieses Volk, dessen Vorstellung sich naturgemäss aus roherem Keime entwickelte, eben als über dem nächsten hohen Gebirge sitzend gedacht haben; mit Zunahme des Verkehrs und Erweiterung des Horizonts geographischer Kenntnisse musste diese Annahme schwinden. Dass man es später im äussersten Norden dachte, wurde neben dem Grunde etymologischer Art auch noch dadurch veranlasst, dass man Kenntnis davon erhielt, dass nördliche Völker Lichtdienst hatten und im äussersten Norden das Jahr in einen langen Tag und eine lange Nacht zerfiel, welch ersterer sich für die ἀποδημία des Lichtgottes sehr empfahl. Die während des ganzen Altertums ziemlich allgemein herrschend gebliebene Anschauung von der Friedfertigkeit, Gutartigkeit und den glücklichen Zuständen der nördlichen Völker ist sicherlich mehr von der Hyperboreersage abgeleitet, als dass sie die Verlegung des nur in der Phantasie der Frommen und im Credo und den Kultgebräuchen der Priester existierenden Volkes in den äussersten Norden veranlasst hätte, wenn auch schon bei Homer[1]) die Abier die gerechtesten aller Menschen heissen.

Dem lykischen Sänger Olen wurde die Urheberschaft von Hymnen auf Opis und Arge zugeschrieben, zwei Hypostasen ursprünglicher Funktionen der Artemis: diese Halbgöttinnen waren nach der delischen Legende aus dem Lande der Hyperboreer gekommen[2]). Die

[1]) Il. XII, 6.
[2]) Her. IV, 35.

Hyperboreersage ist ein wesentliches Stück der Apolloanschauung und des Apollokults, wie sie sich auf Delos ausbildeten. und, ist deren Entwickelung unter lykischem Einfluss vor sich gegangen, so muss dieser sich auch auf erstere erstreckt haben ¹). Ist die Erklärung des Wortes = die überm Gebirge Sitzenden zutreffend, so bilden gerade in Lykien die Gebirge eine hohe und schwer zu überwindende Scheidewand. Zudem war nach der in Lykien einheimischen Sage Apoll im Norden des Xanthosthales geboren. Die Sage von der Geburt Apolls (und der Artemis) auf Delos bildete sich erst, als Delos ein bedeutender Sitz des apollinischen Kultus wurde. Die homerischen Epen bieten sie nicht ²). Der Hymnus auf den delischen Apoll, in dem sie uns zum erstenmale, aber sogleich in ausgebildeter Gestalt, entgegentritt, gehört frühestens dem Anfang des siebenten Jahrhunderts an. Für die Lykier hatte natürlich diese Lokalisierung keine Geltung, ausser insoweit sie sich etwa später den griechischen Anschauungen und Ansprüchen anbequemten. Für sie war ihr Gott notwendig in ihrem Lande geboren. Diese ihre Anschauung sehen wir allerdings nicht bezeugt in den vereinzelten Notizen, nach welchen Apoll in Lykien geboren wurde, da es möglich, ja wahrscheinlicher ist, dass sie aus dem später so häufigen Missverständnis des Beinamens Λύκιος oder aus gelehrter Vermutung hervorgingen ³). Eine jüngst in Sidyma ge-

---

¹) G. Gilbert a. a. O. S. 15 spricht die Vermutung aus, dass die fünf Hyperboreer, welche nach Her. IV, 31 mit Hyperoche und Laodike die ersten ἱερὰ ἀπαρχαί nach Delos brachten, dort sitzen blieben und Stammväter der περφερέες wurden, Lykier waren.

²) In Od. VI, 162 ist sie nicht angedeutet. s. auch Priem, D. homer. Hym. auf d. del. Ap. Posener Progr. 1878.

³) Steph. B. s. v. Τέλμισ: Σίμος ὁ Δήλιος· (Zeit ungewiss) τὴν Ἀπόλλωνος γένεσιν οἱ μὲν ἐν Λυκίᾳ, οἱ δὲ ἐν Δήλῳ, οἱ δὲ ἐν

fundene, leider verstümmelte und auch sonst schwer zu deutende Inschrift [1]) enthält jedoch aller Wahrscheinlichkeit nach die lykische Lokalisierung der Geburt der beiden Letokinder. Dieselbe wird nach dem Gebiet der Stadt Araxa verlegt, welche am nördlichen Ende des Xanthosthales lag, da wo der Fluss aus ungangbarer Spalte des Alpengebirges hervorbricht. Dem Fusse des Berges entströmt eine wunderbar starke Quelle, welche, wie eine Stelle des Quintus Calaber beweist, von den Umwohnern fälschlich für die Quelle des Xanthos gehalten wurde. Mit der Geburt der Letokinder wird auch erst der Fluss geschaffen, der das Land besiedelungsfähig und fruchtbar macht. Mit Θεοτόκος γῆ ist eine Seite des Wesens der Leto bezeichnet: das Wunder, das erzählt wird, dass vor Zeiten die göttergebärende Erde

Ζωστῆρι τῆς Ἀττικῆς, οἱ δὲ ἐν Ταύρῳ τῆς Βοιωτίας φασίν. Menandros ἐπιδεικτικὸς περὶ Σμύθ. Rhet. graec. IV, 137 und ebendaselbst IX, 322 περὶ ἐπιδεικτικῶν: Λητώ καταλαμβάνει τὴν Δῆλον μέλλουσα τίκτειν ἡδέως, οἱ δέ φασι τὴν Λυκίαν. Schol. ad Il. IV, 101. φασίν, ὅτι λαθεῖν σπουδάζουσα ἡ Λητώ τὴν τῆς Ἥρας ζηλοτυπίαν εἰς Λυκίαν ἀπηλλάγη, ὥς καὶ Ἄγνων ἐν τῇ δεκαετηρίῳ λέγει, καὶ ἐγέννησεν ἐκεῖ τὸν Ἀπόλλωνα.

[1]) B.-N. no. 53 B. ἀναφυούσης τῆς θ[εο]τόκου γῆς λαϊνίου[ς] μορφὰς ὁμοιοτύπεις τῆς Λητοῦς διδύμοις φωστῆρσιν ἐπουρανίοις ἐν Ἀ[ρά]ξοις κοη[ίστοιν] (= natis). Wie B.-N. S. 75 bemerkt, hängt mit dieser lykischen Version der Geburtssage eine Stelle des Quint. Cal. (II, 21 ff.) zusammen, nach der Leto in den Geburtswehen den Fluss Xanthos ἀνθρώποισιν ἀνέφηνεν ἀναρρήξασα χέρεσσι τρηχὺ πέδιον Λυκίης ἐρικυδέος. Die Inschrift enthält die gelehrte Rede, welche auf einem zu Sidyma abgehaltenen religiösen Fest der Abgeordnete von Kalabatia, dem Hafenorte dieser Stadt, hielt. Sie ist allerdings spät, nach B.-N. stammt sie aus nachhadrianischer Zeit; aber der Redner beruft sich auf ältere Quellen und benennt als solche den Polycharm, dessen Zeit freilich nicht festzustellen ist. Dass er alten Quellen folgt, zeigt sich darin, dass er an die uns aus Panyasis erhaltene Genealogie des Tlos, Kragos und Pinaros anknüpft.

zwei steinerne, Apollo und Artemis[1]) ähnliche Bilder aus ihrem Schosse entstehen liess, ist eine plumpe Nachahmung und eine den Bedürfnissen des Volksglaubens entsprechende Bestätigung der eigentlichen Geburtssage. Vielleicht ist es auch von Bedeutung, dass Apollo und Artemis als τῆς Λητοῦς δίδυμοι φοιτῆρες ἐπουράνιοι bezeichnet sind. Freilich wird schwer zu entscheiden sein, ob diese Bezeichnung auf alter, ununterbrochener Tradition beruht oder einer späteren gelehrten Deutung des Wesens der beiden Gottheiten entsprungen ist. Möglicherweise hing mit dieser Lokalisierung der Geburt der lykischen Hauptgötter der in Lykien heimische Keim der Hyperboreersage zusammen, welchen die Griechen weiter ausgebildet haben [2]).

Apollinisches Orakel zu Patara.   Apollo hatte in Lykien neben anderen unbedeutenden[3]) ein angesehenes Orakel in Patara. Herodot[4]) giebt uns von demselben an, dass es nicht das ganze Jahr hindurch dort thätig war, und dass, so oft es in Thätigkeit trat, die πρόμαντις die Nacht über im Tempel des Gottes eingeschlossen wurde. Eine bestimmtere Nachricht besagt, dass Apoll in Patara nur im Winter weissagte[5]), für den Sommer nach Delos ging. Wenn dieses

---

[1]) Über Belege des Kultes der Artemis in Lykien und ihre Verbindung mit den Eileithyien s. T. Gpr. 1886 S. 27 f.

[2]) An ἀπαρχαί, welche in sehr früher Zeit von den nördlichen zu den südlichen Lykiern gekommen wären, wird kaum zu denken sein.

[3]) Besprochen T. Gpr. 1886 S. 24. Das Orakel des Apollon Σύρμιος beweist Beziehungen Apolls zur See.

[4]) I, 182. Himerius XIV, 1 Λύκιον (sc. ἄνδρα) nötigt, wenn kein Irrtum vorliegt, zu der Annahme, dass in späterer Zeit ein Mann die Promantie inne hatte.

[5]) Serv. ad Verg. Aen. IV, 143 f. (hibernam Lyciam Xanthique fluenta deserit ac Delum maternam invisit Apollo): hibernam Lyciam non asperam, sed aptam hiemare cupientibus, sic enim

Orakel je einmal eine über Lykien hinausreichende Wirksamkeit gehabt hat¹), so fällt diese in frühe Zeit. Schon Kroisos, der sonst dem Sonnengott in allen seinen verschiedenen Gestalten grosse Huldigung erwies, hat es nicht befragt²); das konnte freilich auch seinen Grund darin haben, dass die Lykier sich von der lydischen Herrschaft frei erhalten hatten. Telmessos, dessen Propheten der lydische König befragte³), gehörte damals politisch noch nicht zu Lykien. Aber auch sonst finden wir es in der geschichtlichen Überlieferung nicht erwähnt, während z. B. das Orakel des Mopsos und Amphilochos im kilikischen Mallos in der Kaiserzeit zu den geschätztesten Orakeln gehörte. „Für Alexander und die Römer besitzt es keine Bedeutung mehr⁴).“ Doch blieb es noch in Thätigkeit und verschwand nicht so früh, wie z. B. das von Zelea, von dem uns schon Strabo⁵) berichtet, dass es aufgehört hatte zu existieren. Erwähnt wird es noch von Lukian⁶), Maximus Tyrius⁷) und Himerius⁸). Vielleicht wurde es von der Mitte des

---

se habet natura regionis: — nam constat Apollinem sex mensibus hiemalibus apud Patara Lyciae civitatem dare responsa et sex mensibus aestivis apud Delum. Roscher, L. d. gr. u. röm. Myth. S. 426 findet an dieser Stelle Vergils das mythische Lykien Lichtland; für Vergil handelte es sich jedenfalls um das wirkliche Land Lykien, mag auch dieses in dieser Hinsicht erst nach und nach an die Stelle des mythischen getreten sein.

¹) Pomp. Mela I, 15. Illam (sc. Patara) nobilem facit delubrum Apollinis quondam opibus et fide Delphico simile.
²) Her. I, 46, wo alle befragten Orakel aufgezählt werden, nicht genannt.
³) Her. I, 84.
⁴) Bouché-Leclerq, Histoire de la divination III, 257.
⁵) XIII, 588.
⁶) Bis accus. 1 (Ἀπ.) ἐς Ξάνθον μεταβαίνει.
⁷) XIV, 1.
⁸) Siehe oben. Dagegen bei Serv. ad Verg. Aen. IV, 377: in

zweiten Jahrhunderts an, wie so manch anderes Orakel, als Waffe gegen das mächtig emporstrebende Christentum galvanisiert.

Die Entscheidung der Frage, ob dem patareischen Orakel überhaupt eine über Lykien hinausgreifende Bedeutung irgend einmal zukam, hängt vor allem von der Ansicht ab, welche man über das Alter der kleinasiatischen Orakel hat. Der französische Geschichtschreiber der alten Divination vertritt die Anschauung, dass die apollinische Mantik zuerst in Delphoi entstanden sei. Für ihn sind alle andern apollinischen, somit auch die kleinasiatischen Orakel, erst nach dem Vorbild des delphischen geschaffen worden. Diese Ansicht ins einzelne zu besprechen ist hier nicht der Ort; es möge genügen, wenn wir sie für unrichtig erklären, weil sie den Quellen Gewalt anthut und auf einer falschen Grundvoraussetzung beruht, nämlich dem Satze, dass die Ionier von so einseitigem kritisch-rationalistischem, selbstzufriedenem und kaufmännisch-nüchternem Geiste gewesen seien, dass unter ihnen keine originalen Orakel hätten entstehen und gedeihen können und sie nur Sinn für die induktive Divination („artificiosa") gehabt hätten. Der französische Forscher hat sich in seinem Urteil etwas zu sehr von Otfr. Müller beeinflussen lassen. Zudem, wollte man auch zugeben, dass man irgend eines Stammes Dichten und Trachten in so scharfer, einseitiger Formulierung erschöpft und gerecht würdigt, so weisen die Quellen darauf hin, dass es in Kleinasien schon vor der Zeit der Ionier Orakel gab. Deshalb nehmen wir keinen Anstand, das patareische Orakel für sehr alt zu erklären und anzunehmen, dass von ihm aus eine Ein-

---

huius autem Lyciae regione Patara sacer olim lucus Apollini fuit, ubi Ap. resp. dedit.

wirkung auf die Ausbildung der apollinischen Mantik unter den europäischen Griechen ausging, eine Einwirkung, als deren erste Stätte Delos zu bezeichnen wäre, wenn die Existenz eines apollinischen Orakels auf dieser Insel in alter Zeit nicht unsicher wäre, da die Echtheit des betreffenden Verses des delischen Hymnus[1]) neuerdings nicht ohne Grund angezweifelt worden ist.

Dass Apoll den Sommer in Delos, den Winter in Lykien zubringt, hat man schon mannigfach auf einen Ausgleich der Ansprüche beider Stätten zurückgeführt[2]). Die Zeit, in welcher nach Herodot in Patara keine Orakel erteilt wurden, war sicherlich die heisse Sommerzeit, in der wohl, trotzdem dass die eingetretene Verödung des Landes heute mehr dazu zwingt, auch in alter Zeit, so lange die Bevölkerung noch keine dichte war, der grösste Teil der Bewohner sich in die Berge auf die „Jailas" zurückzog. Jedenfalls war sie keine Zeit der Freude und der Heiterkeit, sondern schwermuterregender Plage, in welche die Lykier der Xanthosebene die ἀποδημία ihres Gottes verlegten. Ἀποδημία und ἐπιδημία desselben fielen in Lykien und auf Delos infolge der Verschiedenheit der klimatischen Verhältnisse nicht zusammen, und deshalb konnte der Glaube sich leicht bilden, dass der Gott den Winter in Lykien, den Sommer auf Delos zubringe. Und so kam es allmählich dahin, dass in dieser Beziehung Lykien vielfach an die Stelle des Landes der Hyperboreer trat. Für die Lykier ging die ἀποδημία ihres Gottes ursprünglich nicht nach Delos, sondern nordwärts über die hohen Randgebirge hinweg, womit die Hyperboreersage zusammenhängen mag. Übrigens

---

[1]) V. 81. s. T. Gpr. S. 8—11. Der neueste Herausgeber und Erklärer der homerischen Hymnen Gemoll hält den Vers für echt.

[2]) So auch Bouché-Leclercq III, 19.

orakelte Apollo auch in Delphi nicht das ganze Jahr, sondern überliess die drei strengen Wintermonate dem Dionysos.

Die Art, wie Apoll in Patara weissagte, lässt sich als ein diszipliniertes und organisiertes Sibyllentum bezeichnen; zu der Onciromantic im strengen Sinne des Wortes kann sie nicht gezählt werden, da, auch angenommen dass die πρόμαντις zu schlafen berechtigt oder verpflichtet war, was nicht berichtet wird, der Gott seine Mitteilungen nur einer bestimmten Person macht.

Der Lykier Vorstellungen vom Zustande nach dem Tode. Eine weitere Einwirkung Lykiens auf griechische Anschauungen und Gebräuche wird neuerdings mit Entschiedenheit von Milchhöfer[1] behauptet: wie von Kleinasien überhaupt, so sollen namentlich von Lykien sepulkrale Vorstellungen, welche sich auch auf etrurischem Boden finden, den Griechen übermittelt worden sein; Lykien vor allem sei Heimat und Ausgangspunkt der künstlerisch zum Ausdruck kommenden Vorstellung gewesen, dass die verstorbenen Angehörigen als eine Art von Heroen fortlebten. Dass in der lykischen Volksanschauung das Leben nach dem Tode ein reelleres war, als nach der Vorstellung der homerischen Griechen, und dass die Lykier schon früher einen Totenkult hatten als die Griechen, bei denen ein solcher ziemlich spät und wohl erst unter dem Einfluss der orphischen Geheimlehre und Sektiererei sich ausbildete, könnte man, abgesehen von der Deutung der Darstellungen des Harpyienmonuments, schon auch daraus abzunehmen versucht sein, dass die Lykier unverkennbar schon in früher Zeit auf die Herstellung möglichst dauerhafter Ruhestätten der Toten auch für gewöhnliche Sterbliche grosse Mühe und

---

[1] Mitt. d. deutsch. arch. Inst. in Athen II S. 465 f., IV S. 167 f.: Arch. Zeitung 1881 S. 297 f. und A. d. K. i. G. S. 227 ff.

Sorgfalt verwandten; jedoch wird eine weitere Begründung dieser Aufstellungen nötig sein, und, so weit überhaupt ein argumentum ex silentio zulässig ist, zeigt das Schweigen Herodots, der[1]) das ἀθανατίζειν der Geten hervorhebt, dass zu seiner Zeit eine Ausgleichung zwischen der lykischen und der griechischen Anschauung erfolgt war.

---

[1]) IV, 94. V, 4.

Viertes Kapitel.
Lykien bis zur persischen Zeit.

Innere Verhältnisse.

Über die innern staatlichen Verhältnisse der Lykier sind wir bis zur persischen Zeit im wesentlichen ohne bestimmte Nachricht. Bei Homer herrschen über dieselben zwei Könige, Sarpedon und Glaukos, von denen der erstere die höhere Autorität besitzt, und ihre Stellung entspricht ganz den damaligen griechischen Ordnungen: sie besitzen ein abgesondertes Krongut, erhalten beim Festmahl, auf einem Ehrensitz thronend, grössere und bessere Portionen Fleisch und ebenso mehr und besseren Wein[1]. Der Demos ist nicht rechtlos: dem Bellerophon wird sein Krongut von den Lykiern und nicht von Iobates zugewiesen[2]. Zwischen dem δῆμος und den Königen steht ein Kriegsadel, die Λυκίων ἡγήτορες ἄνδρες[3]. Das Land wird als fruchtbar[4] bezeichnet, es hat Saatfeld und Wein- und Baumpflanzungen[5]. In ihrer Be-

[1] Il. XII, 310 ff.
[2] Il. VI, 194.
[3] Il. XII, 376. XVI, 495. 532.
[4] Il. XVI, 437. 514. XVII, 172.
[5] Il. VI, 195 (τέμενος) καλὸν φυταλιῆς καὶ ἀρούρης. Ähnlich XII, 314.

Viertes Kapitel. Lykien bis zur persischen Zeit.

waffnung unterscheiden sie sich von den Griechen nur wenig [1]).

Das neunte, achte, siebente Jahrhundert hindurch, vielleicht noch einen Teil des sechsten, bildeten die äussere Geschichte der Lykier neben Kämpfen gegen die Milyer, in denen die ersteren sehr langsam in das Binnenland vordrangen, Kämpfe mit den Rhodiern [2]), die im Anschluss an die Kolonisierung von Phaselis [3]) sich an verschiedenen Teilen der lykischen Südküste festsetzten. Die so günstig gelegene Insel Megiste, welche sie sehr früh besetzten, behielten sie die ganze Zeit der Selbständigkeit ihres Gemeinwesens hindurch im Besitz [4]). Selbst in der Kaiserzeit war Megiste zum mindesten noch merkantil und finanziell in den Händen der Rhodier [5]). Wenn Hekataios [6]) die Stadt Phellos als zu Pamphylien gehörig bezeichnet, so ist freilich die Möglichkeit zuzugeben, dass dies mit der mannigfach sich findenden, unsicheren und schwankenden Abgrenzung dieser Länderbezeichnungen zusammenhängt, von welcher wir jedoch hier ein sehr auffallendes Beispiel hätten, da Phellos der Westgrenze Lykiens näher liegt als der

Kämpfe mit Milyern und Rhodiern.

Der Rhodier Besitzungen in Lykien.

---

[1]) Il. XVI, 419: ἀμιτροχίτωνας (s. Helbig, Hom. Epos S. 3).
[2]) Schol. ad Il. V, 639: φασὶ δὲ καὶ ἀεὶ Λυκίους Ῥοδίοις ἐχθραίνειν. Die Tlepolemosepisode (V, 628—698) ist meines Erachtens ein mythisch-epischer Reflex der Kämpfe zwischen Lykiern und Rhodiern; s. T. Gpr. 1886 S. 2.
[3]) Busolt, Gr. Gesch. I S. 298.
[4]) Skylax von Karyanda Fabr. 83 (= M. 100). C. i. g. 4301 und d. c. = Wadd. 1268--70.
[5]) Dio or. Rhod. 620 R. τὴν Καρίαν καρπούσθαι καὶ μέρος τι τῆς Λυκίας. Mommsen, R. G. V S. 248. Aus früherer Zeit ein ἀγρμὸν ἐπὶ Λυκίας auf einer rhodischen Inschrift. Mitt. d. deutsch. arch. Inst. II, 227. Rhodische Münzwährung auf Megiste siehe Brandis, Münz-, Mass- und Gewichtswesen in Vorderasien S. 343.
[6]) St. B. s. v.

Ostgrenze; andererseits lässt die Nähe von Megiste vermuten, dass die rhodische Macht bis zur Zeit des Hekataios den Lykiern die Besetzung von Phellos und Antiphellos unmöglich machte. Auch weiter im Osten an dem Gebirgsrand, der dem östlichen Teil der Mündungsebene des Limyros vorgelagert ist, gelang es den Rhodiern sich festzusetzen: Gagai[1]), Korydalla[2]) und Rhodiapolis[3]) waren von Rhodiern gegründet. In diesen Kämpfen mit den Rhodiern führten die Lykier natürlich einen Kaperkrieg gegen die rhodischen Handelsschiffe, und auf diesen wird die wohl rhodischen Quellen entnommene, dem späteren Verhalten der Lykier widersprechende Bezeichnung der Lykier als früher unaufhörlich ληστεύοντες zurückzuführen sein[4]).

Während die Lykier von der lydischen Herrschaft sich frei erhalten hatten[5]), unterlagen sie nach dem Sturze des lydischen Reiches den persischen Waffen

---

[1]) Etym. magn. s. v. Die beiden hier angegebenen Anekdoten, wie die Stadt von einem Ausruf dorisch sprechender Rhodier: „Γᾶ Γᾶ!" zu ihrem Namen kam, setzen, so plump auch dieses Beispiel von Volksetymologie ist, die Überlieferung einer rhodischen Kolonisation voraus. Wenn Wadd. III S. 327 die rhodische Kolonisation in Abrede zieht, so rührt das davon her, dass er an die Möglichkeit rhodischer Kolonisation in verhältnismässig so früher Zeit gar nicht dachte. Die andere Bezeichnung der Stadt Παλαιὸν Τεῖχος oder Παλαιόπολις (St. B. s. v. Dioscorides, mat. med. V, 145) ist kein Beweis gegen die rhodische Gründung, sondern eher der griechische Name der Stadt.

[2]) St. B. s. v. πόλις Ῥοδίων Ἑκαταῖος Ἀσίᾳ.

[3]) Theopomp bei Photius Biblioth. Cod. CLXXVI p. 202 f. (Müller, F. H. G. I S. 296) ἡ ἐν Λυκίᾳ Ῥοδία, angeblich benannt nach einer Ῥοδίη, Tochter des Sehers Mopsos und Schw. der Παμφυλία, welche dem Land den Namen gab. Diese Notiz widerlegt die ganze Voraussetzung Wadd.s.

[4]) Heraclid. Lembus bei Müller, F. H. G. II 217, 15.

[5]) Herod. 1, 28.

(545). Nachdem der persische Feldherr Harpagos, wahrscheinlich von Telmessos aus ostwärts ziehend, ins Xanthosthal eingedrungen war, lieferten sie demselben in der Nähe der Stadt Xanthos, wohl bei der heute noch erhaltenen, einige Kilometer nördlich von der Stadt das Thal sperrenden Mauer, eine Schlacht, „wenige gegen viele" [1]). Einen rechtzeitigen Versuch, dem Harpagos den Einmarsch in ihr Land zu verwehren, scheinen sie nicht gemacht zu haben, vermutlich in dem Glauben, dass die persische Eroberung sich auf das Gebiet des lydischen Reiches beschränken werde [2]). Nach heldenmütigem Kampf wurden sie geschlagen und die Xanthier in ihre Stadt zurückgedrängt. Hier brachten diese Weib und Kind, Sklaven und den wertvollen Teil ihrer Habe auf der Akropolis zusammen und verbrannten dies alles vollständig. Hierauf verpflichteten sie sich mit den schwersten Eiden, machten einen Ausfall und fanden alle den Heldentod. Ob bei der ersten Schlacht neben den Xanthiern, zu denen wir jedenfalls auch ein Kontingent Patareer rechnen dürfen, da damals Patara noch

Zerstörung der Stadt Xanthos. Untergang der Bürgerschaft.

[1]) Herod. I, 176.
[2]) Auf eine Überrumpelung der Lykier weist wohl das hin, dass Harpagos nach der Angabe des Herodot (I, 176: παραπλησίως δὲ καὶ τὴν Καῦνον ἔσχε. καὶ γὰρ οἱ Καύνιοι τοὺς Λυκίους ἐμιμήσαντο τὰ πλέω) die Kaunier nach den Lykiern überwältigte. Oder sollte vielleicht anzunehmen sein, dass Harpagos etwa in Knidos seine Truppen eingeschifft hätte und bis zur Mündung des Xanthos gefahren wäre, was für die Lykier, vor allem die Xanthier, eine noch grössere Überraschung zur Folge gehabt hätte? Unter den Ἴωνας καὶ Αἰολέας, welche nach I, 171 Anf. Harpagos zum Kriegszug gegen Karer, Kaunier und Lykier mitnahm, könnten bei der Kürze des ganzen Berichts wohl Schiffe verstanden sein. Dann fand die Schlacht südlich von der Stadt Xanthos statt, und auf diese Weise wäre es auch zu erklären, dass Herodot in Beziehung auf den Kampf Λύκιοι und Ξάνθιοι als Begriffe gleichen Umfanges behandelt.

blosse Hafenstadt von Xanthos und von demselben abhängig war, Milizen anderer Städte, vor allem von Tlos und Pinara, mitkämpften und nach dem Verlust der Schlacht etwa durchs Gebirge in ihre Heimat sich zurückzogen, ist aus dem leider kurzen und unklaren Bericht des Herodot nicht zu ersehen. So viel wird man aber aus demselben entnehmen dürfen, dass Xanthos unter den lykischen Städten die Stellung eines Vororts einnahm und dass die mehr östlich gelegenen lykischen Ansiedlungen damals gegenüber dem Xanthosthal noch geringe Bedeutung hatten. Mit der Überwindung der Xanthier war die Unterwerfung der Lykier unter die persische Herrschaft erreicht.

Xanthos wiederbesiedelt. Nach Herodot kam damals die ganze Bevölkerung der Stadt Xanthos um, 60 „Herde" ausgenommen, die zur Zeit der persischen Invasion sich nicht in der Heimat befanden, und war die Mehrzahl der Lykier, die sich zu seiner Zeit Xanthier nannten, von auswärts gekommen[1]). Wo die sechzig Herde sich damals aufhielten und woher die andere, bedeutend grössere Hälfte der Bevölkerung des wiedererstehenden Xanthos kam, berichtet Herodot nicht. Für die erstere Frage bieten sich zwei Beantwortungen dar: entweder war dieser Teil der Bürgerschaft der eintretenden Sommerhitze wegen schon ins Gebirg gezogen, was seinerseits wieder

---

[1]) So übersetzen wir „τῶν νῦν Λυκίων φαμένων Ξανθίων εἶναι", und nicht „der jetzigen Xanthier, die sich für Lykier ausgeben". Wollte man letzteren Sinn annehmen (was schon mannigfach geschehen ist), so müsste Herodot, der drei Kapitel vorher allgemein so von den Lykiern spricht, dass der Leser notwendig die Bürgerschaft der grössten Stadt des Landes mit einbegreift, einer starken Ungenauigkeit beschuldigt werden, die bei dem geringen Raumabstand nicht dadurch entschuldigt werden könnte, dass dem herodoteischen Geschichtswerk die letzte Revision und Ineinanderarbeitung fehlt.

auf eine Überrumpelung der Lykier hindeuten würde¹), oder war derselbe einige Zeit vorher zur Gründung einer Kolonie, wohl in östlich gelegene Gebiete, ausgewandert, wie uns von solchen Auswanderungen berichtet wird²). Mit dem Worte „Herd" sind sonst bei Herodot Einzelfamilien bezeichnet; hier in Lykien könnten es bei noch in Kraft bestehender Mutterfolge auch sogenannte Altfamilien sein, so dass der erhaltene Rest der xanthischen Bevölkerung noch grösser wäre.

Suchen wir die Frage zu beantworten, woher die nicht heimischen Elemente des neuen Xanthos gekommen sind, so wird die am wenigsten gewagte Beantwortung dahin lauten, dass sie aus den andern lykischen Städten kamen. Die von gewisser Seite aufgestellte Vermutung, dass es Griechen waren, ist schon deshalb unwahrscheinlich, weil wenigstens die kleinasiatischen Griechen, wenn sie um diese Zeit freiwillig auswanderten, sicherlich vor allem darauf sahen, aus dem Bereich der persischen Herrschaft hinauszukommen, und weil der Perserkönig, wenn er durch eine der zwangsweisen Versetzungen von Volksmassen, in denen sich die persischen Herrscher nach dem Vorgang der assyrischen gefielen, Xanthos wieder besiedelt hätte, nicht so thöricht gewesen wäre, in einem Gebiet, das offenbar nur schwer zu beherrschen war, Griechen unterzubringen. Auch widerspricht dieser Annahme die Thatsache, dass die tiefgehende Hellenisierung der Xanthier

---

¹) „ἐκδημοῦσαι" könnte auch schon seine allgemeinere Bedeutung haben = „nicht in der Heimatstadt sein", während es ursprünglich bedeutet „ausserhalb des heimatlichen Gaus sich befinden".

²) St. B. s. v. Ἀρτύμνησος nach Menekrates. Wegen Übervölkerung teilen die πρεσβύται von Xanthos die Bevölkerung in drei Teile, von denen der eine zurückbleibt, der zweite Pinara im Kragosgebirge, der dritte Artymnesos gründet.

wie der Lykier überhaupt erst in die Zeit nach Alexander fällt. Noch entschiedenere Zurückweisung gebührt der ebenfalls schon ausgesprochenen Vermutung, dass in Xanthos Perser angesiedelt worden seien. Was von persischem Einfluss in Namen und etwa auch in der Form der Turm- oder Pfeilergräber sich findet, erklärt sich zur Genüge aus der persischen Herrschaft. Vollends davon, dass vom Perserkönig Lykien dem glücklichen Eroberer Harpagos als erbliches Lehen übergeben worden sei, kann keine Rede sein. Die wenig geistreiche Spielerei, mit der man unter dem Triquetrum der lykischen Münzen eine ἁρπάγη, einen Haken, sah, der eine Hieroglyphe für den Namen Harpagos bilde, verdient keine Beurteilung. Der Sohn des Harpagos, den die griechische Inschrift[1]) des Obelisken von Xanthos feiert, ist aus chronologischen Gründen unmöglich ein Sohn oder Enkel des persischen Feldherrn, selbst wenn der von Benndorf[2]) wegen der altertümlichen Buchstabenform und Schreibweise gemachte Vorschlag, die Inschrift dem fünften Jahrhundert zuzuweisen, berechtigt wäre, was aber kaum der Fall ist, da man in Lykien beim Gebrauch der griechischen Schrift ältere, von den Ioniern schon aufgegebene Formen beibehalten konnte. Ein lykischer Fürst konnte den Namen Harpagos tragen, ohne ein Perser zu sein.

[1]) C. i. g. 4269 = Wadd. 1249; Kaibel epigr. graec. no. 768.
[2]) B.-N. S. 88.

Fünftes Kapitel.

Lykien zur Zeit des persischen Reiches.

Xanthos blühte rasch wieder auf, was wir auch bei andern zerstörten Städten, z. B. bei Milet, wahrnehmen. Um die Wende des sechsten und fünften Jahrhunderts[1]) wurde daselbst das sogenannte Harpyienmonument errichtet. Dieses setzt das Vorhandensein eines mächtigen und reichen einheimischen Geschlechts in der Stadt voraus; es ist, abgesehen von dem dargestellten Hahn, vollständig frei von persischem Einfluss und zeigt, wenn wir auch die künstlichen, symbolisch-mythologischen Deutungen ablehnen, doch soviel, dass für die lykische Anschauung die Schrecken des Todes gemildert waren und das Los der Abgeschiedenen als ein wenig düsteres erschien.

Rasches Wiederaufblühen von Xanthos.

Persische Besatzung scheint wenigstens in der ersten Zeit nach Lykien nicht gelegt worden zu sein.

Keine persischen Besatzungen.

---

[1]) Nach Brunn, Sitz.-Ber. der Ak. zu München 1870 S. 205 ff. zwischen Ol. 65 und 70; Hehn, Kulturpflanzen ³ S. 281 erklärt die Entstehung in vorpersischer Zeit schon deshalb, weil ein Hahn auf demselben abgebildet ist, für unmöglich.

Fünftes Kapitel.

Der ägyptische König Amasis lässt kurz vor dem Zug des Kambyses gegen Ägypten den flüchtig gewordenen Halikarnassier Phanes auf einer Triere durch einen Eunuchen verfolgen, und Phanes wird in Lykien festgenommen, weiss sich aber durch Schlauheit wieder zu befreien [1]). Diese Festnahme wäre dem ägyptischen Beamten nicht möglich gewesen, hätte in dem betreffenden Hafenort (Patara) eine persische Besatzung gelegen [2]).

aber Tribut und Kontingent.

Bei der 516 oder 515 von Darius I. vorgenommenen Einteilung des Reiches wurden Lykier und Milyer, unter welch letzteren der etwa die persische Oberhoheit anerkennende Teil der Pisider mit einbegriffen sein mag, mit den Pamphyliern, Karern, Ioniern, asiatischen Magneten und Aiolern zu einer Provinz vereinigt, welche jährlich 400 Talente Silber zu bezahlen hatte [3]). Am Aufstand der Ionier beteiligten sich die Lykier im Gegensatze zu ihren karischen Nachbarn nicht. Die Lykier mussten ihre Kontingente wohl auch zu dem skythischen Feldzug des Darius und zu der von Datis und Artaphernes befehligten Expedition stellen. Berichtet wird uns jedoch nur über die Beteiligung derselben an der grossen Ex-

Lykier bei der Flotte des Xerxes.

---

[1]) Herod. III, 4.
[2]) Nur so viel darf aus dieser Thatsache geschlossen werden, nicht etwa, dass Lykien damals gar nicht unter persischer Herrschaft stand. Wenn Duncker IX S. 220 daraus, dass nach Ktes. Pers. 43 der Kaunier, der den Zopyros durch einen Steinwurf getötet hatte, auf Befehl der Königin-Mutter Amestris gekreuzigt worden ist, schliesst, dass Kaunos in d. JJ. 438 und 437 unter persischer Hoheit stand, so ist dieser Schluss sehr gewagt, da die Königin-Mutter auch sonst Mittel und Wege hatte, sich der Person des Kauniers zu bemächtigen.
[3]) Dieser Vereinigung wird kein irgendwie bedeutender Einfluss auf Vermehrung und Steigerung der Berührungen zwischen Lykien und den kleinasiatischen Griechen zuzuschreiben sein. Dies gegen B.-N. S. 111.

pedition des Xerxes gegen die europäischen Griechen¹). Sie mussten zu der Flotte 50 Schiffe stellen und bemannen, mehr als die asiatischen Dorier und halb so viel als die Jonier. Jedoch ist aus dem Verhältnis dieser Kontingente kein sicherer Schluss darauf möglich, wie sich längere Zeit hindurch die maritimen Kräfte der Lykier zu denen ihrer griechischen Nachbarn verhielten; denn letztere waren durch den ionischen Aufstand bedeutend geschwächt worden. Dagegen weist eine Vergleichung mit den 30 Schiffen, welche die Pamphylier, zu denen wohl die Phaseliten gerechnet werden dürfen, zu stellen hatten, darauf hin, dass die maritime Stärke der Lykier keine geringe war²). Bewaffnet war die Bemannung der lykischen Schiffe folgendermassen: sie trug Hüte, ringsum mit Federn verziert³), Ziegenfelle um die Schultern, Bogen aus Hartriegelholz, unbefiederte Pfeile aus Rohr, Wurfspeere, Dolche und sichelförmige Schwerter. Ihr Führer war Kyberniskos, der Sohn des Sikas⁴). Die Milyer dienten zu Fuss⁵), mit kurzen Speeren bewaffnet und das Gewand mit Spangen zu-

¹) Herod. VII, 92.
²) Nach Diodor XI, 3, 7 stellten P. und L. gleich viel, nämlich 40.
³) Diese Kopfbedeckung tragen auch einige Figuren des Nereidenmonuments. A. Michaelis, Ann. dell' inst. 1875 S. 79.
⁴) Es sind sehr viele lykische Münzen mit der Legende Koperlle erhalten (Brandis S. 488), welche wohl nicht alle von ein und demselben Kuperllis herrühren, sondern auch von gleichnamigen Nachkommen, siehe auch M. Schmidt de col. Xanth. S. 11. Six weist Rev. num. 1886 S. 120 f. diesem K., der sicher Fürst von Xanthos war, einige Münzen zu, welche eine kürzere Legende, nicht in lykischen Schriftzeichen, tragen; einem zweiten Kuperllis, ebenfalls Dynast. v. X., „vielleicht König der Lykier, Zeit 440—400", schreibt er im Verlauf seiner Abhandlung eine grosse Anzahl von Münzen (no. 133—171) zu, die alle das Triquetrum zeigen.
⁵) Herod. VII, 77.

sammengehalten, das Haupt mit Helmen aus Tierfellen geschützt; ein Teil derselben war mit lykischen Pfeilen ausgestattet ¹).

Noch vor der Schlacht am Eurymedon (466) brachte Kimon ²) die Lykier auf die Seite der Athener, wenn dem besonders in dieser Hinsicht sehr kurzen und auch bald nach der fraglichen Stelle verworrenen Bericht Diodors zu trauen ist, ohne Anwendung von Gewalt und ohne Widerstand von seiten persischer Besatzungen ³). Die Lykier mussten durch Schiffe Kimons Flotte verstärken und waren so irgendwie an den Kämpfen am Eurymedon beteiligt. Sie traten wohl gleich darauf in den attisch-delischen Seebund ein. Ob sie, wie Kirchhoff ⁴) und Duncker ⁵) von allen nach der Schlacht am Eurymedon aufgenommenen Mitgliedern annehmen, keine Schiffe zu stellen hatten, erscheint uns zweifelhaft, da die Athener es wohl kaum versäumt haben, die maritimen Mittel Lykiens sich zu nutze zu machen. Ol. 83,3 = 446 zahlten die Lykier mit ihren Schutzverwandten nach Ausweis der Tributquotenliste dieses Jahres ⁶) 10 Talente Tribut. Eine

Lykier mit Athen verbündet.

---

¹) Lykische Bogen auch bei Vergil erwähnt: Aeneis VII, 816; VIII, 166; XI, 773.
²) Diodor XI, 60.
³) „πείσας προσελάβετο".
⁴) Hermes XI S. 22.
⁵) G. d. A. VIII S. 236.
⁶) C. i. att. 234 Λύκιοι καὶ συν[τελεῖς]. Dies kann nicht, wie vielfach angenommen, den lykischen Bundesstaat bedeuten, allerdings auch nicht Lykien und Gemeinden, die vorübergehend von den Athenern willkürlich mit jenen zum Zweck der Tributerhebung vereinigt wurden, da ein derartiges Verfahren die Übersicht über die Budgets der verschiedenen Jahre sehr erschwert hätte. Der Ausdruck bedeutet Lykier und solche, die an und für sich schon politisch irgendwie mit ihnen zusammengehören. Über die Bedeutung von συντελεῖν siehe Wilh. Vischer, Kleinere Schriften I

Vergleichung mit den Tributsummen anderer Glieder ermöglicht unseres Erachtens keinen sicheren Schluss auf die finanzielle Leistungsfähigkeit der Lykier, schon deshalb nicht, weil wir bei ihnen die Summe nur von einem Jahre wissen. Zudem wird der leitende Vorort auch andere Verhältnisse berücksichtigt und vielleicht manchmal in der einen oder der andern Schätzungsperiode von einigen Bundesgenossen noch andere Leistungen erhoben haben, von Lykien etwa gerade die Lieferung von Holz zum Schiffsbau. Telmessos stand um diese Zeit noch ausser politischem Zusammenhang mit Lykien und für sich, wird aber etwa gleich lange zur athenischen Bundesgenossenschaft gehört haben. Auch Phaselis steht vollständig für sich, verweigert anfangs Kimon den Abfall von Persien, so dass derselbe die Feindseligkeiten gegen die Stadt eröffnet, bis die Chier einen Ausgleich vermitteln, in dem die Stadt sich verpflichtet, 10 Talente zu zahlen und sich dann auch am Krieg gegen die Perser zu betheiligen[1]). Phaselis zahlt noch im Jahr 436/435 Tribut und tritt auch bald nach dem peloponnesischen Krieg wieder in Beziehungen zu Athen[2]). Fraglich ist, wie lange die Lykier Mitglieder des athenischen Bundes waren. In dem Bericht des Thukydides[3]) über die verunglückte lykische Expedition des athenischen Strategen Melesandros können wir nicht[4])

S. 341 und Busolt, Der φόρος der athenischen Bündner, Philol. 1882 S. 662 ff. Vielleicht haben wir hier noch ein Beispiel der ursprünglich engeren Bedeutung des Wortes Lykier.

[1]) Plutarch Cimon c. 12.
[2]) C. i. att. II, 11 = Dittenb. no. 57.
[3]) II, 69.
[4]) Wie Köhler, Urk. u. Unters. z. Gesch. d. del.-att. Seeb. S. 132 f. und Duncker IX S. 477 glauben. Thukydides giebt als einen der Zwecke der Absendung von 6 Trieren nach Karien und Lykien an: „ὅπως ταῦτα ἀργυρολογῶσι". Die auch jüngst

einen Beweis für noch fortdauernde Zugehörigkeit zur athenischen Bundesgenossenschaft finden. Eine andere Stelle des Thukydides kann dagegen als Beweis dafür geltend gemacht werden, dass die Lykier zu Anfang des peloponnesischen Kriegs nicht mehr zu den athenischen Bundesgenossen gehörten. In deren ausführlichem Verzeichnisse [1]) fehlen die Lykier, während der an der See gelegene Teil Kariens und die den Karern benachbarten Dorier aufgezählt sind. Deshalb halten wir die Annahme für berechtigt, dass die Lykier zu der Zeit, wo die athenische Grossmacht mehrere schwere Schläge erlitten hatte, des näheren wohl bald nach der Aufgabe von Kypros, vielleicht im Zusammenhang mit dem Aufstand von Samos (440), sich der athenischen Hegemonie entzogen [2]). Die uns inschriftlich bezeugte Tributzahlung der Lykier gehörte allem nach zu den letzten. Die Hauptaufgabe des Melesandros im Jahr 429 war, den peloponnesischen Kaperschiffen, welche den von Ägypten und der syrischen Küste über Phaselis heraufahrenden

---

wieder von Fränkel in Böckh, Staatshaush. d. Ath.³ II S. 132* vertretene Anschauung, dass ἀργυρολογεῖν nur die Einziehung ordentlicher Tribute von zur Zahlung verpflichteten Bundesgenossen bedeute und dass die Absendung von νῆες ἀργυρολόγοι immer ein Bundesverhältnis zwischen Athen und dem betreffenden Gebiet beweise, ist unrichtig. Das Zeitwort besagt „Geld sammeln" und nicht „das schuldige Geld einsammeln" und wird häufig vom Erheben rein durch Gewalt erzwungener Kontributionen gebraucht, z. B. Xen. Hellen. IV, 8, 30, wo keine Rede davon sein kann, dass Aspendos und die andern Städte dieser Gegend zu Athen in einem Bundesverhältnis standen; siehe auch G. Busolt, Der zweite athen. Bund, Philol. Jahrb. Suppl.-Bd. VII S. 675. In der Bedeutung „brandschatzen" gebraucht es von Späteren Polyb.: VI, 49, 10 (mit scharfer Unterscheidung von φέρει); IV, 16, 8 und Cass. Dio 48, 24; s. auch Stahl zu Thuk. III, 19.

[1]) II, 9, 4.
[2]) So Busolt, Philol. 1882 S. 700 ff.

Kauffahrteischiffen auflauerten, ihr Handwerk zu legen [1]), wie wir auch später ein athenisches Geschwader an der lykischen Küste zur Beobachtung stationiert finden [2]). Nebenher sollten möglichst hohe Brandschatzungen aus früher abgefallenem karischem und lykischem Gebiet zusammengebracht werden. Melesandros vereinigte mit der Bemannung seiner Schiffe Kontingente der an der karischen Küste noch treugebliebenen Städte und unternahm einen Beutezug ins Innere von Lykien irgend eines der Flussthäler hinauf, wurde aber in einer Schlacht besiegt und fiel selbst [3]).

Nach der Lossagung vom athenischen Bunde stellten sich wohl die lykischen Dynasten wieder unter eine Art Suzeränität Persiens, mit dem sie auch während der Zugehörigkeit zum attischen Seebund kaum alle Beziehungen abbrachen. Eine derartige Anlehnung an den Grosskönig bot denselben mehr Vorteile als Nachteile. Gegenüber ihren Unterthanen verlieh die persische Vasallenschaft ihnen grössere Autorität, und der Rückhalt, den die lykischen Dynasten am Grosskönig hatten, mochte den Bestand des Fürstentums in Lykien verlängern. In dem Bestreben, die benachbarten Gebirgslandschaften zu unterwerfen und lykisch zu machen, fanden sie durch diese Anerkennung der persischen Oberhoheit gleichfalls Förderung, und die Rivalität und

Lykien wieder unter persischer Suzeränität.

---

[1]) B.-N. S. 88 wird etwas drastisch von peloponnesischen Seeräubern gesprochen.

[2]) Thuk. VIII, 41.

[3]) Der Irrtum des Pausanias, der I, 29, 9 den Melesandros auf einer Fahrt den Mäander hinauf umkommen lässt, ist wohl dadurch entstanden, dass P. denselben mit Lysikles verwechselte, der nach Thuk. III, 19: ἀναβὰς διὰ τοῦ Μαιάνδρου πεδίου von Karern und Anaiiten mit einem beträchtlichen Teil seines Heers erschlagen wurde. P. bzw. seine Quelle hatte das πεδίου vergessen oder übersehen.

Fünftes Kapitel.

die Fehden, an denen es zwischen den kleineren Dynasten unter sich, sowie zwischen denselben und dem von Xanthos gewiss nicht fehlte, erschwerten eine gemeinsame Abschüttelung dieser persischen Oberhoheit. Von der Herrschaft eines Satrapen blieb aber Lykien frei [1]) und nahm eine im ganzen selbständige Stellung ein, worauf auch der Umstand hinweist, dass es bei Xenophon weder in der Anabasis noch in der Kyrupaideia genannt wird. Isokrates schreibt ums Jahr 380[2]): „über die Lykier ist noch niemals irgend jemand Herr geworden", woraus auch bei diesem Rhetor jedenfalls entnommen werden darf, dass die Lykier damals schon seit ziemlich geraumer Zeit thatsächlich von Persien unabhängig waren. Dafür spricht auch, dass bei dem einzigen chronologisch annähernd genau fixierbaren Ereignis, das uns aus der ganzen Zeit bis zu Alexanders Einmarsch in das Land berichtet wird, nämlich bei der Beteiligung der Lykier an dem Aufstand der Satrapen Ariobarzanes, Maussollos, Orontes und Autophradates, sie neben Pisidern, Pamphyliern und Kilikern als ἔθνος[3]) bezeichnet werden und als selbständiger, von keinem dieser Satrapen abhängiger Faktor erscheinen. Diodor drängt hier Ereignisse ins Jahr 362 zusammen, die in einem grösseren Zeitraum, zum Teil schon früher, sich abspielten[4]). Die Koalition, zu der wahrscheinlich Autophradates nicht gehörte, entstand wohl auch nur allmählich; wann Lykien ihr beitrat, ist nicht festzustellen. Vor diese Be-

Beteiligung der Lykier am grossen Satrapenaufstand.

---

[1]) Krumbholz, De As. min. satrap. persic. S. 60.
[2]) Panegyr. 161; beträchtliche Zeit vor Herausgabe der xenophontischen Kyrupaideia.
[3]) Diodor XV, 90, 3. Allerdings bezeichnet bei griechischen Schriftstellern, welche zur Zeit der römischen Weltherrschaft schreiben, ἔθνος oft nichts anderes als Provinz.
[4]) Siehe Rehdantz, Vitae Iphicrat. etc. S. 156.

teilignng der Lykier an einer grossen Erhebung gegen
den Perserkönig fällt der glückliche Krieg, den nach
Theopomp¹) die Lykier unter Führung ihres Königs
Perikles gegen Telmessos führten, der nach Zernierung

¹) Fr. 111. B.-N. S. 89 macht geltend, dass aus der uns von
Photius gegebenen Inhaltsangabe des 12. Buches von Theopomps
Φιλιππικά nicht mit Notwendigkeit hervorgehe, dass dieses Ereignis erst dem vierten Jahrhundert angehöre. Allerdings ist
die Möglichkeit, dass Th. auch hier zurückgegriffen, bei der beinahe krankhaften Vorliebe dieses Historikers für Digressionen
und Regressionen nicht ausgeschlossen: jedoch wird man ihm
immerhin so viel schriftstellerisches Geschick zutrauen dürfen,
dass er nicht unmittelbar ans Ende eines Buches die Erzählung
eines Ereignisses setzte, das Jahrzehnte vor den eigentlichen
Inhalt desselben fiel. Deshalb ist es wahrscheinlich, dass dieser
Krieg der Lykier gegen Telmessos in die Zeit unmittelbar nach
dem Tod Euagoras' I. und dem Abschluss einer Allianz zwischen
dem ägyptischen König, den Theopomp unrichtig noch als Akoris
statt als Nektanebos bezeichnen würde (bei Diodor dieselbe Verwechslung; s. Wiedemann, Ägypt. Gesch. S. 699), und den Pisidern
fiel, etwa 372. Die von Urlichs, Verh. d. Philol.Vers. in Braun-
schweig 1861 S. 61 ff. zuerst aufgestellte, von A. Michaelis in
Ann. d. Inst. arch. 1875 tiefer begründete und mehr ins einzelne
durchgeführte Annahme, dass das Nereidenmonument, welches
uns für diese Zeit Lykiens eine reiche Pflege der Kunst und
engen Zusammenhang mit der attischen Kunst bezeugt, dazu
bestimmt war, den Perikles durch Darstellung vor allem dieser
seiner Ruhmesthat zu verherrlichen, wird keinem Zweifel unter-
liegen. Im fünften Jahrhundert bliebe für diese Eroberung von
Telmessos nur die Zeit von 425 an, in welchem Jahr Telmessos
den Athenern noch Tribut zahlte. Da mit derselben die Lykier
in die Verhältnisse Kariens eingriffen, so hätten sie es schwerlich vermeiden können, in die Kriege und die Aufstände, die
sich ganz oder zum Teil in Karien abspielten, verwickelt zu
werden, und es wäre nicht wohl zu erklären, dass sie unter
Behauptung dieser Position allem Anschein nach so lange an
den kleinasiatischen Kämpfen und Wirren nicht teilnahmen und
dass wir reichlich 50 Jahre lang sonst gar nichts von ihnen
hören.

Fünftes Kapitel.

Der lykische König Perikles erobert Telmessos

dieser Stadt mit deren Kapitulation endigte. Telmessos blieb lange Zeit im Besitze der Lykier[1]). Die Stadt war bei ihrer Verteidigung gegen Perikles, von unmittelbaren Nachbarn und geworbenen Söldnern abgesehen, auf ihre eigenen Kräfte angewiesen; vom karischen Dynasten Maussollos wurde sie jedenfalls nicht offen unterstützt[2]). Der König Perikles mochte jetzt nach dieser glücklichen Abrundung des lykischen Gebiets die Zeit gekommen glauben, ohne Erschütterung seiner Autorität die formell noch bestehende persische Suzeränität abzuschütteln; vielleicht wurde ihm auch Aussicht auf weiteren Ländererwerb, diesmal im Norden, eröffnet. So beteiligte er sich an der Erhebung gegen den Grosskönig.

Lykien kommt an Maussollos.

Aber er sollte dies büssen: der schlaue Maussollos verriet die Koalition und trat auf die Seite des Perserkönigs über, und Lykien war, wie wir vermuten, der Preis, den letzterer für den Verrat bezahlte; Lykien kam auf eine Zeit lang unter die Herrschaft des Karers; es wird uns berichtet[3]), dass Kondalos, ein Statthalter des Maussollos, da er sah, dass die Lykier es liebten langes Haar zu tragen[4]), mit der Erklärung auftrat: der Grosskönig habe in einem Schreiben befohlen, ihm Haare zu Chignons zu schicken; Maussollos habe ihm nun die Weisung gegeben, den Lykiern ihre langen Haare abzuschneiden, er wolle aber das unterlassen, wenn sie

---

¹) Siehe Skyl. Karyand. F. 83 (= M. 100). Arr. Anab. I, 24, 4.
²) Nach M. Schmidt, Kuhns Zeitschr. N. F. V S. 543 war nach Ausweis lykischer Inschriften ein Arttuambara Fürst („Kindafata") von Telmessos. Six dagegen setzt auf Grund von Münzen a. a. O. einen Artuampara Ἀρτεμβάρης, „dynaste de Pinara?" c. 380—375 an.
³) (Arist.) Öconom. II p. 1348.
⁴) Diese Sitte durch das Nereidenmonument bezeugt Michaelis a. a. O. S. 159.

ihm eine Kopfsteuer bezahlen. Die Lykier zogen letzteres vor, und es wurde viel Geld zusammengebracht. Ausserdem haben wir noch eine Spur, die auf eine zeitweilige Herrschaft des Maussollos über Lykien hinweist [1]). Man darf aber wohl annehmen, dass die Mehrzahl der Lykier und vor allem der König Perikles nicht ohne schweren Kampf sich dem Maussollos unterwarfen. Eine Episode dieses Kampfes ist, wie wir vermuten, überliefert. Bei Polyän [2]) lesen wir, dass ein Milesier namens Charimenes von Phaselis aus, in welcher Stadt ihn der König Perikles mit einer Flotte blockierte, sich durch das Land dieses Herrschers glücklich hindurchschlich, indem er sich mit einer Perücke unkenntlich machte. Dass Phaselis in engen Beziehungen zu Maussollos stand, zeigt ein allerdings nur in sehr verstümmelter Form erhaltener Vertrag zwischen dieser Stadt und dem Karer [3]). Milet stand unter Oberhoheit des Maussollos, wie schon des Hekatomnos I., was die von denselben mit der Legende der Milesier geschlagenen Münzen beweisen.

---

[1]) St. B. Σόλυμοι, οἱ νῦν Ἰλιεῖδαι „Σολύμους καλουμένους παρελθὼν Μαυσώλου . . . ." Dagegen können wir nicht mit Pohla, De dynast. Caric. S. 13 in c. i. g. 4267 (bei Xanthos) Ἰρσ̓ἑιδῶν: ϵὐχῇ Μαυσώλου ἀλαβάρχου ein Zeichen der Herrschaft des Maussollos sehen, da der Titel ἀλαβάρχης (über die verschiedenen Deutungen und Bedeutungen desselben s. Lumbroso, L'économie politique de l'Égypte S. 214) in Kleinasien kaum so frühe vorkommt. Das Dekret des Pixodaros (s. Pertsch in M. Schmidt, N. lyk. St. I—X) beweist, abgesehen davon, dass die Ergänzungen zu [Ξα]νθίο[ις] und von Ππαρεδριν zweifelhaft sind, nicht, dass Lykien auch noch zur Zeit des Pixodaros (339—334) unter karischer Oberhoheit stand. Der Zweck einer Schenkung desselben konnte auch der sein, die Unterstützung der unabhängigen Städte gegen seine Schwester Ada zu erlangen.

[2]) Strateg. V, 42; nach Melber, Philol. Jahrb. Suppl.-Bd. XIV S. 587 einer Sammlung ναυμαχικά entnommen.

[3]) Siehe G. Hirschfeld, Monatsber. d. Berl. Ak. 1879 S. 716.

So wird die Vermutung gestattet sein, dass dieser Milesier in Diensten des Maussollos ein Geschwader befehligte, von Perikles geschlagen wurde und sich dann nach Phaselis flüchtete. Schliesslich wurde aber Perikles bezwungen und seiner Stelle als lykischer Oberfürst entsetzt. Auf lykischen Inschriften findet sich der Name Kindla¹); dürfen wir denselben mit dem griechischen Κόνδαλος identifizieren, so war der lykische Statthalter des Maussollos ein geborener Lykier, der zur Zeit der Unabhängigkeit des Landes unter Perikles als Unterfürst stand.

Lykien wieder von karischer Herrschaft frei.

Lange dauerte die karische Oberherrschaft nicht, höchstens bis zum Jahr 346, in dem nach Isokrates²) der Grosskönig gegen Idrieus schon mannigfach feindselig aufgetreten war. Vielleicht war Perikles³) selbst noch bei der Wiederbefreiung thätig, und dann könnte die von Polyän erzählte Episode den Befreiungskämpfen angehören.

Ob wirklich ein Teil der von den Athenern im Laufe der Jahre 365—352 aus ihrer heimatlichen Insel

---

¹) Auf der Inschrift des sog. Chimairagrabs in Xanthos, im Schönbornschen Corpus tit. Xanth. 8, 1 (siehe Mor. Schmidt, Commentatio de inscript. nonn. Lyc. p. 11) und tit. Limyr. 16, 2 nach M. Schmidt in Kuhns Zeitschrift N. F. V S. 453 = „Kindla hat es bauen lassen zu Lebzeiten des Perikles."

²) Or. Phil. 103 ff.

³) Der Name Perikle auf Inschriften in lykischer Sprache sehr häufig, siehe M. Schmidt, De inscr. nonn. Lyc. p. 12; sowie sehr viel Münzen, besonders in Kupfer, mit diesem Namen erhalten; siehe Brandis S. 490. Imhoof-Blumer, Porträtköpfe auf ant. Münzen S. 24 (setzt P. zwischen 400 und 350 an). Six, Rev. numism. 1886 S. 427—431 no. 264—274: „P. dynaste de Limyra (dies auf Grund von Inschriften) roi des Lyciens avant 374—360 environ." Durch die Eigenart seiner Münzen glaubt S. sich berechtigt anzunehmen, dass der Regierungsantritt P.s nicht lange vor 374 fallen könne.

vertriebenen Samier eine Zufluchtsstätte in Lykien fand, erscheint zweifelhaft. Die Inschrift, die man als Beweis dafür in Anspruch nimmt¹), hat ungenügende Beweiskraft. Der Lykier Demarchos, der nach Angabe der Inschrift zur Zeit des auf derselben mitgeteilten Beschlusses des Rates und des Volkes von Samos bei der Königin Phila, der Gemahlin des Demetrios Poliorketes als Befehlshaber der Leibwache sich befand (vielleicht im Jahr 305/4), kann sich auch in irgend einer Stellung ausserhalb Lykiens Gliedern des vertriebenen Demos von Samos wohlgesinnt und gefällig gezeigt haben, wie auch der Wortlaut der Inschrift keineswegs zur Annahme zwingt, dass Demarchos zur Zeit sich in seiner lykischen Heimat befindet.

Der Inhalt der die Persönlichkeit und die Thaten eines Sohnes des Harpagos feiernden poetischen griechischen Inschrift, die sich auf der grossen xanthischen Stele findet, lässt eine Einreihung in irgend welchen bekannten Zusammenhang nicht zu. Für ihre Zeit steht nur das eine fest, dass sie frühestens Ende des fünften oder Anfang des vierten Jahrhunderts fallen kann²).

¹) C. Curtius, Inschr. u. Stud. z. Gesch. v. Samos, Inschr. no. 8 (und S. 22) = Dittenb. no. 132 ἐπειδὴ Δήμαρχος Τάρωνος Λύκιος ἔν τε τῆι ψυχῆι εὔνους καὶ πρόθυμος ὢν διατέλει τῶι δήμωι τῶν Σαμίων καὶ ἰδίαι τοῖς ἐντυγχάνουσι τῶν πολιτῶν χρήσιμον ἑαυτὸν παρείχετο καὶ νῦν διατρίβων παρὰ τῆι βασιλίσσηι Φίλαι καὶ τεταγμένος ἐπὶ τῆς φυλακῆς εὔνουν καὶ πρόθυμον ἑαυτὸν παρέχεται εἴς τε τὰς τοῦ δήμου χρείας κ. τ. λ.

²) Siehe R. Keil in Hermes XX (1885) S. 340 ff., der nachweist, dass das angeblich simonideische Gedicht nicht von Simonides herrührt, sondern bedeutend später und nicht, wie man bis jetzt angenommen, das ungeschickt nachgeahmte Original der Einleitung der xanthischen Harpagosinschrift ist, sondern ebenfalls eine an manchen Ungeschicklichkeiten leidende Nachahmung eines verlorenen gemeinsamen Archetypus.

Dass die Inschrift trotz altertümlicher Schriftzeichen und Formen erst dem vierten Jahrhundert angehören kann, ist schon oben ausgesprochen worden. Für sich allein lehrt uns dieselbe nur so viel, dass ein Sohn eines Harpagos, dessen Name nicht mehr lesbar ist[1]) und dessen Statue wahrscheinlich oben auf dem Pfeiler stand[2]), in seiner Jugend im Ringkampf alle lykischen jungen Männer durchaus übertraf[3]), nachher durch Zerstörung vieler Burgen sich zum König von Lykien machte und durch Einsetzung seiner Verwandten als Unterfürsten dieselben an seiner Königsherrschaft teilnehmen liess. Als besondere Heldenthat wird von ihm noch angeführt, dass er an einem Tage sieben arkadische Hopliten er-

---

[1]) Franz vermutet „Chersis". Imhoof-Blumer, Porträtk. S. 24 setzt einen „Cherois", der auf Münzen in lykischer Schrift als Dynast von Xanthos genannt ist, zwischen 450 und 400. Six, Rev. num. 1886 monn. lyc. no. 178—182 Carois, Dynast v. Xanthos, c. 400—390; dieser Name kann aber aus metrischen Gründen in die Inschrift nicht eingesetzt werden. Andere vermuten Datis, Sparsis, Smerdis.

[2]) Ὅδε Ἁρπάγου υἱός; siehe auch B.-N. S. 88.

[3]) So übersetze ich trotz Bergk, M. Schmidt (Lyk. Stud. S. 130) und Kaibel ἀριστεύσας τὰ ἅπαντα χερσὶ πάλην Λυκίων τῶν τότ᾽ ἐν ἡλικίᾳ. Οἱ τότ᾽ ἐν ἡλικίᾳ kann nicht bedeuten „die damaligen Zeitgenossen", sondern nur „die, welche damals in jugendkräftigem Alter standen", und ist mit Λυκίων zusammenzunehmen und von ἀριστεύσας abhängig, so dass πάλην = μάλην. phryg. = König ganz isoliert wäre. In seiner allerdings ziemlich freien Übersetzung, De columna Xanth. S. 10 lässt M. Schmidt das, was er in dem Wort findet, weg; er übersetzt: postquam vero Harpagi filius inter Lycios aequales in omnibus rebus gerendis strennissimus felicissimusque. Daran, dass der griechische Dichterling an Aischylos' Perser 658 anknüpft, ist nicht zu denken. Wadd. macht mit Recht darauf aufmerksam, dass das νικέων neben καὶ πολέμου das πάλην ἀριστεύσας vorbereite. Ringkämpfe bei Barbaren Kleinasiens s. Thuk. I, 6, 5.

schlug. Die Inschrift möglichst spät zu setzen [1]) möchte man vielleicht nicht wegen dieser arkadischen Söldner, deren wir schon im fünften Jahrhundert in Kleinasien finden [2]), sondern wegen der Nennung der Ἀθηναία πτολίπορθος [3]) versucht sein. In diesem Sohn des Harpagos den König Perikles zu sehen ist durch nichts berechtigt; ebenso liegt kein genügender Grund vor, die Inschrift auf eine bald nach dem Abfall von der athenischen Bundesgenossenschaft erfolgte Wiedereroberung des lykischen Landes für das persische Regiment zu beziehen; innerhalb welches noch ins fünfte Jahrhundert fallenden Zeitraums Benndorf sich diese Wiedereroberung denkt, geht aus seiner Darstellung nicht deutlich hervor. Leider ist die weit umfangreichere lykische Inschrift des Pfeilers noch so wenig zu einer auch nur halbwegs sicheren Lesung und Übersetzung gelangt, dass auch sie uns keinen Aufschluss über die Ereignisse, die durch das Denkmal verewigt werden sollen, und deren Zusammenhang giebt. Selbst der Name des Sohnes des Harpagos wird auf ihr nicht gefunden. Immerhin kann man in den zwei auf der Ostseite, Zeile 59 bis 60 mit Sicherheit entzifferten Namen des Dareios und Artaxerxes in Anbetracht dieser Aufeinanderfolge einen Hinweis darauf finden, dass es sich jedenfalls zum Teil um das vierte Jahrhundert handelt (Dareios II

---

[1]) Nach Six, Rev. num. 1886 p. 102 bezieht sich die lykische Inschrift der xanthischen Stele auf Ereignisse vom Ende des fünften und Anfang des vierten Jahrhunderts.

[2]) Arkadische Söldner, Thuk. VII, 19, 4; 57, 9; ja schon, wenn auch in geringer Anzahl und nicht zur Verwendung kommend, Herod. VIII, 26.

[3]) Das Bild der Athene freilich schon auf Münzen bei Six no. 179—183, welche dem Carois, Dyn. v. Xanthos, c. 400—390 zugeteilt werden.

Fünftes Kapitel.

424—405, Artaxerxes II 405—369). Mit Benndorf an Darius I und Artaxerxes I zu denken, wird schon wegen des grossen, diese beiden Herrscher trennenden Zeitraumes nicht möglich sein. Bezieht sich die griechische Inschrift auf dasselbe wie die lykische, so wird es immer noch am wahrscheinlichsten sein, mit Bergk und Savelsberg an Ereignisse zu denken, die infolge der Beteiligung der Lykier an dem grossen Satrapenaufstand eintraten. Athen oder Athener werden auf der lykischen Inschrift genannt[1]).

Ausdehnung des Gebiets lykischer Herrschaft und Kultur.

In der persischen Zeit dehnte sich das Gebiet der eigentlich lykischen Herrschaft und Kultur aus; während derselben wurde der Erwerb des Küstenlandes östlich vom Xanthosthal bis zum chelidonischen Kap auf die Dauer vollendet. Wir dürfen wohl annehmen, dass in dieser Zeit alle die ausserhalb und östlich des Xanthosthales liegenden Siedelungen, in denen Inschriften in lykischer Sprache gefunden worden, obwohl manche derselben nachpersischer Zeit angehören[2]), in bleibenden Besitz der Lykier kamen: wie Antiphellos (samt dem wegen seiner Binnenlage vor demselben bald zurücktretenden Phellos) und das noch weiter nach innen liegende Kandyba, Kyaneai (und wohl erst von demselben aus das Megiste gegenüberliegende Aperlai), Sura, Myra (samt kleineren zugehörigen Orten). Mit der Erwerbung von Telmessos hing wohl die von Karmylessos im Süden

[1] M. Schmidt, De nonn. inser. Lyc. p. 17. Savelsberg II S. 217. 224. Savelsberg erinnert daran, dass einer der aufständischen Satrapen, Ariobarzanes, von dem athenischen Feldherrn Timotheos eine Zeit lang unterstützt wurde.

[2] Dies ist besonders dann anzunehmen, wenn auf einigen (nach Savelsberg sogar ziemlich vielen) „Adamünzen" genannt sind. Münzen der karischen Fürstin Ada sind aber nicht erhalten. Viel wahrscheinlicher ist die jetzt von Deecke (Bezzenb., Beitr. z. K. d. indog. Spr. XII S. 137) aufgestellte Übersetzung von ada = Mine.

und Kadyanda im Nordosten zusammen. Die persische
Suprematie begünstigte die Sicherung früher schon be-
setzter Punkte, sowie die Neuerwerbung früher noch nicht
in Angriff genommener Orte zum mindesten dadurch,
dass die früher so hemmende Konkurrenz der Griechen
von Rhodos und vielleicht auch von Phaselis durch die
persische Herrschaft gelähmt wurde. Das neuerdings
von seiner Stätte entfernte Heroon von Gjölbaschi
wird einem lykischen Dynasten angehört haben, der
das ganze Gebiet von Kyaneai bis Myra und Myra mit
beherrschte. Gegen Ende der persischen Zeit wurde
mit Lykien politisch-administrativ ein Gebiet vereinigt,
das von dem Eigentümlichen der lykischen Kultur nie
durchdrungen wurde, die Milyas im engeren Sinn des
Wortes[1]. Die sehr fragmentarische Nachricht[2] von
einem Angriff eines Statthalters des Karers Maussollos
auf die Solymer kann einigermassen die Vermutung
stützen, dass diese Vereinigung geschah, als Lykien dem
karischen Dynasten übergeben wurde.

Die lykischen Städte waren in dieser Zeit von
Fürsten beherrscht, was die Münzen beweisen[3]. Einige
lykische Münzen trugen auch das (nach Imhoof-Blumer[4])
noch typische) Bildnis eines persischen Satrapen mit den
Legenden Arttuambara und Ddennefele: wir werden
aber in den Trägern dieser Namen mit grösserer Wahrscheinlichkeit einheimische lykische Dynasten sehen, die
durch diese Insignien ihre Herrschaft als dem Grosskönig
direkt unterstehend bezeichnen und ihr so einen höheren

<small>Innere
Verhältnisse
Lykiens.</small>

---

[1] S. **Arrian Anab.** I, 24, 5.
[2] St. B. s. Σόλυμοι.
[3] S. Imhoof-Blumer, Porträtk. S. 24 und neuestens Six, Rev.
numism. 1886.
[4] Porträtköpfe S. 5.

Nimbus verleihen wollten¹). Auch auf dem Nereidendenkmal trägt der siegreiche Herrscher die schiefe Tiara und ebenso Pajafa auf der bildlichen Darstellung, welche seinen Sarkophag schmückt²). Die lykischen Dynasten trugen persische Gewandung als Galatracht³). Die verhältnismässige Unabhängigkeit von der persischen Herrschaft andrerseits zeigt sich darin, dass persische Silberkurantmünzen, um in Lykien Kurs zu haben, mit dem lykischen Münzstempel versehen wurden⁴).

Allmähliche Entwickelung der lykischen Konföderation. Die lykischen Münzen dieser Zeit (nur Silber- und vereinzelt Kupfermünzen) tragen grösstenteils, wenn auch nicht alle (nämlich nicht die frühesten und auch nicht eine Gruppe späterer, die an dieser Stelle den Kopf von Dynasten oder Gottheiten setzen), auf dem Revers das sog. Triquetrum, das hier aus einem Ring besteht, von dem 3 (manchmal 2 oder 4) hakenförmig gekrümmte Arme ausgehen. Da dieses Symbol auf den von den verschiedenen Städten und Dynasten geschlagenen Münzen sich findet und da die Münzen in ihren verschiedenen Sorten alle nach einem und demselben Fusse geprägt sind⁵),

¹) Brandis S. 239. H. Droysen, Zeitschr. f. Numism. 1875 S. 312 Lenormant, H. d. l. m. II, 11. Six liest Artuampara und Ddeneveles; letzterer (no. 209—220) gehört nach S. der Zeit um 395—380 an und ist vielleicht Dynast von Antiphellos, ersterer (no. 221) vielleicht Dynast von Pinara, Zeit um 380—375.

²) Michaelis a. a. O. S. 167. Den Namen Pajafa findet Six, Rev. num. 1886 S. 120 (no. 13) in einer Abkürzung auf einer d. J. 500—480 zugeteilten Münze von Xanthos.

³) Michaelis S. 169.

⁴) Brandis S. 265. Lenormant II S. 74. Dagegen stammen nach Six a. a. O. S. 433 f. die betreffenden Münzen wegen der andersartigen Form des Triquetrum gar nicht aus Lykien.

⁵) Nach Brandis S. 151 nach dem euboeischen. Es sind Stater, Drittel, Sechstel, Zwölftel, seltener Hälfte, Viertel, Achtel und ⅗ zu 8.89 — 7.70 — 4.08 — 2.97 — 1.98 — 1.55 — 1.16 — 0.7 gr. Maximalgewicht. Daneben kommen Statere meist mit besonderem

so ist eine Münzeinigung unter den lykischen Städten unverkennbar. Diese war aber wohl nur Teil und Äusserung eines vorhandenen staatlichen Verbandes, wie ein solcher uns auch in dem Ausdruck λύκιοι καὶ συντελεῖς der athenischen Inschrift entgegentrat.

Wir haben schon bei Betrachtung derselben kurz ausgesprochen, dass nach unserer Ansicht es in dieser Zeit in Lykien noch keinen Bundesstaat, vollends nicht mit der Zusammensetzung und der Organisation, wie wir sie aus Strabo kennen, gegeben hat[1]. Ein nicht unbeträchtlicher Teil des Gebiets, das zur Zeit des uns durch Strabo erhaltenen Berichtes zum lykischen Bundesstaat gehörte, war damals noch nicht lykisch, und eine so vollkommene föderative Organisation entsteht erst nach langen Kämpfen und auf Grund langer, schwerer Erfahrungen; und bei Herrschaft von Dynasten in den einzelnen Territorien lässt sich ihre Entstehung unter besonders zwingenden Umständen wohl denken, eine auch nur etwas lange Dauer aber nicht. Unseres Erachtens haben die Lykier im Lauf vieler Jahrhunderte und unter verschiedenen inneren Kämpfen die Entwickelung vom lockersten Staatenbund zum straff organisierten Bundesstaat durchgemacht. Die erste Stufe bildete eine Art Amphiktyonie um das Heiligtum des Apoll,

---

zuweilen auch mit demselben Gepräge zu höchstens 9.97 gr. und, wenn auch selten, entsprechende Drittel bis 3.09 und Sechstel bis 1.59 gr. vor, nach Brandis dazu bestimmt, eine Münze zu bilden, die zugleich zu dem einheimischen Kurant und zu dem Werte des persischen Goldstücks in rundem Verhältnis stand. Nach Six, Rev. num. 1886 S. 106 waren die ersten von den Lykiern mit eigenen Typen geschlagenen Münzen nach dem lydischen Gewicht normiert.

[1] Dies wird noch vielfach angenommen, z. B. von Brandis S. 219; Droysen, Gesch. d. Hellenismus² I S. 220; Justi, Gesch. d. orient. Völk. S. 344.

welche der Stadt Xanthos eine meistens mehr ideelle als reelle Vorortstellung gab. Ein Anzeichen dieser ursprünglichen Amphiktyonie sehen wir in dem Triquetrum, das ein Symbol des Sonnengottes ist[1]). Aus derselben entstand dann nach und nach, besonders infolge der gemeinsam unternommenen und durchgeführten Ansiedelungen und Erwerbungen, in den übrigen Teilen Lykiens eine festere Verbindung der Städte des Xanthosgebietes, welche unmittelbar politischer Art war und die

[1]) Dasselbe hat die verschiedensten Deutungen erfahren. Diejenige, nach der es eine Hieroglyphe für den Namen Harpagos sein soll, haben wir schon oben S. 94 zurückgewiesen. Die von Fellows, Coins of Lycia S. 5 aufgestellte, nach der es ein sinnbildlicher Ausdruck dafür ist, dass die lykische Einheit aus drei Völkern, den Tramelern (= Xanthiern), den „Troern" von Tlos, die sogar im Herodot erwähnt sein sollen, und den Kauniern (?) bestand, ist der ersteren gleichwertig. E. Curtius, Arch. Ztg. 1855 S. 11 deutet, wohl von Movers beeinflusst, den Ring als das Sinnbild der von der Welt zurückgezogenen Gottheit, die drei vorspringenden Arme als Symbol der drei Formen, in denen die Gottheit auf ein besonderes Sein eingeht; Bröndstedt, Transactions of the R. Society of liter. II S. 105 als Symbol des Wettrennens. Nach Münch, Der phönik. Handel in den griech. Gewässern II S. 9, Progr. v. Münster 1885 ist seine Form aus dem uralten svastika (Hakenkreuz), das ursprünglich Symbol der sich drehenden Sonne war, entstanden. Die gleiche Deutung stellt E. Thomas, Numism. chron. 1880 p. 18—48 (mir nicht zugänglich) auf. Six, Rev. numism. 1886 S. 109 sieht darin drei (bezw. zwei oder vier) in einander geschlungene Schlangen, deren Schwänze oder Köpfe um das von ihren eingerollten Körpern gebildete Zentrum strahlenförmig sich ausstrecken, und bringt diese Schlangen mit Erinnerung an die Basis des von den Griechen nach der Schlacht bei Plataiai dem delphischen Gott geweihten goldenen Dreifusses in Beziehung zu Apollo. Dass die Arme auf vier Münzen in Hahnenköpfe mit Hahnenkämmen endigen, weist auf den Gott der Sonne oder des Lichts hin. Die aus den Figuren mit zwei oder vier Armen auf das Vorhandensein von kleineren Sonderbünden gezogenen Schlüsse erscheinen gewagt.

Form eines Staatenbundes hatte. An diese Konföderation schlossen sich die andern nach und nach lykisch gewordenen Städte in der Stellung von zugewandten oder schutzverwandten Territorien an. Wie die letzteren bald Gleichberechtigung verlangten oder nach vollständiger Unabhängigkeit strebten, so fehlte es unter den Gliedern der eigentlichen Konföderation sicherlich nicht an Rivalität, manchmal nicht an offenem Kampf. Vielleicht war Perikles oder der Sohn des Harpagos der erste, dem es gelang, durch Verdrängung eines Teils der andern Dynastengeschlechter ganz Lykien auf längere Zeit unter eine einheitliche Exekutive zu bringen[1]. Dass noch keine bundesstaatliche Verfassung vorhanden war, zeigt die Thatsache, dass es neben den Münzen mit dem Stempel der Konföderation auch rein munizipale oder dynastische Münzen ohne denselben gab[2]. Leider ist uns, was Aristoteles über die Politie der Lykier schrieb und Sopater noch im sechsten Jahrhundert exzerpierte, nicht mehr erhalten. Der Ausdruck „Λυκίων πολιτεῖαι" beweist aber jedenfalls nichts für damaliges Vorhandensein einer bundesstaatlichen Organisation, da Aristoteles unter den κοιναὶ πολιτεῖαι sowohl föderative Gesamtverfassungen, als die im allgemeinen gleichen politischen Organisationen der einzelnen Gemeinwesen eines Volkes verstand[3]: und, wenn Sopater[4] bei seinen Exzerpten sich vom Gesichtspunkt der Gleichartigkeit leiten liess, so hatten die von ihm mit den Lykiern zusammengenommenen Achaier und Thessaler zur Zeit des Aristoteles auch nur lose, staatenbundartige Gesamteinrichtungen.

[1] Ähnlich urteilt über die staatl. Verh. Lykiens neuestens Six, Rev. num. 1886 S. 437 f.
[2] Lenormant II p. 24.
[3] Bergk, Rhein. Mus. XXXVI S. 87.
[4] Photius cod. 161.

Über die inneren Verhältnisse der einzelnen Territorien lässt sich neben dem, dass sie von Dynasten regiert waren, für diese Zeit nur ihre Gliederung in Demen feststellen. Mit Sicherheit wird angenommen werden dürfen, dass es neben den Dynasten noch einen bevorzugten Adel gab, dessen Vorrechte aber wohl zum Teil durch diese Dynasten untergraben wurden.

Während der persischen Zeit entwickelte sich der Handel Lykiens (nicht bloss, wenn auch bedeutend mehr, der von Phaselis[1]); vor allem kam dies Patara zu gut, das, während es ursprünglich wohl nur der Hafenort von Xanthos war[2]), immer mehr selbständige Bedeutung gewann. Stammt der Bericht Älians[3]), wornach Alexander dem Phokion die Einkünfte aus einer von vier Städten, nämlich Kios, Elaia, Mylasa und Patara zur Auswahl anbot, aus guter Quelle, so haben wir in demselben einen Beweis für die damalige Bedeutung des Emporiums der Xanthosmündung.

[1]) Wie weit die Phaseliten ihre Handelsfahrten ausdehnten, aber auch, in welch schlimmem Rufe sie als geriebene und im Betrug gewandte Geschäftsleute standen, zeigt Dem. or. 35. Ein Witzbold erklärte sie für die schlechtesten Subjekte von ganz Pamphylien. Athen. VIII, 350 a.

[2]) Deshalb findet sich bei Panyasis kein Pataros als Sohn des Tremiles.

[3]) Var. hist. I, 25; nach Walter Klotz, Über d. Quell. z. Gesch. Phokions S. 17 stammt die Notiz aus Duris von Samos.

Sechstes Kapitel.

Der Lykier Rechtsgewohnheiten und Gräber.

Die Altertümlichkeit und das konservative Wesen des lykischen Volkes kommt sehr scharf darin zum Ausdruck, dass noch zur Zeit Herodots ihr Familienrecht auf dem Grundsatz der „Mutterfolge" beruht. Der Bericht, an dem zu zweifeln weder seine Fassung noch die persönlichen Verhältnisse und Eigenschaften des Geschichtschreibers irgend welchen Anlass geben, lautet [1]:

Eigentümliche Rechtsgewohnheiten der Lykier. Mutterrecht

[1] Herod. I, 173. II. Stein vermutet in seinem Kommentar a. a. O., dass die seltsame Sitte erst seit der Perserzeit aufgekommen sei infolge davon, dass die bei der Eroberung von Xanthos übrig gebliebenen Frauen sich mit den zugewanderten Neusiedlern verbunden, aber einen natürlichen Vorzug der Geburt und des ererbten Besitzrechtes behalten hätten. Diese Erklärung ist durchaus unhaltbar und von der Verlegenheit eingegeben, da es dem klassischen Philologen schwer wurde, dem Gedanken an hohes Alter eines solchen Brauches Raum zu geben. Sind unter den übrig gebliebenen Frauen solche verstanden, die zur Zeit der persischen Invasion in der Stadt waren, so ist es kaum denkbar, dass nur zur Zeit kinderlose Frauen oder Mütter übrig blieben, deren Knaben alle zu Grunde gingen. Für die achtzig xanthischen Familien, die infolge ihrer Abwesenheit gänzlich er-

„Sie nennen sich nach den Müttern und nicht nach den Vätern. Auf die Frage nach der Familienzugehörigkeit wird einer seine Mutter nennen und dann die Grossmutter u. s. f., und wenn eine Bürgerin sich mit einem Sklaven vereinigt hat, so gelten die so erzielten Kinder als von guter Geburt; hat dagegen ein Bürger, und wäre es der erste unter ihnen, eine aus der Fremde gebürtige Frau oder ein Kebsweib, so sind die betreffenden Kinder bürgerlich ehrlos."

Die Angabe, dass der status der Kinder sich nach dem der Mutter richtete, zeigt, dass das ganze Familienrecht noch auf die Mutterfolge gegründet war; die Erwähnung von Kebsweibern, dass ein geordnetes Familienleben und die Einrichtung einer geordneten, wesentlich monogamischen Ehe vorhanden war. An anderer Stelle[1]) bezeichnet Herodot den xanthischen Fürsten Kyberniskos als Sohn des Sikas. Dies wird nicht bloss darauf beruhen, dass etwa die Lykier im Verkehr mit anderen Völkern bei der Angabe ihrer Abstammung sich deren familienrechtlichen Gewohnheiten anbequemten, sondern in den Familien, welche über einen grösseren oder kleineren Kreis noch mutterrechtlich organisierter Familien die Herrschaft führten, war das Prinzip des Vaterrechts schon durchgedrungen. Für die staatlichen Verhältnisse hatte das Mutterrecht keine Bedeutung und Geltung mehr, so dass es unrichtig ist, mit Herakleides Lembos von einer lykischen Gynaikokratie zu sprechen[2]).

---

halten blieben, wäre der von Stein vermutete Grund zur Abweichung von der bis dahin gültigen Vaterfolge gar nicht vorhanden gewesen. Zudem spricht H. hier ganz deutlich von den Lykiern überhaupt und nicht bloss von den Xanthiern.

[1]) VII, 98.
[2]) Fr. 15 bei Müller, F. H. G. II, 217, 2. Dass übrigens die Griechen bei γυναικοκρατία nicht an staatliches Regiment der

Nicolaus Damascenus[1]) giebt uns eine Ergänzung, die sicherlich älteren, glaubwürdigen Quellen (entweder Ephoros oder zunächst irgend einer Sammlung von νόμιμα βαρβαρικά) entnommen ist, wobei jedoch die von ihm verwendeten Exzerptoren sich nicht darum bekümmerten, ob das, was sie in ihrer Quelle vorfanden, auch noch für die Gegenwart, die augusteische Zeit, Gültigkeit hatte. Die Angabe lautet: „Die Lykier ehren die Frauen mehr als die Männer, benennen sich nach der Mutter und hinterlassen ihr Erbe ihren Töchtern, nicht ihren Söhnen." Dieses ausschliessliche Erbrecht der Töchter war jedoch nur privatrechtlicher Natur; immerhin mag es nur an der Mangelhaftigkeit und Zerbröckelung des uns zu Gebot stehenden Materials liegen, wenn uns nichts davon bekannt ist, dass, wie z. B. bei der karischen Dynastie, die Schwester neben dem Bruder auch noch Erbansprüche an die Herrschergewalt hatte[2]), was dann die dynastischen Geschwisterehen veranlasste. Bei diesem ausschliesslichen Erbrecht der Töchter kamen die Söhne in der Regel, sobald sie mannbar geworden, durch Heirat in die Nutzniessung eines Vermögens; nach und nach wird dasselbe immer mehr, auch so lange es formell noch in

Erbrecht der älteren Zeit

Frauen, auch nicht notwendig an Mutterrecht dachten, sondern an Zustände, bei denen die Frau im Hause thatsächlich das Regiment führt, zeigt Arist. Pol. B 9 (1269 b): ὥστε ἀναγκαῖον ἐν τῇ τοιαύτῃ πολιτείᾳ τιμᾶσθαι τὸν πλοῦτον, ἄλλως τε κἂν τύχωσι γυναικοκρατούμενοι, καθάπερ τὰ πολλὰ τῶν στρατιωτικῶν καὶ πολεμικῶν γενῶν, und Θ (Η) 11 (1313 b) γυναικοκρατία περὶ τὰς οἰκίας.

[1]) Fr. 129 a. a. O. III, 461.

[2]) Six, Rev. num. 1886 schreibt no. 142 seines Katalogs der lyk. Münzen einer Cariva zu, von welcher er auf Grund zweier Stellen der lykischen Inschrift der xanthischen Stele annimmt, dass sie um 420 als Witwe des Kuperllis, des Dynasten von Xanthos, Telmessos beherrschte; no. 184 einer Cariva, die nach ihm Schwester des Carois, Dyn. v. Xanthos (400—390), ist.

Kraft blieb, durch vom Vater veranlasste, von der Mutter bei Lebzeiten gemachte Schenkungen abgeschwächt worden sein[1]). Damit, dass die Frau mit den Töchtern der Mittelpunkt der Familie war und Väter und Söhne keine gleich wichtige Stellung in derselben einnahmen, hängt unserer Ansicht nach die uns von Plutarch[2]) und von Valerius Maximus[3]) überlieferte Sitte zusammen, dass die Männer bei Trauer Frauenkleider anziehen mussten. Die von den beiden Schriftstellern gegebene Begründung, dass man damit die Trauer als des Mannes unwürdig bezeichnen und bei den Männern möglichst abkürzen wollte, erscheint äusserlich an die Sache herangebracht: wir haben hieran ein „Überlebsel", das organischen Zusammenhang mit den gesellschaftlichen Einrichtungen und Anschauungen zu einer sehr frühen Zeit, in der eigentlich nur die Frauen Familienmitglieder waren, hatte, das sich aber noch lange erhielt, auch nachdem Familienleben und Familienrecht sich ganz anders gestaltet hatten[4]).

[1]) Vielleicht darf auch daran gedacht werden, dass mit der Zeit die Erbtöchter ihren Brüdern eine Mitgift gaben, was nach Strabo III, 165 bei den Kantabrern Brauch war.

[2]) Consol. ad Apollon. 21.

[3]) II, 6, 13.

[4]) Die Frage, ob das Mutterrecht überall dem Vaterrecht vorangegangen ist, d. h. ob anzunehmen ist, dass alle Völker einmal eine Stufe der Entwickelung durchgemacht haben, in der die Verwandtschaft als nur durch die Mutter vermittelt betrachtet und behandelt wurde, ausführlich zu besprechen, liegt ausser dem Rahmen unserer Aufgabe. Gegen die Zugehörigkeit der Lykier zu den Indogermanen kann aber jedenfalls die bei ihnen noch in geschichtlicher Zeit in Kraft bestehende Mutterfolge nicht geltend gemacht werden. Wenn erst ganz neuerdings von seiten eines Sprachforschers, der selbst viel dazu beigetragen hat, die längere Zeit herrschenden Illusionen von einem idyllisch schönen und im wesentlichen unserer Rechtsordnung entsprechenden

Allerdings auf Inschriften und zwar weder auf solchen

Dauer der Gültigkeit der Mutterfolge.

Familienleben der Ur-Indogermanen zu beseitigen, die Annahme einer Zeit des Mutterrechts auch für die indogermanischen Völker mit dem Hinweis darauf zu entkräften versucht wurde, dass alle indogermanischen Sprachen von Haus aus Bezeichnungen für Vater, Vatersbruder, Schwiegervater, Schwiegermutter, Schwiegertochter und Schwiegersohn haben, so ist diese Widerlegung nicht zutreffend. Denn damit kann nur bewiesen werden, dass diese Völker, bezw. die Stämme, aus deren Teilung sie hervorgegangen sind, in denjenigen frühen Zeiten, auf welche uns die Sprache einen Rückschluss ermöglicht, schon die Institution der Ehe hatten. Diese entstand aber zuerst auf dem Boden des Mutterrechts (dass auch vor derselben nicht Zustände wilder und massloser geschlechtlicher Ausschweifung (sog. Hetärismus) angenommen werden dürfen, darüber siehe die treffenden Ausführungen Lipperts in „Kulturgeschichte der Menschheit in ihrem organischen Aufbau" 1886 I S. 73 ff.). Mutterrecht schliesst nicht notwendig dauerndes Zusammenleben von Mann und Frau aus: wenn auch die Verwandtschaft rechtlich nur durch die Mutter vermittelt wird, so kann doch die Mutter und von ihr das Kind den Vater wissen, und bei entsprechend entwickelter gesellschaftlicher Ordnung sind auch Beziehungen zum Bruder des Vaters vorhanden sowie zum Vater des Mannes: der Begriff der Schwiegermutter vollends hat bei Mutterrecht grössere Realität, als bei Vaterrecht, und hat solche, wenn auch erst später und weniger stark, auch für die Frau im Verhältnis zur Mutter des Mannes. Die von den Sprachforschern allgemein angenommene Etymologie von pater = Beschützer (s. jedoch Lippert a. a. O. S. 145 ff.), sowie die von filius = Säugling sprechen eher für Mutter- als für Vaterrecht. Als charakteristisches Merkmal des Mutterrechts hinzustellen, dass zu seiner Zeit „la question de la paternité était interdite", ist unbillig und schief.

Wenn Bachofens im Jahr 1861 erschienenes „Mutterrecht" zunächst wenig beachtet wurde und eine unbefangene, von modernen Einrichtungen und Anschauungen, sowie von den antiken, griechischen und römischen Ideen und Normen nicht beeinflusste Untersuchung der ganzen Frage von seiten deutscher Forscher nicht veranlasst hat, so sind allerdings zum guten Teil die Fehler Bachofens selbst daran schuld: denn neben erstaun-

in lykischer [1]), noch auf solchen in griechischer [2]) Sprache findet sich irgend welche sichere Spur von Mutterfolge, was jedoch nicht gegen die Richtigkeit der Angabe Herodots und der andern Quellen geltend gemacht werden darf, sondern

lichem Fleiss und vielumfassender Kenntnis, mit der das Material zusammengetragen wurde, und neben unverkennbarem Scharfsinn waren schwere Mängel der ganzen Methode leicht erkennbar: die einfachste Erklärung wurde nicht selten gänzlich übersehen und statt deren die betreffende Notiz auf die künstlichste Weise zu Gunsten der Grundvoraussetzung gedeutet. Dazu kam der überschwengliche Ton und eine Unklarheit, die Bachofen in die gleiche entzückte Begeisterung bald für das Mutter- bald für das Vaterrecht geraten liess. Doch wirkte zu dieser geringen Beachtung wohl auch die subjektive Schwierigkeit mit, welche es für den klassischen Philologen und Juristen hat, sich ganz andere Verhältnisse und Ordnungen möglich zu denken, als die sind, in denen sich sein geistiges Leben bewegt. Neuerdings ist der Frage mehr Interesse und ein grösseres Mass von Objektivität zugewendet worden infolge zunehmender Kenntnisse auf dem Gebiete der allgemeinen Ethnologie und wachsender Teilnahme an ethnologischen Forschungen, vielleicht auch infolge davon, dass mittlerweile englische Gelehrte die Sache behandelten. Mit einer Nüchternheit, die zu dem Bachofenschen Überschwang und Enthusiasmus ein Gegenstück bildet, hat Lippert das Mutterrecht behandelt in s. „Gesch. der Familie" 1884. Dargun (Mutterrecht und Raubehe, in Untersuchungen z. dtsch. Staats- u. Rechtsgesch., herausg. v. O. Gierke XVI) hat Spuren desselben im altgermanischen Recht nachgewiesen; jedoch dürfte unserem Eindruck nach das Material tiefer durchdacht und gründlicher in einander gearbeitet sein. Auch auf semitischem Boden ist man seinen Spuren nachgegangen, z. B. für die Araber Wilkens „Das Matriarchat". Selbst auf einem Gebiet, wo man es am wenigsten erwarten sollte, nämlich im altrömischen Recht, näher im plebejischen Familienrecht, sind von juristischer Seite, nämlich von Bernhöft, Spuren desselben entdeckt worden; jedoch werden sie, wohl ohne zwingende Gründe, von einer nicht indogermanischen Urbevölkerung abgeleitet.

[1]) Savelsberg II, 188.
[2]) Franz in c. i. g. III S. 145.

Der Lykier Rechtsgewohnheiten und Gräber. 123

nur beweist, dass beiderlei Arten von Inschriften ziemlich später Zeit angehören. Die ältesten der lykischen werden zudem nur Glieder von Dynastengeschlechtern betreffen, bei denen, wie auch die Harpagosinschrift zeigt, die Benennung nach dem Vater, wie überhaupt das vaterrechtliche Prinzip früher aufkam. Nachwirkungen des früheren Mutterrechts sind aber auf einigen Inschriften zu erkennen. Eine solche sehen wir allerdings nicht darin, dass die Frauen in späterer Zeit eine sehr selbständige Stellung einnahmen[1]), denn das findet sich in der Kaiserzeit auch anderswo: auch nicht da, wo für ein Kind nur die Mutter angegeben ist[2]), da es

---

[1]) Z. B. erbauen (c. i. g. 4303 h⁴: 4303 h¹¹ = Wadd. 1284; und wohl auch c. i. g. 4303 h⁶) Frauen Grabmäler für sich und ihren noch lebenden Mann. Von Staats oder Gemeinde wegen werden Frauen häufig Ehreninschriften gesetzt, z. B. B.-N. no. 45. 108. 109. Die Frau scheint berechtigt gewesen zu sein von sich aus eine Scheidung zu vollziehen: c. i. g. 4215 (Telmessos) wird vom Schwiegervater seiner damaligen Schwiegertochter die Benützung des Grabes für ihre Person zugestanden unter der Bedingung, dass sie die Ehe mit dem Sohn bis zum Tode fortgesetzt hat (ἐὰν μείνῃ μετ' αὐτοῦ). Eine Frau, die vom ersten Mann geschieden ist, begegnet uns c. i. g. 4300 q = Wadd. 1298. (Diese nach vollzogener Scheidung in zweiter Ehe lebende Herpidase Sarpedonis ist oder war zudem ἀρχιέρεια ἐν τῷ ἔθνει c. i. g. 4289 und Add. p. 1127 = Wadd. 1297.)

[2]) C. i. g. no. 4266 b wird von einem Neikolaos, Bürger von Pinara und Sidyma, gewesenem Priester der Göttin Roma, neben seinem Vater noch seine Mutter und seine Tante in einer Ehreninschrift angegeben. No. 4307 = Wadd. 1320 ist die von Franz nach Bailie gebotene, alleinstehende Angabe der Mutter eines Manns von Wadd. gestrichen, der den Text Bailies für eine nicht authentische, sondern von demselben fälschlicherweise als solche ausgegebene und nach seiner Gewohnheit mit willkürlichen Ergänzungen versehene Abschrift einer solchen erklärt. (C. i. g. 4300: Ἰάσων ὁ (= Ἰάσονος) μητρὸς Ἀρτεμίου kann neben dem Vater die Mutter deshalb angegeben sein, weil der Vater zwei Frauen nach

sich hier um Kinder ohne legitimen oder bekannten Vater handeln kann, sondern gerade darin, dass unzweifelhaft der Mangel eines legitimen Vaters angegeben wird, wo derselbe hätte vertuscht werden können [1]), und dass für die soziale Stellung und die bürgerlichen Rechte die illegitime Geburt keinen Nachteil brachte [2]).

Je mehr die Hellenisierung in Lykien fortschritt, um so mehr wird die Verdrängung des Mutterrechts durch das Vaterrecht, welche schon von selbst begonnen hatte, beschleunigt worden sein. Wir vermuten,

---

einander hatte. Demnach sind gesichert nur Beispiele, in denen für Frauen ausschliesslich die Mutter angegeben wird; weshalb aber diese an und für sich weniger beweiskräftig sein sollten, wie Franz zu meinen scheint, können wir nicht einsehen. C. i. g. 4278 = B.-N. no. 87 giebt der Mann für sich seinen Vater, für seine Frau deren Mutter an. No. 4300 werden für alle andern Verwandten die Väter angegeben, nur für die Schwiegertochter die Mutter. No. 4316 e giebt in einer keineswegs frühen Inschrift die Erbauerin des Grabes nur ihre Mutter an. Den Namen der Mutter haben wir wohl auch no. 4215: Ἀθήνα: Ναννίδος.

[1]) C. i. g. 4248 (Tlos) wird neben andern, für die das Grab bestimmt ist, ein Ἀλέξανδρος πατρὸς ἀδήλου genannt und dann ein Εὐτύχης, Sohn einer Claudia Velia Procla, die jedenfalls einer begüterten und angesehenen Familie angehörte und um die Mitte des 2. Jahrhunderts n. Chr. lebte, ohne Angabe eines Vaters, nach einem andern Sohne, dessen Vater genannt wird. Den ersteren scheint die Dame mit in die Ehe gebracht zu haben. Er darf deshalb mit im Grab bestattet werden und hat das Recht erhalten, dort sechs ἐξωτικά (d. h. nicht seiner Familie angehörige) σώματα unterzubringen. Seiner Nachkommenschaft aber ist jeder Anteil am Grab verwehrt. Vollbürtig ist er also nicht.

[2]) B.-N. 59 finden sich in Sidyma unter den Buleuten, welche in die neu gebildete Gerusie aufgenommen werden, ein Niketes, Sohn einer Parthena; unter den Demoten ein Niketes, Sohn einer Lalla, und ein Eutyches πατρὸς ἀδήλου; s. auch Cousin et Diehl, Inschr. von Kadyanda im Bulletin de corr. hellén. 1886, 1.

dass es etwa spätestens um die Wende des dritten und zweiten Jahrhunderts vor Chr. gänzlich verschwunden war. Dass es der Vergangenheit angehörte, wird uns von Plutarch¹) ausdrücklich bezeugt, und vielleicht war das schon in der ziemlich älteren Quelle, welche Plutarch benützte, festgestellt. Dürften wir annehmen, dass Plutarch den Schlusssatz des Kapitels dem zuletzt als Quelle von ihm genannten Nymphis von Herakleia ohne Veränderung der Zeitbestimmung entnommen, so würde daraus folgen, dass schon in der ersten Hälfte des dritten Jahrhunderts die Mutterfolge in Lykien der Vergangenheit angehörte.

In Betreff des bei den Lykiern gültigen Strafrechts erfahren wir durch Herakleides Lembos²) eine für ernste Strenge sprechende Einzelheit, nämlich dass die falschen Zeugen in die Sklaverei verkauft und ihr Vermögen konfisziert wurde. Ergänzt wird diese Nachricht durch die bei Nicolaus Damascenus³) sich findende Angabe, dass die Lykier Zeugnis vor Gericht nicht sogleich, sondern erst nach einem Monate ablegten. Damit war den Zeugen Frist zu reiflicher, gewissenhafter Überlegung gegeben, und diese Praxis hat zur Voraussetzung, dass alle Prozesse, deren Entscheidung von Zeugenaussagen abhängig war, zum mindesten in zwei Verhandlungen vor sich gingen, einer einleitenden, in der die zur Zeugnisablegung von den beiden streitenden Parteien benannten Personen aufgerufen und über die durch Zeugnis festzustellenden Punkte unterrichtet wurden, und einer Hauptverhandlung, in der die Zeugenaussagen gemacht wurden.

Strafrecht

---

¹) De mul. virt. c. 9 Schluss: διὸ καὶ νόμος ἦν τοῖς Ξανθίοις μὴ πατρόθεν, ἀλλ' ἀπὸ μητρὸς χρηματίζειν. Über den aitiologischen Mythus s. T. Gpr. 1886 S. 20 f.

²) Fr. 15 bei Müller.

³) Fr. 129 bei Müller (= fr. 20 Dindorf).

Vielleicht könnte man auch an Eideshelfer, wie sie sich nach der Tafel von Gortyn auf Kreta finden, bei dieser Einrichtung denken. Dann wäre die monatliche Frist und die schwere Strafe zu dem Zweck festgesetzt, den Missbrauch, dem dieses altertümliche Institut notwendig vielfach ausgesetzt war, möglichst einzuschränken.[1]) Eine zweite Bestimmung des Strafrechtes erfahren wir durch Nicolaus. Der des Diebstahls überführte Freie wurde in die Sklaverei verkauft, wohl zum mindesten ausserhalb des Stadtgebietes, wenn nicht auch schon in früher Zeit ausserhalb der ganzen vom Volk bewohnten Landschaft. Nach Herakleides hatten die Lykier keine geschriebenen, sondern nur Gewohnheitsrechte (οὐ νόμοις ἀλλ' ἔθεσι), eine Angabe, die dem ganzen altertümlichen Wesen des Volkes entspricht. Plutarch[2]) hat wohl Unrecht, wenn er von dem Gesetzgeber der Lykier spricht. Die bei Herakleides sich findende Notiz, dass die Lykier früher fortwährend Raub, d. h. wohl Seeraub trieben, haben wir schon oben dahin erklärt, dass sie auf die zur Zeit der griechischen Kolonisation zwischen Lykiern und Rhodiern geführten Kriege zu beziehen sei[3]).

[1]) Vielleicht war diese Strenge, mit welcher die Lykier Eid und überhaupt Gericht behandelten, der Grund dafür, dass bei Panyasis die Praxidike die Frau des Tremiles ist: s. T. Gpr. 1886 S. 27.

[2]) Cons. ad Apoll. 21.

[3]) Die Lykier scheinen sich auf ihr korrektes Verhalten in der Blütezeit der Seeräuberei viel eingebildet zu haben: wenigstens sieht der Pseudomythus, den wir bei Eustath. ad Dion. 129 lesen, ganz darnach aus, als ob er zurecht gemacht wäre, um ihnen zu verstehen zu geben, dass sie vor Zeiten derartigem Erwerb nicht abhold waren. Nach demselben waren Pataros und Xanthos, Söhne eines Lapeon, Seeräuber; nachdem sie sich hiedurch hinlängliche Mittel erworben, sagten sie diesem unstäten Beruf Valet, landeten an der lykischen Küste und grün-

In eindrucksvollster Weise tritt uns heutzutage die Eigenart des lykischen Volks in den ungemein zahlreich erhaltenen Gräbern entgegen. Ist deren Eigentümlichkeit allerdings zum Teil von der Landesnatur mitbestimmt, so sprechen sie doch für eine auch im Altertum ungewöhnlich grosse Fürsorge für Ruhestätten von langem Bestand: die Darstellungen, welche die späteren schmücken, zeugen von einer Auffassung des Todes, der alles Düstere und Grauenhafte fehlte. Sind die ursprünglichsten Formen der Gräber Lykien auch nicht ausschliesslich eigentümlich, so treten sie doch hier in einer sich sonst nicht findenden Massenhaftigkeit auf, und wohl nirgends bietet sich die Erscheinung so häufig und so stark entwickelt dar, dass die Wohnungen der Toten sich eigentlich mitten unter denen der Lebenden befanden. Noch in durchaus hellenistischer Zeit war es, wie eine grosse Anzahl Inschriften beweisen, eine Hauptsorge der Lykier, bei Lebzeiten sich und den Angehörigen eine sichere Ruhestätte zu bereiten, und hauptsächlich auf diesem Gebiet entfaltete sich in Lykien ein gewisser Luxus. Das Familiengrab, das Generationen hindurch benützt wurde, überwog bei weitem das Einzelgrab. Die genauesten Bestimmungen, welche man dem Grabe selbst aufschrieb und auch bei der Behörde urkundlich niederlegte, wurden in Beziehung auf das Recht der Benützung des Grabes getroffen: so war es wenigstens

Lykische Gräber

---

deten jeder die nach ihm benannte Stadt. (Ist der Name Lapeon etwa erfunden mit Anlehnung teils an die kret. Stadt Lappa, teils an λάπτειν = gierig schlürfen?)

Alt und echt ist meines Erachtens der Mythus schon deshalb nicht, weil bei Panyasis kein Pataros unter den Söhnen des Tremiles sich findet. Er ist zurechtgemacht erst zu einer Zeit, da Patara mit der Stadt Xanthos gleichberechtigt und gleich bedeutend war.

in der Zeit, in der die Lykier angefangen hatten am Schreiben Freude zu haben. Der bei weitem grössere Teil der uns aus Lykien erhaltenen Inschriften ist sepulkralen Inhalts.

Sepulkralmulten

Um eine Verletzung der über die Verwendung des Grabes getroffenen Bestimmungen, wie überhaupt des Friedens der Ruhestätten möglichst zu verhüten, wurde neben den unserer Ansicht nach unzweifelhaft bestehenden staatlichen Strafen derartiger Rechtsverletzungen der Thäter gewöhnlich noch mit der Bezahlung einer dem Wert des Grabes im ganzen entsprechenden Summe an irgend welche öffentliche Kasse bedroht. So sollte durch Hereinziehung eines derartigen finanziellen Vorteils die Verfolgung der That gesichert werden; wer besonders vorsichtig war, bestimmte dem Anzeiger derselben einen gewissen Bruchteil der Strafsumme. Die Korporation, der die Strafsumme zugesichert wurde, in der Regel entweder die ganze Gemeinde oder die Gerusie, musste nicht notwendig der Gemeinde angehören, auf deren Territorium das Grab sich befand[1]). Dass später die

---

[1]) C. i. g. 4305 auf einer in der Nähe von Limyra gefundenen Grabinschrift bestimmt ein Bürger von Olympos, der für sich, seine Frau und Söhne, deren Frauen und Nachkommen ein Grab errichtet hat, dass der, welcher gegen diese Anordnungen verstösst, dem Fiskus und τῇ πατρίδι μου je 500 Denare zu zahlen hat. Franz vermutet, dass diese Grabinschrift zuerst auf olympenischem Gebiet gestanden habe. Diese Vermutung wird durch τῇ πατρίδι μου ausgeschlossen; da würde es doch heissen: τῇ πόλει. Eine solche Verschleppung ist auch an und für sich nicht wahrscheinlich. Diese Inschrift ist meines Erachtens eine Widerlegung des von G. Hirschfeld in seinem Aufsatze „Das Gebiet von Aperlai", Arch.-epigr. Mittlg. aus Öster. 1885 II S. 192—201 in S. 196 aufgestellten allgemeinen Satzes, dass die Strafsummen nur den Korporationen der Gemeinde zugewiesen werden konnten, auf deren Grund und Boden das Grab sich befand. Zu topo-

Strafsummen überwiegend ganz oder teilweise dem römischen Ärar oder dem kaiserlichen Fiskus zubestimmt wurden, ist ein Anzeichen dafür, dass die Provinzregierung es wenigstens auf diesem Gebiet an der gehörigen Energie des Rechtsschutzes fehlen liess, wenn für sie kein materielles Interesse mit ins Spiel kam; bezog der Fiskus die Mult, so konnte man sicher sein, dass eine Verletzung unnachsichtlich verfolgt und zur Strafe gezogen wurde [1]).

Die Form der lykischen Gräber hat mit der Zeit verschiedene Entwickelungsstufen durchlaufen, die dann später gleichzeitig neben einander vertreten waren. Wenn diese Entwickelung zum Teil unter griechischem Einfluss erfolgte, so kam den lykischen Gräbern doch nie ein eigentümliches Gepräge ganz abhanden. Die älteste Form ist die des Felsgrabes, das seinerseits wieder ursprünglich nur aus einer rohen, viereckigen Höhle bestand. Die abfallenden Flächen mancher Berge, und darunter solcher von beträchtlicher Höhe und grosser Steilheit, sind von solchen Grabhöhlungen wie siebförmig durchlöchert. Später wurden diese Grabhöhlen nicht selten mit kunstreichen Fassaden geschmückt, und so bildete sich das sogenannte Architekturgrab aus, das eine dem Holzbau entlehnte Konstruktion hat und dessen Form Holzhäusern mit plattem Erddach nachgemacht ist, wie sie sich heute noch in Lykien finden. Die eigentliche Ruhestätte, die hinter den Fassaden liegt, besteht aus einem schmucklosen Raume, dessen Höhe häufig die durchschnittliche Höhe der menschlichen Figur nicht erreicht. Dieser Raum enthält meist unverzierte Stein-

graphischen Schlüssen können die Kassen, welche als Empfänger der Strafsummen angegeben werden, nicht verwendet werden.

[1]) Eine eingehendere Besprechung der lykischen Sepulkralmulten gedenke ich im nächsten T. Gpr. zu geben.

betten, welche triklinienartig an drei Seiten aus dem gewachsenen Felsen gebrochen sind. Die Leichname mögen manchmal auf einander geschichtet worden sein. In einigen Felsengräbern sind solche Steinbetten wie Kojen einer Kajüte über einander angebracht. Die Architekturgräber teilen mit den primitiven Felsengräbern die Eigentümlichkeit der schweren Unzugänglichkeit; einige sind auch in isolierte, grössere Felsenblöcke eingearbeitet.

Sarkophage. Die zweite Hauptart bilden die Sarkophage, ebenfalls für alle Angehörigen des Hausstandes bestimmt; dieselben sind überirdisch und befinden sich häufig bei den Wohnstätten der Lebenden innerhalb der Stadtmauer, nicht selten sind sie auch über das offene Land zerstreut; sie liegen mit einer einzigen Ausnahme frei und bestehen bis auf die spätesten Zeiten gewöhnlich aus vier Teilen: aus einem Stufenbau, aus einem niedrigen unteren Gemache, dem sogenannten Hyposorion, das an der Schmalseite eine kleine viereckige, durch eine verschiebbare Steinplatte zu verschliessende Öffnung hat und zur Bestattung der Sklaven und Freigelassenen verwendet wurde, dem grossen Sargkasten und dem Sargdeckel. So oft der Sargkasten wieder zur Verwendung kam, wurde von einem Gerüst aus der Deckel abgehoben, der zu diesem Zweck mit gewöhnlich sechs, bisweilen auch nur vier weit vorstehenden Bossen versehen ist. Der poröse Stein scheint die Eigenschaft besessen zu haben, die vergänglicheren Teile der Leichname rasch aufzuzehren [1]).

Die ältesten unter diesen Sarkophagen zeigen am Sarg und den Schmalseiten des Deckels die Nachahmung der gleichen Holzkonstruktion, wie die Felsgräber und

---

[1]) Nach der bei Plin. n. h. XXXVI. 131 erhaltenen Angabe des Legaten der Provinz Lykien, Mucianus, innerhalb von 40 Tagen.

sind trotz der durch verschiedene Bestattungsweise bedingten abweichenden Dachbildung und verschiedenen Proportionen ihrem Wesen nach noch Häuser, die, wie die ältesten Beispiele zeigen, das Besondere haben, dass auf das platte Dach noch ein gebogenes Dach gesetzt ist, das im Estrich des ersteren innerhalb der Einfassungsbalken fusst. Dieses gebogene Dach ist die Nachahmung einer auf die hölzernen, mit plattem Dach versehenen Häuser aufgesetzten Laube. Nach und nach schrumpfte die so entstandene Spitzbogenform zu einem toten Schema zusammen. In der römischen Zeit trat daneben für die Sargdeckel die Form eines dreieckigen Giebeldaches mit Akroterien auf.

Nur in geringer Anzahl findet sich die dritte Hauptart, die Pfeilergräber oder Obelisken[1], deren bedeutendster Vertreter das Harpyienmonument in Xanthos ist, das aus einem auf ein Gewicht von 1600 Zentnern geschätzten Monolith besteht. Diese lykischen Turmgräber enthalten nur eine Totenkammer, erhöht über dem festen Kern der Anlage. Sie konnten des grossen Aufwands wegen, den ihre Errichtung erforderte, nur vornehmen Geschlechtern angehören und ihr Bau scheint bald, jedenfalls noch in persischer Zeit in Abgang gekommen zu sein. Die Ähnlichkeiten, welche zwischen ihnen und dem Grab des Kyros und den altpersischen Turmgräbern von Murgab und Naksche-Rustem vorhanden sind, ist nicht so gross, dass auf Grund derselben auf eine direkte Beeinflussung des einen Landes durch das andere geschlossen werden könnte. Die Beziehung auf einen Haustypus ist bei ihnen bedeutend abgeschwächt:

---

[1] Im ganzen 15 bekannt, während die Zahl der im engeren Gebiet von Lykien noch vorhandenen Sarkophage auf etwa 2000 geschätzt wird.

eine innere Vermittelung mit den übrigen Grabformen ist nicht vorhanden, was allerdings darauf hinweist, dass sie unter fremdem, aber bis jetzt nicht festzustellendem Einfluss entstanden sind.

Tempelförmige Felsengräber.
Die vierte Hauptart besteht, sehen wir von Grabstelen, die sich vereinzelt, und von Grabaltären ab, welche sich häufiger, zum Teil schon aus vorrömischer Zeit, finden, aus den Felsengräbern, deren Fassaden die Form eines griechischen Tempels zeigen, während sie jedoch in ihrem Gebälk ganz oder teilweise dem Holzstil angehören. Als das älteste wird das Amyntasgrab in Telmessos betrachtet[1]. Semper und andere haben diese lykischen Tempelgräber für sehr alt erklärt und in denselben die einzigen erhaltenen Zeugen des frühionischen Stils gesehen, so dass die Lykier hier Lehrer der Griechen gewesen wären. Benndorf, dem wir uns bei dieser Besprechung der lykischen Grabformen eng angeschlossen haben, hält sie in scharfem Gegensatz zu dieser Anschauung für bedeutend jünger und unter griechischem Einfluss entstanden[2]. Für ihn sind diese

---

[1] Nach Benndorf in B.-N. S. 112 wegen der Schriftzüge der Inschrift nicht älter als 400 v. Chr. Wir haben schon früher bemerkt, dass es uns nicht so ohne weiteres richtig erscheint, das, was sonst in Bezug auf das verhältnismässige Alter verschiedener Schriftformen gilt, auf Lykien zu übertragen. Zumal in früher Zeit, wo die griechische Schrift nur erst vereinzelt angewandt wurde, konnten anderswo schon verschwindende Formen nachgeahmt werden; andrerseits konnten vielleicht auch durch willkürliche Änderung des damaligen Schriftgebrauchs der Griechen zufällig Formen gebraucht werden, welche in Ionien oder in Athen erst später herrschend wurden.

[2] Ein eigenes Urteil in dieser Frage abzugeben versagen wir uns, weil wir hiezu nicht im mindesten kompetent sind. Jedoch scheinen uns die allgemein geschichtlichen Gründe, welche Benndorf (B.-N. S. 111) gegen so frühen engen Kontakt zwischen Lykien einerseits, Ionien und Attika andrerseits vorbringt, wenig

Tempelfassaden nicht wie für Semper „das bildhauerische Durchgangsstadium des ionischen Stils von halber Holz- in reine Steinkonstruktion", sondern „der bildhauerische Reflex eines gemischten Holz- und Steinhaus"; sie hatten in Lykien ihr Vorbild in nicht mehr vorhandenen, halb aus Holz, halb aus Stein bestehenden Tempeln, welche er sich als Gattung in Lykien im fünften Jahrhundert verbreitet und einer in Ionien damals noch vorhandenen Gebäudegattung nachgebildet denkt. Nach Lykien importiert erhielt sich diese Gebäudeform und ihre Nachahmung in den Fassaden der Felsengräber infolge des konservativen Charakters der ganzen Volksgesittung und unterstützt durch die eigentümlichen Baubedingungen des Landes länger und entwickelungsloser als anderswo. Die griechischen Grabfassaden sind für Benndorf „als indirekte Kopien Zeugen einer frühen Entwickelungsphase des ionischen Stils".

stichhaltig zu sein. B. irrt überhaupt unsrer Ansicht nach darin, dass er ein gut Teil der Hellenisierung Lykiens erst der römischen Zeit zuschreibt und andrerseits die Höhe der alten, ureigenen Kultur der Lykier etwas zu niedrig bemisst.

Siebentes Kapitel.

Lykien vom Untergang des persischen Reiches bis 168 v. Chr.

Alexander unterwirft Lykien

In der letzten Zeit des Perserreiches war Lykien wieder von der karischen Herrschaft frei geworden. Trotzdem wird es zu dem Zuge, den Idrieus im Auftrag des Perserkönigs gegen Kypros machte, sowie zu der Flotte, mit der Artaxerxes III Ochos (334—333) Ägypten wieder unterwarf, sein Kontingent gestellt haben. Durch letzteren König kam es, wie überhaupt die kleinasiatische Küste, unter die militärische Leitung des Mentor[1]). Zu Anfang des Krieges zwischen Alexander und Persien befanden sich lykische Schiffe bei der persischen Flotte, und Memnon[2]) war von Darius Codomannus mit derselben Gewalt betraut worden, wie sie früher sein Bruder Mentor gehabt hatte.

Die von der Flotte Memnons drohenden Gefahren bestimmten den makedonischen Herrscher, nach Einnahme

[1]) Diodor XVI, 52, 2.
[2]) Arr. Anab. I, 20, 3. Diodor XVII, 23, 6.

der Stadt Halikarnass mit dem grösseren Teil der den Winter über in Kleinasien bleibenden Truppen sich gegen Lykien zu wenden. Die Besetzung der Küstenlandschaften sollte Memnon die Verwendung der Flotte unmöglich machen¹). Telmessos gewann er durch Vertrag. Ebenso ergaben sich Pinara, Xanthos und Patara und darauf an die dreissig kleinere Städte. Mittlerweile war es schon recht Winter geworden. Trotzdem zog Alexander in die Milyas. Hier kamen ihm Gesandte der meisten der im südöstlichen und östlichen Teile des Landes sitzenden Lykier sowie der Stadt Phaselis mit der Erklärung der Unterwerfung entgegen. Alexander hielt sich längere Zeit in Phaselis auf, zerstörte im Interesse der Bürger dieser Stadt eine benachbarte pisidische Raubfeste und brachte daselbst dem Andenken des der Stadt entstammten Schülers des Isokrates, Theodektes, Rhetor und Dichter zugleich, eine enthusiastische Ovation dar²). Widerstand scheint Alexander von seiten der Lykier nicht gefunden zu haben³); auch scheinen keine persischen Besatzungen im Land gewesen zu sein. Dagegen sandte

---

¹) Arr. I, 24.
²) Plut. Al. 17.
³) Die Angabe Appians b. c. 1, 80, dass Xanthos dem Alexander mit dem gleichen heroischen Widerstand entgegengetreten sei wie früher dem Harpagos und später dem Brutus, verdient angesichts der Angabe Arrians: Ξάνθον τὴν πόλιν καὶ Πάταρα ἐνδοθέντα ἔλαβεν. in der ἐνδοθ. sich auch auf Ξ. bezieht, und des Schweigens Diodors, der einen derartigen Bericht wohl aufgenommen hätte, keinen Glauben. Aus Diodors höchst summarischer Angabe (XVII, 27, 7): Ὁ δὲ Ἀλ. τὴν παραθαλαττίαν πᾶσαν μέχρι Κιλικίας χειρωσάμενος πολλὰς πόλεις κατεκτήσατο καὶ φρούρια καρτερὰ φιλοτιμότερον πολιορκήσας τῇ βίᾳ κατεπόνησεν, ἐν οἷς ἑνὸς (nämlich Marmara) παραδόξως ἐκράτησε, περὶ οὗ διὰ τὴν ἰδιότητα τῆς περιπετείας οὐκ ἄξιον παραλιπεῖν kann auf Widerstand lykischer Städte oder in solchen liegender persischer Besatzungen kaum mit Sicherheit geschlossen werden.

er selbst in die einzelnen Städte kleinere Abteilungen zur Annahme der Unterwerfung, die, wenigstens zum Teil, einige Zeit dort blieben. Nur an der äussersten Grenze Lykiens fand Alexander hartnäckigen Widerstand von Seiten der mehr pisidischen als lykischen Einwohner eines Bergnestes Marmara. Nach Diodor[1] griffen deren Bewohner die Nachhut des vorbeiziehenden makedonischen Heeres an, töteten ziemlich viele und nahmen viele Soldaten und Zugtiere gefangen. Deshalb belagerte Alexander die Feste. Nachdem er zwei Tage lang dieselbe gestürmt hatte, rieten die Älteren den Jungen zu kapitulieren. Diese wollten davon nichts wissen und waren entschlossen, die Freiheit der Heimat nicht zu überleben. Da machten ihnen die Älteren den Vorschlag, Weiber, Kinder und die Greise zu töten, sich selbst aber mitten durch die Feinde durchzuhauen und ins benachbarte Gebirge zu flüchten. Die Jungen gehen darauf ein: der Befehl wird gegeben, dass jeder bejahrte Mann mit seiner Verwandtschaft sich in seinem Hause noch einmal an Speise und Trank recht gütlich thun solle, um dann den Tod zu erwarten. Die Jungen, etwa 600 an der Zahl, bringen es aber nicht über sich, ihre Angehörigen niederzustossen, sie zünden die Häuser an, so dass alle unter den Trümmern begraben werden, und schlagen sich dann wirklich durch die Reihen der makedonischen Belagerer durch[2]).

[1]) XVII, 28.
[2]) Der Anlass des Kampfes, den Diodor angiebt, schliesst nicht aus, dass dieses Marmara das φρούριον ὀχυρόν, ἐπιτετειχισμένον τῇ χώρᾳ πρὸς Πισιδῶν, ὅθεν ὁρμώμενοι οἱ βάρβαροι πολλὰ ἔβλαπτον τῶν Φασηλιτῶν τοὺς τὴν γῆν ἐργαζομένους sein könnte, das nach Arrian Al. den Phaseliten zu lieb zerstörte. Die von Kiepert auf seiner „Karte von Lykia" mit einem Fragezeichen eingesetzte Fixierung von Marmara würde gegen diese Identi-

Lykien büsste durch die makedonische Eroberung[1] an Unabhängigkeit seiner Stellung ein. Es erging ihm gerade umgekehrt, wie den griechischen Städten Kleinasiens. Das Münzrecht scheint ihm entzogen worden zu sein, wenigstens sind keine autonomen Münzen aus der Zeit Alexanders und der Diadochen erhalten[2]). Dagegen wird von Tetradrachmen mit der Legende ΑΥ angenommen, dass sie von makedonischen Gewalthabern teils zu Lebzeiten Alexanders, teils nach dessen Tod in Lykien geschlagen worden sind[3]). Auch sonst war die makedonische Eroberung für Land und Volk kein Segen. Der Hellenismus, der schon angefangen hatte Boden zu gewinnen, hätte Lykien auch ohne dieselbe und die ihr folgende Zerrüttung nach und nach durchdrungen. Lykien wurde von Alexander dazu bestimmt, Teil einer Satrapie des grossen asiatischen Reiches zu sein. Er ernannte zum Satrapen von Lykien und des an Lykien sich anschliessenden Landes bis zum Taurus hin den ihm befreundeten Nearch, der sich später als Admiral so sehr auszeichnete[4]). Diese Ernennung erfolgte wohl bald nach der Unterwerfung Lykiens, nicht erst als

Lykiens Stellung unter Alexander.

---

fizierung sprechen, da diese Örtlichkeit von Phaselis zu weit entfernt und durch gewaltige Gebirgsmassen geschieden ist.

[1]) Die Ausführung des Planes, mit dem sich Pharnabazos (Arrian II, 21) nach des Memnon Tod und nach Einnahme von Mytilene trug, mit seinen Söldnern Lykien von der See aus wieder zurückzuerobern, wurde infolge anderer von Dareios ihm zukommender Weisungen nicht in Angriff genommen.

[2]) s. Brandis S. 269. Lenormant II, 20.

[3]) Von L. Müller, Numismatique d'Alexandre I. Gr. S. 274 ff. Dagegen bestreitet Six, Rev. num. 1886 S. 434 ff. die Zugehörigkeit dieser Münzen nach Lykien, betrachtet aber zwei Münzen mit der Legende Ἀλεξάνδρου und dem lykischen Triquetrum als in Lykien geschlagen.

[4]) Arrian III, 6, 6.

Alexander von Ägypten zurückgekehrt war. Nearch waltete wahrscheinlich einige Zeit in dem ihm übertragenen Lande, ehe er (328) im Verein mit Asandros seinem König in Zariaspa ein Heer von griechischen Söldnern zuführte [1]).

Vielleicht ist dieser Zeit, in der Nearch als Satrap Alexanders bald nach Lykiens Unterwerfung waltete, zuzuweisen, was wir bei Polyän[2]) lesen. Nearch wollte sich der Stadt Telmessos bemächtigen, welche in der Gewalt eines Antipatrides war und erreichte dies durch eine Kriegslist. Er lief in den Hafen der Stadt ein und gab dann seinem alten Freunde Antipatrides, der von der Burg herabgekommen war, als Zweck seines Kommens an, dass er ihm gefangene Musikantinnen und gefesselte Jünglinge zur Bewachung übergeben wolle. Der alte Freund ging darauf ein. Die gefesselten Knaben trugen das Geräte der Musikantinnen; in Wirklichkeit aber enthielten die Behälter kleine Schwerter und Schilde. Kaum waren die Leute des Nearch, welche die Gefangenen auf die Burg von Telmessos geleiteten, dort oben angekommen, als sie die verborgenen Waffen ergriffen und die Burg besetzten. So machte sich Nearch zum Herrn der Stadt. Fällt diese Überrumpelung von Telmessos noch in die Lebenszeit Alexanders, so ist dieser Antipatrides wohl Dynast von Telmessos und man hat vorauszusetzen, dass Nearch als Satrap lykische Städte und deren Dynasten zu bekämpfen hatte und überhaupt darauf ausging, diese Dynasten zu beseitigen, die an einen strengen Gehorsam gegenüber den Vertretern der Reichssuveränität nicht gewöhnt waren. Der Dynast von

---

[1]) Arrian IV, 7, 2.
[2]) V, 35. Nach Melber, d. Quell. u. d. Wert d. Stratagem.-Samml. d. Polyän S. 617 fehlt es für Feststellung der Quelle an jedem Anhaltspunkt.

Telmessos hätte sich nicht offen am Kampfe gegen Nearch
beteiligt, aber auch keine Lust gezeigt, sich gutwillig
entfernen zu lassen. Von alter Zeit her befreundet konnte
er mit Nearch sein, da dieser ein geborener Kreter
war und wahrscheinlich die Zeit der ihm von Philippos
auferlegten Verbannung vom makedonischen Hofe in
seiner Heimat oder deren Nähe zubrachte. Jedoch kann
der Vorgang ebenso gut in die Zeit nach Alexanders
Tod fallen und Nearch als Anhänger des Antigonos
vorgegangen sein. Dann wäre der Antipatrides ein Ma-
kedonier und ein Mann dieses Namens gehörte zu der
Umgebung Alexanders[1]) und war so eigensinnig, dem
Monarchen sein Liebchen nicht abtreten zu wollen.

Schon durch Alexander wird Lykiens Wehrkraft
mannigfach in Anspruch genommen worden sein. Ausdrücklich berichtet wird uns jedoch nur, dass einige lykische Schiffe während der Belagerung von Tyros bei
Alexander eintrafen[2]).

Ob Nearch, ehe er sich dem Heerlager des Monarchen
anschloss, die Satrapie über Lykien und Pamphylien einem
Nachfolger oder nur einem Verweser übergab, wissen
wir nicht. Wahrscheinlich hatte sie in einer von beiden
Eigenschaften Antigonos, der Satrap von Grossphrygien,
übernommen. Nach dem Tode Alexanders wurde sie
bei der ersten von den Feldherren vorgenommenen Teilung dem letzteren überwiesen. Nearch scheint, weil
es ihm zwar nicht an den nötigen intellektuellen Eigenschaften, aber doch am entsprechenden Ehrgeize fehlte,
vielleicht auch aus Freundschaft für Antigonos, dem er
später immer treu zur Seite stand, und zu dessen Gunsten
keinen selbständigen Anteil gefordert zu haben[3]). Lykien

Lykien nach dem Tod Alexanders

---
[1]) Plut. amator. 16.
[2]) Arrian II, 20, 2.
[3]) Nach Arrian ap. Phot. ed. Bekker S. 69a. 401. Diod.

und Pamphylien wären für Nearch, wenn er seine Rechte bei der Teilung geltend gemacht hätte, gegenüber den Portionen, welche die anderen erhielten, in Anbetracht seiner Verdienste zu klein gewesen. Ihre maritime Lage machte sie allerdings für den vorauszusehenden Kampf wertvoll, aber nur als Zugabe.

Die Zeit der Diadochen hat Lykien viele Opfer an Geld und Blut gekostet und wohl auch innerlich vielfach zerrüttend gewirkt. Das Dynastentum scheint in ihr und durch sie verschwunden zu sein. Land- und Seetruppen musste Lykien wohl häufiger für ihm ganz fernliegende Zwecke stellen, als wir in unsern Berichten finden; mehrmals kam es aus den Händen des einen Herrn in die eines andern, und manches Jahrzehnt seit der makedonischen Eroberung verging, ehe in seine inneren und äusseren Verhältnisse wieder einige Stätigkeit kam. Wir stellen im folgenden einzelne bestimmt überlieferte oder auf wahrscheinlichen Vermutungen beruhende Daten zusammen.

Nicht unwahrscheinlich ist es, dass bei der makedonischen Flotte, welche im hellenischen Kriege (323 und 322) gegen Athen und seine Bundesgenossen operierte, wenigstens später, als sie gegenüber ihrer früheren Grösse mehr als doppelt so stark auftritt, auch lykische

XVIII, 3. Curt. X, 10 erhält Antigonos zu Grossphrygien hinzu noch Lykien und Pamphylien. Nur Justin XIII, 4 lässt diese Provinz an Nearch fallen, eine Angabe, welche nach H. Droysen (Hermes XI, 458) aus Duris stammt. Sie beruht sicherlich auf einem Missverständnis: entweder übertrug man, was Alexander gethan hatte, auf die teilenden Feldherrn oder lagen Berichte vor, nach denen Nearch nach dem Tode Alexanders in Lykien und Pamphylien operiert hatte, in Wirklichkeit für Antigonos. Von solchen Berichten könnte Polyän V, 35 der einzige vorhandene Überrest sein. (Dexipp fr. 1 bei Dindorf, Hist. gr. min. nennt nur: Παμφύλων καὶ Κιλίκων μέχρι Φρυγίας.)

Schiffe sich befanden¹). Als im Jahre 321 der Reichsverweser Perdikkas sich entschloss, zuerst gegen Ptolemaios nach Ägypten und dann nach Makedonien, wohin sich der ungehorsame Antigonos geflüchtet hatte, zu ziehen, übertrug er seinem Bundesgenossen Eumenes neben der karischen Satrapie auch die phrygische und lykisch-pamphylische²). Versuche, sich Lykiens zu bemächtigen, kann aber Eumenes erst nach seinen Siegen über Neoptolemos und Krateros gemacht haben, wobei ihm vielleicht Antigonos, von dem vermutet wird³), dass er auf Kypros zur See den Nauarchen des Perdikkas bekämpfte, bald entgegentrat. Bei der Teilung, welche der nach der Ermordung des Perdikkas durch den siegreichen Ptolemaios zur Würde eines Reichsverwesers erhobene Antipater in Triparadeisos (Jahr 321) vornahm, wurde bestimmt, dass Antigonos Grossphrygien und Lykien mit den daranstossenden Landschaften der Lykaonen und Pamphylier zurückerhalten solle⁴). Hatte Eumenes sich wirklich schon zum Teile in Lykien festgesetzt, so gab er diese Positionen auf, ehe er sich nach Kappadokien zurückzog, wo er dann von Antigonos aufs Haupt geschlagen wurde (320). Während Antigonos nach seinem Siege zuerst mit der Belagerung seines Gegners in Nora und dann mit Unterhandlungen Zeit verlor, hatten Alketas, der Bruder des Perdikkas, und Attalos, welche den Fehler begangen hatten, nicht mit Eumenes gemeinsame Sache zu machen, in den südlichen Landschaften Kleinasiens an Boden gewonnen, und durch ihre Rüstungen wird auch Lykien zum Teil in Mitleidenschaft gezogen

Antigonos und die Termessier

¹) Droysen, G. d. H. ² II, 67 vermutet, dass die Verstärkung aus Kypros, Phönikien, Kilikien gekommen.
²) Nach Justin XIII, 6.
³) Droysen ² II, 1 S. 135 f.
⁴) Diod. XVIII, 39, 10 nennt neben Grossphrygien nur Lykien.

worden sein. Bei Kretopolis schlug Antigonos die beiden. Alketas flüchtete sich mit einigen Tausend Pisidern, deren Zuneigung er längst gewonnen hatte, nach dem (grösseren) Termessos[1]). Diese Pisider waren fest entschlossen, für ihren Führer alles zu opfern. Als aber Antigonos vor die Feste rückte und die Auslieferung des Alketas verlangte, da gaben die Älteren den Rat, das Geforderte zu thun: aber die Jüngeren scharten sich zusammen, traten in offenen Widerspruch zu ihren Vätern und beschlossen alles auf sich zu nehmen, um Alketas zu retten. Die Älteren wollten aber nicht des einen Makedonen wegen ihre Stadt der gewissen Eroberung und deren Folgen preisgeben: als ihre Vorstellungen bei den Jüngeren nichts fruchteten, schickten sie auf Grund eines in der Stille gefassten Beschlusses eine geheime Botschaft an Antigonos, dass sie den Alketas ihm entweder lebend oder tot überliefern würden. Er solle einige Tage hindurch die Stadt berennen und beschiessen lassen, hierauf durch einen Scheinrückzug „die Jungen" in ziemliche Entfernung von der Stadt weglocken und dann durch einen Kampf festhalten; so würden sie Gelegenheit bekommen, ihr Versprechen zu erfüllen. Nachdem Antigonos dem entsprechend gehandelt und sein Lager rückwärts verlegt hatte und „die Jungen" zum Kampf gegen ihn aus der Stadt ausgezogen waren, versuchten „die Älteren" durch einige treue Sklaven und einige rüstige Bürger, die nicht mit ausmarschiert waren, sich des Alketas zu bemächtigen. Dieser stürzte sich in sein Schwert, worauf seine Leiche dem Antigonos übergeben wurde. Als „die Jungen" in die Stadt zurückgekehrt von dem Vorfall Kenntniss erhielten, wurden sie gegen die Ihrigen von wilder Wut entflammt. Den ersten Gedanken, den

---

[1]) Diod. XVIII. 46 u. 47.

ihnen diese eingiebt, die Stadt anzuzünden und dann sich
selbst ins Gebirge durchzuschlagen, um von demselben aus
das Gebiet des Antigonos räuberisch zu verwüsten, geben
sie bald wieder auf, aber sie verlassen wenigstens auf
einige Zeit die Stadt und verwüsten in Raubzügen einen
guten Teil des feindlichen Landes. Den Leichnam des
Alketas hatte Antigonos verstümmelt und unbegraben
liegen lassen, als er, mit der Vernichtung des Gegners
zufrieden, das pisidische Gebiet verliess. Die „Jungen"
von Termessos bestatteten ihn in prächtiger Weise (a. 319).

Noch im gleichen Jahre gelang es Eumenes, sich von *Eumenes wirbt* dem kappadokischen Nora zu entfernen; vom neuen Reichs- *in Lykien* verweser Polysperchon zum Reichsfeldherrn zur Bekämpfung des Antigonos ernannt, warf er sich mit geringer Macht nach Kilikien, wo er mit Überwindung grosser Schwierigkeiten die seit einiger Zeit unter Antigonos und Teutamos dort stehenden Argyraspiden und die in Kyinda niedergelegten Reichsschätze in seine Verfügung brachte. Wie nach anderen Gegenden, so schickte er hierauf auch nach Lykien[1]) Werber, was jedenfalls beweist, dass Antigonos damals nicht vollständig Herr Lykiens war, wenn er je überhaupt so weit gekommen war. Er hatte bis jetzt stets Wichtigeres zu thun gehabt. Jedoch waren vielleicht bei der Flotte des Antigonos, welche sich mit dem Geschwader des Nikanor, des Admirals des Kassander vereinigte und mit diesem von Kleitos, dem früheren Satrapen von Lydien, jetzigen makedonischen Nauarchen, bei Byzanz zuerst geschlagen wurde, dann aber unter persönlicher Leitung des Antigonos einen entscheidenden Sieg über denselben errang[2]), auch eine Anzahl lykischer Schiffe (a. 318). Nach diesem Erfolg

---

[1]) Diod. XVIII. 61. 4.
[2]) Diod. XVIII. 72. Polyän. IV. 6, 8.

144 Siebentes Kapitel.

wird Antigonos mit der siegreichen Flotte, als diese auf der Fahrt gegen die von Eumenes beim rhosischen Vorgebirge in Kilikien zusammengezwungene phönikische Flotte sich befand, Lykiens Küstengebiete sich gesichert haben [1]. Als dann Eumenes nach Osten sich gewendet und Antigonos ihm nachgezogen war, hatte letzterer in der ersten zwischen den beiden Gegnern stattfindenden Schlacht in Paraitakene unter seinen Truppen 3000 Lykier und Pamphylier [2], die in seinem Auftrag dort ausgehoben worden waren (a. 317). Diese standen auf dem von Eumenes nach langem Widerstand in die Flucht geschlagenen Zentrum. Die Abwesenheit des Antigonos im Osten scheint der Satrap von Karien Asander benützt zu haben, um sich in Lykien, wie in andern kleinasiatischen Gebieten festzusetzen [3].

Als dann (a. 315) gegen Antigonos, der nach Beseitigung und Tötung des Eumenes und Verdrängung des Seleukos aus seiner babylonischen Satrapie unverkennbar durch seine Übermacht die Unabhängigkeit und den Besitz der anderen Diadochen bedrohte, Seleukos, Ptolemaios und bald auch Lysimachos von Thrakien, Asander von Karien und Kassander von Makedonien sich verbanden, stellte diese Koalition neben anderen Forderungen an Antigonos auch die, dass Lykien (worunter wohl auch Pamphylien zu verstehen ist) und Kappadokien dem Asander zugestanden werden sollen [4]. Als Antigonos mit grosser Energie vor dem von ihm

Lykier an der Schlacht in Paraitakene beteiligt

---

[1] In diesem Zusammenhang könnte die Überlistung des Antipatrides durch Nearch erfolgt sein.
[2] Diod. XIX, 29; es werden unmittelbar vor ihnen οἱ ἵπποι genannt.
[3] Droysen ² II, 1, 320. II, 2, 6.
[4] Diod. XIX, 57, 1, wo nach Droysen Κασσάνδρῳ in Ἀσάνδρῳ zu ändern ist.

belagerten Tyros eine Flotte zusammenbrachte, erhielt er Zuzug von Rhodos, aber nicht von Lykien. Eine kombinierte Streitmacht des Antigonos bewegte sich (314) von Patara aus die lykische Küste ostwärts, die Flotte, bestehend aus den von Rhodos gestellten, mit Karern (von der rhodischen Peraia?) bemannten Schiffen unter Befehl des Nauarchen Theodoros, und ein kleines Landheer, zur Sicherung der Fahrt der Flotte bestimmt, unter Perilaos[1]). Hievon erhielt der Nauarch des Seleukos Nachricht im kilikischen Aphrodisias, wohin er von Kenchreai gekommen war. Er überwand von einem Hinterhalt aus zuerst die Landtruppe, dann die Flotte, deren Schiffe er alle nahm: ob das noch in Lykien geschah, geht aus dem Berichte nicht hervor. Vielleicht war dieses kombinierte Korps dazu bestimmt gewesen das lykische Küstengebiet für Antigonos wieder in Besitz zu nehmen oder wenigstens tüchtig zu brandschatzen. Die 500 Lykier und Pamphylier, welche als zu dem Heere gehörig genannt werden[2]), welches Antigonos nach Einnahme von Tyros in Syrien unter seinem Sohne Demetrios zum Schutz des Landes gegen Ptolemaios zurückliess, sind der Überrest der 3000, welche mit nach Iran gezogen waren.

Im Laufe des Jahres 313 gelang es Antigonos den karischen Satrapen Asander für immer zu beseitigen[3]), und so kam Lykien wieder unter seine Gewalt. Er hob dort auch sogleich Truppen aus; denn sein Sohn Demetrios hat in der Schlacht bei Gaza, in der er im Jahr 312 von Ptolemaios besiegt wurde, 1000 Lykier[4]) und Pamphylier: ein Teil derselben geriet in Gefangenschaft und diese wurden, wie die übrigen Gefangenen, in

[1] Diod. XIX, 64, 5—8.
[2] Diod. XIX, 69, 1.
[3] Diod. XIX, 75, 1—5.
[4] Diod. XIX, 82, 4.

Siebentes Kapitel.

den verschiedenen Bezirken Ägyptens als kriegsdienstpflichtige Fremde angesiedelt [1]. Zu dem Heere, das der geschlagene Demetrios in Kilikien sammelte und mit dem er dann über Ptolemaios bei Myus einen Erfolg errang, wurden wohl auch wieder Lykier beigezogen. In dem Frieden, den Kassander, Ptolemaios und Lysimachos ohne Seleukos im Jahr 311 mit Antigonos schlossen, wurde dem letzteren die Herrschaft über ganz Asien zugesichert, so dass ihm auch Lykien blieb.

Ptolemaios I erobert auf kurze Zeit Xanthos.

Im Jahr 309 erstürmte Ptolemaios mit einer Flotte Phaselis, wandte sich dann nach Lykien, zu dem Phaselis damals noch nicht gehörte, und nahm die Stadt Xanthos, in der eine Besatzung des Antigonos lag, mit Sturm [2]: die Erwerbung Lykiens sollte ihm ein Ersatz für den Verlust des von seinen Feldherrn eine Zeit lang besetzt gehaltenen Kilikien sein. Von Dauer war aber diesmal die ägyptische Okkupation noch nicht. Zu der Zeit, als der „König" Antigonos durch seinen Sohn Demetrios Poliorketes die Stadt Rhodos, die sich geweigert hatte sich mit ihm zum Kampf gegen Ägypten zu vereinigen, belagern liess (im Jahre 305), stationierten Schiffe des Demetrios in Patara und einige derselben wurden von dem Rhodier Menedamos überfallen [3], eines verbrannt, sowie eine grössere Anzahl von Lastschiffen, die dem Belagerungsheer des Demetrios Proviant zuführten, gekapert. Unter den Kaperschiffen, die Demetrios mit gegen Rhodos führte [4], waren wohl auch lykische. In dem etwa im Sommer 304 zwischen den Rhodiern und Demetrios abgeschlossenen Frieden blieb diesen auch Me-

---

[1] Diod. XIX, 85, 4.
[2] Diod. XX, 27, 1.
[3] Diod. XX. 93, 3.
[4] Diod. XX, 83, 1 u. 3. 97, 5.

giste ¹). Als Lysimachos im Jahre 302, mit Kassandros, Seleukos und Ptolemaios gegen Antigonos verbündet, sich Kleinasiens zu bemächtigen versuchte und in Grossphrygien eindrang, zogen ihm auch Hilfstruppen aus Lykien und Pamphylien zu ²); wenigstens wird berichtet ³), dass 800 Lykier und Pamphylier nachher aus den Winterquartieren des Lysimachos, weil derselbe ihnen Sold schuldig geblieben war, zu Antigonos desertierten. Infolge der Schlacht bei Ipsos im Jahr 301, in der Antigonos fiel, kam Lykien an Lysimachos ⁴).

Lykien an Lysimachos

Darüber, dass Lykien von dem im Jahr 287 in Kleinasien zwischen Demetrios und Lysimachos geführten und mit des Demetrios Untergang endenden Krieg berührt worden wäre, liegt kein Bericht vor. Ebenso wenig haben wir irgend einen Anhalt, um uns eine Vorstellung zu bilden, welcher Art das Regiment des Lysimachos war; wir werden aber annehmen dürfen, dass, als Seleukos im Jahr 281 gegen Lysimachos zog, wie in einem Teil der griechischen Städte Kleinasiens, so auch in Lykien, und vielleicht hier noch mehr, da Lysimachos die Lykier noch rücksichtsloser behandelt haben wird, schon vor der Entscheidungsschlacht bei Kurupedion einzelne Städte zu Seleukos übertraten. Durch diese Schlacht kam Lykien auf nicht gar lange Zeit unter die Herrschaft der Seleukiden. Zu der Flotte, mit der Antiochos I in den Jahren 279 bis 278 Nikomedes von Bithynien und Antigonos Gonatas bekriegte ⁵), musste wohl Lykien sein Kontingent stellen.

Lykien an die Seleukiden

---

¹) Dieses ist eingeschlossen in ἔχων τὰς ἰδίας προσόδους. Diod. XX, 99, 3.
²) Siehe Droysen ² II, 2, 202.
³) Diod. XX, 113, 3.
⁴) Siehe Droysen ² II 2 S. 227.
⁵) Droysen ² III, 196 ff.

Vor den Raubzügen der Kelten schützte die Lykier die Abgeschlossenheit ihres Landes.

Lykien an Ptolemaios II

Die syrische Herrschaft über Lykien dauerte nicht lange. Das Land kam wohl schon vor 276 an Ptolemaios II Philadelphos¹) und blieb etwa 80 Jahre unter der Oberhoheit der Ptolemäer.

Lykien unter ägyptischer Oberhoheit

Ptolemaios II führte nach Strabo²) in Patara Bauten aus und nannte die Stadt nach seiner Gemahlin Arsinoe, ein Name, der aber nicht durchdrang. Die Bedeutung Lykiens für den Seehandel gewann durch die ägyptische Oberhoheit, was vor allem Patara zu gute kam. Das Regiment war, wenn auch wohl in den bedeutendsten Städten Vögte und Besatzungen waren und nicht unbedeutender Tribut erhoben wurde, doch verhältnismässig für die Lykier nicht ungünstig: ihren Städten wurde sicherlich, wie den griechischen auf Kypros, munizipale Selbständigkeit gelassen; die Wichtigkeit des Landes für die ägyptische Grossmachtspolitik wird auch unter einem seiner Aufgabe wenig gewachsenen Herrscher eine schonende Behandlung zur Folge gehabt haben³). Neben Geldsteuern musste Lykien wohl Schiffsbauholz liefern⁴).

¹) Theokrit. 17, 89 sind die Lykier nach den Pamphyliern und Kilikern und vor den Karern als solche genannt, über die Ptol. II (seit kurzem) herrscht. Der von Fr. Koepp, Rhein. Mus. XXXIX (1884) S. 209 ff. geführte Beweis, dass dieses Gedicht etwa 276 verfasst ist, erscheint im wesentlichen gelungen. Im Monumentum Adulitanum c. i. g. 5127 wird Lykien unter den Ländern aufgeführt, deren Herrschaft Ptol. III Euergetes von seinem Vater ererbt hat.

²) XIV, 666.

³) Münzgeschichtlich scheint für das eigentliche Lykien noch keine Spur der ägyptischen Herrschaft gefunden zu sein. Dagegen findet Imhoof-Blumer, Monnaies grecques S. 326 no. 12 nach Vorgang von Six auf einer Münze von Phaselis die Bildnisse von Ptol. IV und Arsinoe oder von Ptol. III Euerg. und Berenike.

⁴) So mag auch ein Teil des Schiffsbauholzes, das Ptole-

In der verhältnismässig ruhigen Zeit der ägyptischen Herrschaft entwickelte sich die lykische Konföderation zu festeren Einrichtungen und schlug stärkere Wurzeln; ebenso wird in dieser Zeit die Hellenisierung des Landes bedeutende Fortschritte gemacht haben [1]). Inwieweit Lykien abgesehen von der Stellung von Schiffen und Mannschaften von den Kriegen der Ptolemäer mit Syrien und Makedonien direkt berührt wurde, ob in Lykien wie in Rhodos sich auch Sympathien für Seleukos II bei seinem Kampfe gegen Antiochos Hierax regten, darüber irgend etwas zu vermuten ist, da es bei der äusserst mangelhaften Überlieferung über diese ganze Periode der vorderasiatischen Geschichte an jedem Anhalt [2]) fehlt, unmöglich. Auch nachdem Lykien nicht mehr unter ägyp-

---

maios III den Rhodiern, nachdem sie durch ein Erdbeben schwer heimgesucht worden (in der Zeit 225—222), nach Polyb. V, 88 schenkte, aus Lykien gekommen sein, vielleicht auch ein Teil des Wergs und des Segeltuchs. Lykien erzeugte wie Kilikien Wolle von einer besonderen Art Ziegen; s. Arist. h. an. VIII, 28; Aelian h. an. XVI, 30. Neben einem filzartigen Stoffe, d. sog. cilicium, wurden aus dieser Ziegenwolle Schiffstaue und Seile für den Gebrauch von Kriegsmaschinen gemacht; s. auch Blümner, Gewerbl. Thät. d. Völk. d. kl. Altert. S. 30.

[1]) Dass die Spitzen der lykischen Gesellschaft im 3. Jahrhundert schon vollständig hellenisiert waren, geht daraus hervor, dass ein Lykier, Tlepolemos, Ol. 131 den Preis beim erstmaligen Wettkampf πώλῳ κέλητι errang. Paus. V, 8, 11.

[2]) Droysen [2] III, 394 möchte vermuten, dass auch die lyk. Städte Schiffe gesandt haben und die in der Inschr. c. i. g. 4239 (Tlos) erwähnten Kämpfe hieher gehören. Diese Vermutung entbehrt jeder Grundlage. Der Geehrte, von dem angegeben wird: καὶ ἐν τοῖς πολέμοις ἐπάνδρως ἀγωνισάμενον καὶ ἀριστεύσαντα, war zudem aller Wahrscheinlichkeit nach ein Bürger der Binnenstadt Tlos, da er bezeichnet wird: διὰ προγόνων εὐεργέτην τοῦ δήμου καὶ πολλὰ τῶν συμφερόντων καὶ τὰ μέγιστα πρὸς δόξαν κατειργασμένον τῷ δήμῳ καὶ τῷ Λυκίων ἔθνει. Wahrscheinlicher ist die Beziehung auf die Kriege mit den Rhodiern.

tischer Oberhoheit stand, scheint das Land an der ägyptischen Regierung eine diplomatische und finanzielle Stütze gesucht und gefunden zu haben [1]).

Der im Jahre 204 erfolgte Tod des Ptolemaios IV hatte für Lykien einen Wechsel der Herrschaft zur Folge. Antiochos III traf mit Philippos V die Verabredung, die Unmündigkeit des Ptolemaios V dazu zu benützen, dem ägyptischen Reiche zum mindesten alle in Asien gelegenen Besitzungen zu entreissen. Nachdem er in der Schlacht beim Berge Panion, nahe bei den Jordanquellen, das ägyptische Heer aufs Haupt geschlagen hatte, verlobte er seine Tochter Kleopatra mit dem unmündigen ägyptischen König; hierauf machte er sich, statt seinem seitherigen Bundesgenossen Philippos rechtzeitig gegen die Römer beizustehen, daran, Kleinasien, das ihm wohl vom ägyptischen Kabinett insgeheim halb und halb preis-

---

[1]) C. i. gr. 4677 ehrt der lykische Bund einen Erzleibwächter und Oberhofjägermeister Ptolemaios wegen des Wohlwollens, das sein Vater, wie gegen König Ptolemaios (Ptolem. V Epiphanes 204—181), dessen Gemahlin Kleopatra und deren Kinder, so auch gegen den Bund der Lykier fortwährend beweist. Franz tritt der von andern aufgestellten Vermutung bei, dass die Lykier während ihrer Kämpfe mit Rhodos von Ptolemaios Epiphanes begünstigt worden seien, eine Begünstigung, die zum Teil jedenfalls in geheimen Subsidien bestand. Dass der Sohn wegen des Verhaltens und der Leistungen des Vaters geehrt wird, findet sich auch sonst und hatte den Zweck, den Sohn gewissermassen moralisch zu nötigen, das Beispiel des Vaters zu befolgen. Wie gerade dieser Vater Ptolemaios dazu kommt die Lykier zu begünstigen, erklärt uns vielleicht Liv. 37, 56, 4. u. 5, wo als nicht mit Stadt und Gebiet von Telmessos an Eumenes gekommen genannt wird ein ager qui Ptolemaei Telmessii fuisset. Ist dieser Ptolemaeus Telmessius der Vater Ptol. der Inschrift, der τὸν πρότερον φίλων καὶ ἀρχικυνηγὸς war, so erklärt es sich, warum der Senat ihm sein Gut in Telmessos als von der Oberhoheit des Eumenes nicht berührt wieder zurückgeben liess.

gegeben worden war, zu erobern. Im Frühjahr 197
schickte er seine beiden Söhne Ardys und Mithradates
mit einem Landheer nach Kleinasien voraus, mit dem
Befehl bis nach Sardes vorzudringen und ihn dort zu
erwarten; er selbst fuhr mit einer grossen Flotte ab, um
die Küste Kilikiens, Lykiens und Kariens, welch letzteres
teilweise schon 6 Jahre vorher von Philipp besetzt worden
war, für sich zu gewinnen. Der Aufforderung, welche
rhodische Gesandte in Kilikien an ihn richteten, nicht
westwärts über die chelidonischen Inseln vorzudringen,
gab er zwar eine formell freundliche und beruhigende
Antwort, setzte aber seine Operationen fort. So nachteilig für die politischen und merkantilen Interessen der
Rhodier die Herrschaft des Antiochos über Lykien auch
sein musste, so konnten sie, da der Ausbruch des Krieges
für Rom sonst zu früh erfolgt wäre, es doch nicht wagen,
dem syrischen König die Erwerbung Lykiens offen zu
verwehren. Antiochos scheint so schnell vorgegangen
zu sein, dass die Rhodier mit einem etwaigen Versuch,
die Lykier zum Widerstand gegen denselben insgeheim
zu unterstützen, zu spät kamen. Bei der Unterwerfung
Lykiens wirkte auch das Landheer unter dem Befehl
des Mithradates mit[1]. Im Jahr 196 ist Patara im Be-

---

[1] Ed. Meyer, Gesch. d. Kgr. Pontos S. 53 hat das
Fragment des Agatharchides aus Athen. XII, 527 f. (Müller III,
194, 11) richtig hierauf bezogen. Dasselbe besagt, dass die Bürger
des lykischen Arykanda, Nachbarn von Limyra, infolge ihres
ausschweifenden und üppigen Lebens verschuldet waren, diese
Schulden wegen Faulheit und Vergnügungslust zu bezahlen sich
ausser stande sahen und so in der Hoffnung, mit Schuldenerlass
belohnt zu werden, sich an Mithradates anschlossen. Die Gläubiger der Arykandeer, vielleicht auch ihrer Gemeinde, waren
Bürger anderer lykischer Städte, wohl besonders von Limyra,
und die berichtete Thatsache setzt voraus, dass zu der Zeit, da
M. in Lykien einmarschierte oder wenigstens sich Lykien näherte,

sitze des Antiochos[1]). In den nächsten Jahren liess er im Hinblick auf den nahen Beginn des Krieges mit Rom und Rhodos in Patara eine bedeutende Flottenstation gründen. Deshalb machten die Rhodier, als der Krieg wirklich ausgebrochen war, alle Anstrengungen, damit diese sie schwer bedrohende Position ihm wieder entrissen würde. Dies zu versuchen war auch, abgesehen von den Sonderinteressen der Rhodier, deswegen geboten, weil Hannibal damals damit beschäftigt war, in Kilikien eine grosse Flotte zusammenzubringen, um mit derselben ins ägäische Meer zu fahren. Im Jahr 190 unternahm vor allem auf Betreiben des Rhodiers Epikrates der römische Admiral Livius mit zwei römischen Fünfdeckern, vier rhodischen Vierdeckern und zwei offenen smyrnäischen Schiffen von Samos aus zu diesem Zweck eine Expedition. In Rhodos selbst stiessen noch drei Vierdecker zu dem Geschwader. Da man bei der Fahrt von Rhodos nach Patara anfangs sehr günstigen Wind hatte, hoffte man Patara[2]) überrumpeln zu können; aber der Wind drehte sich, und nur durch die höchste Anstrengung der Ruderer wurde es ihnen ermöglicht, sich

Maritime Operationen der Römer und Rhodier gegen Patara

ein Teil der Lykier den Willen zeigte den syrischen Waffen Widerstand zu leisten. Ohne jeden Widerstand wird Antiochos das Land nicht in seine Gewalt gebracht haben. Die lykischen Bürgerschaften, die zum Widerstand sich entschlossen, fanden Rückhalt an ägyptischen Besatzungen, die, wenn auch klein, in den wichtigeren Orten lagen.

[1]) Dort macht er auf seiner beabsichtigten Fahrt von Lysimacheia nach Ägypten Halt und giebt auf die Nachricht, dass das Gerücht von dem Tode des jungen Epiphanes falsch war, diesen Plan auf. Liv. 33, 41, 5.

[2]) Liv. 37, 15 u. 16. cap. 15, 6 wird Patara als caput gentis bezeichnet, was wohl nicht so zu verstehen ist, dass P. politische Hauptstadt war, sondern dass es militärisch-maritim die Hauptposition des Landes bildete.

dem Lande zu nähern. Aber die Nähe der Stadt bot keinen
sichern Ankerplatz, und vor der Mündung des Hafens
war es bei rollender See und der Nähe der Nacht unmöglich auf der Reede Halt zu machen. Deshalb fuhr man
nach einem nicht ganz 2000 Schritte entfernten Hafen[1].
dieser bot zwar den Schiffen Sicherheit, war aber von
hohen Felsen überragt, welche die Städter, verstärkt
durch die königliche Besatzung, rasch besetzten. Es kam
mit der immer sich mehrenden Menge der Bürger von
Patara zu einem heissen Kampf, den auf römischer Seite
zuerst Hilfstruppen aus dem dalmatischen Istra und Leicht-
bewaffnete von Smyrna führten. Schliesslich musste
Livius sogar die Matrosen verwenden. Die Römer
erlitten schwere Verluste: es fiel auf ihrer Seite ein Legat. Nach dem ihnen günstigen Bericht gelang es ihnen
die Städter zu werfen und nach Patara zurückzudrängen;
sicher ist, dass sie mit ihrer Flotte in die Bucht von
Telmessos zurückfuhren und für diesmal davon abstanden
Patara zu nehmen[2].

Im gleichen Jahre machte der neue römische Admiral L. Aemilius Regillus auch seinerseits den Versuch
Patara zu nehmen. Er fuhr mit der ganzen Flotte
von Ephesos ab und gab dann eine begonnene Belagerung des von einer syrischen Besatzung behaupteten
Iasos auf Zureden der Rhodier und des Eumenes auf.
Im Kriegshafen der rhodischen Peraia wurde er aber
andern Sinnes; der Gedanke wurde ihm nahegelegt.
dass es doch kaum zu rechtfertigen sei, mit Versäumnis
der Hauptaufgabe die ganze Macht auf eine Operation
zweiter Bedeutung zu verwenden; wahrscheinlich war

---

[1] Von der Quelle des Livius, wahrscheinlich Polybios,
Phoinikus genannt (heute Kalamaki).
[2] Liv. 37, 16, Schluss.

auch die Nachricht eingetroffen, dass in Patara von der syrischen Besatzung wie von den Einheimischen umfassende Vorbereitungen zur Verteidigung getroffen seien. Mit einer Ausrede, die für einen römischen Admiral allerdings brauchbar war, motivierte er die Aufgabe des Plans. Jetzt war ihm die Möglichkeit zum Bewusstsein gekommen, dass er am Ende seine ganze Flotte nicht im Hafen bei Patara unterbringen könne, und, als die Rhodier ihm diese Frage, wie erwartet, verneinten, konnte er, ohne seiner Seemannslehre etwas zu vergeben, nach Samos zurückfahren. Die Rhodier machten keinen Versuch, ihn zu bestimmen, mit einem Teil der Flotte das Unternehmen fortzusetzen, und sie wussten warum [1]).

Rhodische Flotte bei Megiste. Bei der im Besitze der Rhodier befindlichen Insel Megiste stand wohl diese ganze Zeit über ein kleines rhodisches Beobachtungsgeschwader. Dort sammelten auch die Rhodier ihre Streitkräfte, als sie die von Hannibal zusammengebrachte Flotte aufsuchten. Der Sieg, den sie am Eurymedon über dieselbe errangen, beseitigte die Gefahr eines Eingreifens der phönikisch-kilikischen Flotte in den auf dem ägäischen Meer sich abspielenden Seekrieg. Als die Rhodier nach errungenem Siege wieder heimfuhren, liessen sie einen Admiral mit zwanzig Kriegsschiffen an der lykischen Küste zurück, von denen die einen in Megiste stationieren, die andern vor Patara kreuzen sollten [2]).

Schlacht am Sipylos und deren Folgen. In der Schlacht am Sipylos, welche der seleukidischen Grossmacht für immer ein Ende machte, kämpften in des Antiochos' Heer über 1000 lykische Peltasten [3]), zum Teil wohl auch Bogenschützen, wahrscheinlich aus den binnen-

---

[1]) Liv. 37, 17.
[2]) Liv. 37, 22—24.
[3]) Liv. 37, 40, 14 quattuor milia caetratorum: Pisidae erant et Pamphyli et Lycii. Appian Syr. 32.

ländischen Gegenden ausgehoben. Als, durch die Nachricht von der gewaltigen Niederlage des Landheeres mutlos geworden, der Admiral des Antiochos Polyxenidas Ephesos aufgegeben hatte, fuhr er mit seiner Flotte nach Patara [1]), in dessen Hafen einlaufen zu können er hoffen durfte, da die rhodische Flotte zu schwach war, um ihn daran zu verhindern. Aus Furcht vor dem rhodischen, bei Megiste stehenden Geschwader, das zum mindesten durch das andere bis dahin vor Patara kreuzende verstärkt worden war, vielleicht auch weil er einem Teil seiner Leute nimmer traute, ging er in Patara ans Land und suchte mit geringer Begleitung auf dem Landweg nach Syrien zu kommen. Ein grosser Teil der syrischen Flotte blieb in Patara zurück; die Bemannung wird nicht verfehlt haben das Beispiel des Admirals zu befolgen, wenn sie vielleicht auch überwiegend zur See sich flüchtete. Im Jahre 188 vernichtete der römische Admiral Q. Fabius Labeo hier fünfzig Kriegsschiffe des Königs [2]).

Nach Überwindung des Antiochos waren die Lykier wohl im klaren darüber, dass ihr Schicksal in Roms Händen lag und dass Rom sie den gehassten Rhodiern übergeben werde. Gerade der Hass gegen Rhodos und die Furcht, im Fall des Unterliegens des syrischen Königs unter die Rhodier zu kommen, wird sie geleitet haben, wenn sie während des Kriegs mehr thaten als die Macht des Antiochos ihnen abzwang. Doch mögen sie noch versucht haben, was möglich war, um ihr Los einigermassen günstiger zu gestalten; den allgewaltigen Römern gegenüber in trotziger Passivität zu verharren hätte nur die Wirkung gehabt, dass die Herzenswünsche der Rho-

---

[1]) Liv. 37, 45, 2.
[2]) Liv. 38, 39. Polyb. 32, 23, 30.

dier um so sicherer und vollständiger befriedigt wurden. So befand sich wohl auch eine lykische Gesandtschaft unter den vielen, welche möglichst bald nach der Entscheidungsschlacht in Rom eintrafen¹). Erreicht wurde aber durch diese Gesandtschaft im wesentlichen nichts: die Zehnmännerkommission, die (189) nach Asien zur definitiven Regelung der asiatischen Verhältnisse abgesandt wurde, erhielt unter anderem die Weisung, dass Karien bis zum Mäander und Lykien mit Ausnahme von Telmessos und einer Festung der Telmessier den Rhodiern zufallen sollte²). Telmessos mit diesem Zubehör wurde für Eumenes bestimmt. Der Pergamener sollte mitten in rhodischem Gebiet einen Seehafen für sein phrygisches Land erhalten, vielleicht auch um im stande zu sein, den wenig botmässigen Tyrannen von Kibyra besser im Zaume zu halten; jedenfalls wollte man eine weitere Ursache der Rivalität dieser zwei werten Bundesgenossen schaffen. Diese territorialen Änderungen hatte der Senat schon im allgemeinen den asiatischen Gesandtschaften gegenüber angekündigt³). Der Kommission wurde die Bestimmung des Verhältnisses überlassen, in das Lykien zur Herrin Rhodos treten sollte. Als diese, in Asien angelangt, ihres Amtes wartete, trafen bei ihr zwei rhodische Gesandte ein mit dem Ansinnen, dass ihnen Lykien wie Karien ohne Beschränkung der Suveränitätsrechte zum Dank für ihre Leistungen im Kriege gegen Antiochos überlassen werde⁴). Als Fürsprecher

---

¹) Polyb. 21, 14. 12. 22, 1.
²) Liv. 37, 56, 5.
³) Liv. 37, 55, 5.
⁴) Polyb. 23, 3. Die unbestimmte Formulierung: ἀποδόντες αὐτοῖς δοθῆναι τὰ κατὰ Λυκίαν καὶ Καρίαν wird auf Rechnung des Exzerptors zu setzen sein. Das war ja den Rhodiern schon zugestanden.

für die Lykier traten zwei Gesandte Neu-Ilions auf (wohl im Auftrag des ganzen um Ilion und den Tempel seiner Athene gruppierten κοινόν): diese baten die römischen Kommissäre, aus Rücksicht auf ihre Verwandtschaft mit denselben [welche indirekt nach der damals schon anerkannten Annahme auch eine Verwandtschaft mit den Römern begründete[1]] den Lykiern ihre Verfehlungen zu verzeihen. Die Kommissäre wollten den Iliern zu lieb in Betreff der letzteren keinen sie ganz und auf immer ruinierenden Beschluss fassen[2], teilten sie aber den Rhodiern als Geschenk zu[3]. Wir haben hier einen der Fälle teils frivoler Gleichgültigkeit, teils skrupelfreier diplomatischer Schlauheit, an denen die Geschichte der römischen Diplomatie besonders reich ist. Das Geschick der Lykier war den Herren gleichgültig; eine wenig präzise, so oder anders deutbare Formel der Übergabe an die Rhodier konnte andererseits eines schönen Tages gut ausgenützt werden. Die Gesandten der Ilier trauten ihren grossmächtigen römischen Verwandten mehr Gutherzigkeit und Ehrlichkeit zu als sie wirklich besassen: vielleicht hatte der eine oder der andere Kommissär in vertraulicher Konferenz ihnen gegenüber sich derart geäussert. Ihres Erfolges sicher und froh reisten sie in

---

[1] Schon im Jahr 196 hatte Lampsakos seine auf seiner Zugehörigkeit zum ilischen Bunde begründete Verwandtschaft mit den Römern diesen gegenüber geltend gemacht, um dieselben zu veranlassen, seine αὐτονομία und δημοκρατία in den mit Philipp und andern Königen zu schliessenden Verträgen zu garantieren. Dittenb. syll. I no. 200.

[2] Οὐδὲν ἐβουλεύσαντο περὶ αὐτῶν ἀνήκεστον. In diesem Ausdruck liegt nach unserer Ansicht nicht bloss der Verzicht auf etwa beabsichtigte Strafexekutionen, sondern auch das Abstehen von einer Formel, welche für Lykien entschiedene und bleibende Knechtung zur Folge gehabt hätte.

[3] Προσένειμαν ἐν δωρεᾷ.

den lykischen Städten herum und verkündeten, dass sie durch ihre Bitten den Zorn der Römer beschwichtigt und den Lykiern Freiheit erwirkt hätten. Diese glaubten der frohen Botschaft und baten in Rhodos durch eine Gesandtschaft um Aufnahme in die Bundesgenossenschaft. Das war aber nicht die Willensmeinung der rhodischen Staatsmänner und Finanzleute. Sie hielten die lykische Gesandtschaft hin, bis es den von ihnen abgesandten Kommissären gelungen wäre, in Lykien wie in Karien die Dinge ihren Interessen und Zwecken gemäss zu ordnen. Erst nachdem dies vollendet sein konnte, erhielten die lykischen Gesandten Gehör vor der rhodischen Ekklesie, wurden aber schnöde abgewiesen. In ihrem Vortrag hatten sie erklärt, dass sie alles lieber erdulden und thun als die rhodische Unterthanenschaft ertragen würden. Aus dieser Erklärung machten die Lykier Ernst. Was sie dazu bestimmte, war nicht bloss Freiheitsliebe; es war auch der alte Hass zwischen Lykiern und Rhodos, der es ihnen besonders schwer machte, sich der über sie verhängten Abhängigkeit zu fügen, und ihnen jede Aussicht auf schonende Behandlung, so weit dieselbe bloss vom guten Willen der Rhodier abhing, von vornherein benahm, sowie die Eigenart des rhodischen Regiments, von dem rücksichtslose Ausbeutung zum Zweck der Füllung des Staatsschatzes[1], der Vermehrung der Flotte und der Verschönerung der Hauptstadt, von dessen Söldnern alle möglichen Freveltaten gegen Leben und Ehre der einzelnen zu erwarten standen.

Der Lykier Widerstand gegen die rhodische Herrschaft

---

[1] Nach der Angabe eines rhodischen Gesandten bei Polyb. 31, 7, 7 bezogen die Rhodier von den zwei karischen Städten Kaunos und Stratonikeia allein jährlich 120 Talente (wohl Nettoeinnahme). Wie Rhodos aus ihm attribuiertem Gebiete Geld zu gewinnen verstand, zeigt auch Cic. ad Qu. fr. I, 33. Dagegen liessen die Rhodier nach Lenormant II, 97 den Lykiern das Recht, Münzen zu prägen.

Zeit und Hergang der Kriege, die Rhodos gegen die widerwilligen Lykier zu führen hatte, im einzelnen festzustellen ist nicht möglich, da die betreffenden Partien des Polybios nur im Auszug vorliegen und Livius[1]) in Anbetracht des gewaltigen Materials der römischen Geschichte sich nicht bemüssigt gefunden hat mitzuteilen was er in seinen Quellen hierüber vorfand. Nach einer Angabe, die nach dem Bericht des Polybios[2]) der rhodische Gesandte Astymedes im Jahre 164 vor dem Senat machte, hatte Rhodos drei Kriege mit den Lykiern zu führen. Der erste wird 187 begonnen und nicht zu lange gewährt haben, da die Rhodier durch Hinhalten der lykischen Gesandtschaft und Ausnützung des Glaubens, den die Lykier den Berichten der Gesandten von Ilion schenkten, mit Massregeln zur Unterwerfung des Landes zuvorgekommen waren. Es war auch wohl mit der Zerstörung der Flotte des Antiochos in Patara eine teilweise Entwaffnung der Lykier verbunden gewesen, wie bei der gleichen Expedition vom römischen Admiral die Telmessier überrumpelt und zur Ergebung gezwungen wurden[3]). In diesem ersten Kriege wurden die Rhodier von Eumenes unterstützt, der zu befürchten hatte, dass die Unabhängigkeitsbewegung der Lykier auch die Telmessier ergreifen könnte, und wohl fühlte, dass eine derartige Haltung den augenblicklichen Wünschen der römischen Diplomatie entspreche. Was wir jedoch in dem uns erhaltenen Auszug des Polybios[4]) von Rüstungen und Bewegungen lesen, die Eumenes unternahm, um den Rhodiern bei der Ordnung der lykischen Verhältnisse

---

[1]) 41, 25, 8.
[2]) 31, 7, 4.
[3]) Liv. 38, 39, 3.
[4]) 25, 5, 13.

beizustehen, gehört dem zweiten Kriege an¹) und fällt ins Jahr 181. Wir nehmen an, dass die Lykier etwa im Jahr 186 von den Rhodiern unterworfen wurden. Sie hielten sich einige Jahre ruhig, trafen aber im stillen Vorbereitungen, um mit vereinten Kräften den Kampf wieder aufzunehmen. Was der erste Krieg die rhodische Staatskasse gekostet hatte, bestrebten sich die rhodischen Vögte möglichst rasch mit Wucherzinsen aus ihnen wieder herauszupressen. Einige Positionen im Gebirge waren wohl nie in die Hände der Rhodier gekommen und von diesen aus wurden zuerst die Vorbereitungen zu der neuen Erhebung geleitet. Dieselbe brach im Jahr 181 aus. Xanthos erscheint als ihr Mittelpunkt. Es war wohl gelungen die meisten rhodischen Besatzungen zu vertreiben. Bald nach den ersten Erfolgen schickten die Xanthier eine Gesandtschaft, deren Führer Nikostratos war, nach Achaia und Rom. Vom achäischen Bunde²) konnten die Lykier nur moralische Unterstützung erwarten, höchstens Begünstigung des Zuzugs von Söldnern, da Kreta sicher von den Rhodiern in dieser Richtung ganz in Anspruch genommen wurde. Die Gesandtschaft hielt sich unterwegs ungewöhnlich lange auf, vielleicht wurde sie aufgehalten. So war, als sie in Rom im Jahr 177³) ankam, die Erhebung im ganzen schon

Zweite und dritte Erhebung der Lykier gegen Rhodos

---

¹) Schneiderwirth, Geschichte der Insel Rhodus S. 108 f. weist, wie die anfängliche Unterstützung der Rhodier durch Eumenes, so auch dessen umgekehrtes Verhalten dem ersten Kriege zu.

²) Ein Beweis reger Beziehungen zwischen Lykien und Griechenland um diese Zeit ist es, wenn ein Ἀγήσαρχος Χλοεὺς im Jahr 188/87 von den Delphern zu ihrem πρόξενος ernannt wurde; s. Dittenb. syll. I no. 198 und Bergk in Philol. XXXII (1884) S. 257.

³) So giebt Polyb. 26, 7 die Zeit richtig an. Livius 41, 6, 8—12 folgt einem Annalisten, welcher die Gesandtschaft unrichtig,

wieder niedergeworfen. Trotzdem war ihre Sendung nicht erfolglos. Die Römer grollten den Rhodiern, weil sie dem Makedonerkönig Perseus seine Braut feierlich mit einer Flotte abgeholt und geleitet und in einer imposanten Schaustellung ihre ganze Seemacht gemustert hatten [1]. Der Senat beschloss Gesandte nach Rhodos zu schicken, die dort mitteilen sollten, dass man bei Einsicht des Memoires der Zehnerkommission gefunden habe, dass die Lykier den Rhodiern nicht als Geschenk, sondern vielmehr als Freunde und Bundesgenossen gegeben worden seien [2]. Die Klagen, welche bei Livius die ly-

---

vielleicht weil er den langen Aufenthalt der Gesandten unterwegs nicht beachtete, schon im Jahr 178 vor dem Senat sprechen lässt.

[1] Nach Polyb. a. a. O. 6—10 war nach der Ansicht vieler das Verhalten, das der Senat jetzt in der Streitfrage zwischen den Rhodiern und Lykiern einschlug, veranlasst durch das Bestreben, zu bewirken, dass durch eine Verlängerung des Kampfes zwischen beiden die finanziellen und militärischen Kräfte von Rhodos möglichst geschwächt würden. Diese „πολλοί" hatten sicherlich Recht.

[2] Δεξομένοι ούκ εν δωρεᾷ, τὸ δὲ πλεῖον ὡς φίλοι καὶ σύμμαχοι. Polyb. 23, 3 heisst es, dass οἱ δέκα προσένειμαν ἐν δωρεᾷ τ. Λ. Ist letzteres Exzerpt genau, so bleibt nichts anderes übrig als anzunehmen, dass entweder die Kommissäre etwas anderes in ihre Akten schrieben als sie den rhodischen Gesandten mitteilten, oder dass der Senat im Jahr 177 eine kleine Fälschung beging. Denn ἐν δωρεᾷ ist betont und dem gegenüber verschwindet der Unterschied, der publizistisch zwischen dem allgemeinen διδόναι und dem bestimmteren προσνέμειν = attribuere geltend gemacht werden kann. Nach dem Bericht, welchem Livius folgt, hätte der Senat den lykischen Gesandten eine diplomatische Note an die Rhodier mitgegeben, des Inhalts, dass die Zuweisung der Lykier an die ersteren nicht den Sinn gehabt habe sie ihrer Freiheit zu berauben: die Oberherrlichkeit und das Schutzrecht der Rhodier unterliege der Einschränkung, dass die Lykier in letzter Linie der Verfügung des römischen Volkes unterstehen — eine Erklärung, welche die Drohung mit der Ent-

kischen Gesandten vorbringen, entsprachen, rhetorische Steigerungen abgerechnet, sicherlich der Wahrheit. Sie ziehen zu Ungunsten des rhodischen Regiments eine Parallele zwischen diesem und dem des Despoten Antiochos. Nicht bloss schwerer politischer Druck laste auf ihnen, sondern der einzelne Mann werde ganz wie ein Sklave behandelt. Weib und Kind werden misshandelt, in brutaler Weise Todesstrafen und körperliche Züchtigung verhängt, Ehre von Personen und Familien in empörender Weise befleckt und geschändet, vor aller Öffentlichkeit werden die gehässigsten Handlungen begangen zu keinem andern Zweck, als damit man sein vermeintliches Recht ausübe.

Die Erklärung des Senats zu Gunsten der Lykier und die Mitteilungen, welche er den Rhodiern machen liess, wirkten, wie der Senat gewollt hatte. Die Lykier, welche Rhodos jetzt für endgültig bezwungen gehalten hatte, begannen sogleich wieder Vorbereitungen zur Empörung. Der Gesandtschaft, welche die Rhodier, nachdem ihnen von der römischen der Beschluss des Senats mitgeteilt worden war, nach Rom schickten, um von dem nicht gehörig informierten Senat an den besser zu informierenden zu appellieren, gab der Senat wenigstens lange keine Antwort [1]. So kam es zum dritten Krieg, in welchem dann bald Eumenes, der wusste, was in Rom angenehm war, die Lykier schon vor 172 ermutigte und unterstützte, indem er von einigen Burgen aus durch seine Untergebenen in die Grenzen der rhodischen Peraia Einfälle machen liess [2]. In diesem Kriege scheinen

ziehung der von Rom gewissermassen precario verliehenen Herrschaft enthalten würde.

[1] Polyb. 26, 9, 1.
[2] Polyb. 27, 6, 6 und Liv. 42, 14, 8 quod Lyciorum gentem adversus Rhodios concitasset.

die Lykier bald in die Defensive zurückgedrängt worden zu sein, was wir aus der sehr summarischen Notiz, welche Livius unter dem Jahre 174 giebt[1]), schliessen. Das Ziel, das die Lykier in diesem Kriege verfolgten, war nicht mehr Bundesgenossenschaft mit Rhodos, sondern volle Autonomie[2]). Als der Krieg gegen Perseus einigermassen in rechten Zug gekommen war, wird der Kampf zum Stehen gekommen sein, wenn die Lykier nicht schon vorher wieder ganz niedergeworfen waren. Sicher ist, dass Rhodos nach Beendigung dieses Krieges noch Vögte und Besatzungen in Lykien hatte.

Die wesentliche Änderung, welche nach Niederwerfung Makedoniens in der römischen Politik gegenüber den hellenischen Mittelmächten eintrat, sollte Lykien die längst ersehnte Unabhängigkeit bringen. Auch seine Befreiung von der rhodischen Herrschaft wurde von den Römern aus kalter Berechnung vollzogen, für welche das lykische Volk eben auch nur ein Partikelchen, sozusagen von totem Gewicht, im politischen Mechanismus der Mittelmeerländer war.

Die Rhodier hatten den Römern willkommene Gelegenheit zu ihrer Demütigung dadurch gegeben, dass sie, durch die vom Kriege bewirkte Störung ihres Handels dazu gebracht, mehr ihrem Geldbeutel als den realen Machtverhältnissen Rechnung zu tragen, durch die erbärmliche Weise, wie anfangs die römischen Kriegsoperationen missleitet wurden, an der römischen Energie und Konsequenz irre geworden, durch die gemeinen und heimtückischen Einflüsterungen und Ermunterungen,

---

[1]) Liv. 41. 25. 6 Lycii per idem tempus ab Rhodiis bello vexabantur.
[2]) Polyb. 26, 8, 3 πᾶν ὑπομένειν οἷοί τ' ἦσαν ὑπὲρ τῆς αὐτονομίας καὶ τῆς ἐλευθερίας.

welche in vertraulicher Weise der römische Konsul Q. Marcius Philippus einem ihrer Gesandten Agepolis im Lager bei Herakleion gemacht hatte¹), vollends zu dem unseligen Entschluss verleitet, nach Rom und ins römische Hauptquartier wie an Perseus eine Gesandtschaft geschickt hatten, um den Frieden zu vermitteln. Und die von Rhodos an den Senat abgesandten Männer traten dort in einer Weise auf, dass sie durch ihre Anmassung und die Verkennung des thatsächlichen Machtverhältnisses zwischen Rom und Rhodos den Zorn der Römer reizen mussten²).

Jedoch wurden nicht alsbald, nachdem diese unglückselige Gesandtschaft im Senate angehört worden war (586/168), Beschlüsse zur Bestrafung der Rhodier gefasst. Dagegen wusste man schon, was man thun wollte, und nach einer Richtung hin gab man es auch zu erkennen. In geheimer Sitzung wurde ein Senatsbeschluss eingebracht, laut dessen durch Volksbeschluss die Karer und Lykier für frei erklärt und dann sogleich durch diplomatische Noten hievon in Kenntnis gesetzt werden sollten³). Ob

---

¹) Polyb. 28, 15, 4—9.
²) Liv. 44, 14, 8 bis Schluss. Cassius Dio fr. 66, 2. Diese Berichte sind freilich übertrieben. Von Livius ist a. a. O. im Anschluss an Claudius Quadrigarius und Valerius Antias die Audienz dieser rhodischen Friedensvermittelungsgesandtschaft um ein Jahr zu früh in die Mitte des Stadtjahres 585/169 gesetzt, in Wirklichkeit erfolgte sie erst im nächsten Jahre bald nach der Schlacht bei Pydna; s. Unger, D. röm. Quell. d. Liv. in der 4. u. 5. Dekade, Philologus Suppl.-B. III, 2 S. 196 f. Die Gesandtschaft kam aber schon 585/169 an und wurde hingehalten, bis die Entscheidung gefallen war.
³) Meiner Ansicht nach bietet hier Claudius das Richtige. Liv. 44, 15, 1 u. 2 Claudius nihil responsum auctor est, tantum senatus consultum recitatum, quo Caras et Lycios liberos esse iuberet populus Romanus litterasque extemplo ad utramque gentem scisceret indicatum mitti. (Ich lese statt des von der

der nachfolgenden Vorlesung des Senatsbeschlusses in öffentlicher Sitzung auch das Einbringen des Antrags beim Volke sich anschloss, wird nicht berichtet, ist aber nach dem, was später geschah, nicht anzunehmen. Was geschehen war, genügte auch zunächst. Im Jahre 167 wurde, nachdem der vom Prätor M. Iuventius Thalna beim Volke eingebrachte Antrag auf Kriegserklärung gegen die Rhodier zur Ehre des römischen Namens abgewiesen war, vom römischen Senat den Rhodiern, ehe man ihre Angelegenheiten definitiv und im ganzen regelte, die Weisung erteilt, ihre Vögte und Besatzungen wie aus Karien, so auch aus Lykien abziehen zu lassen [1]). Bald darauf erliess der Senat, nachdem die Rhodier, von dem Ergebnis der früheren Gesandtschaft durch einen Teil derselben in Kenntnis gesetzt, eine zweite mit einem kostbaren goldenen Kranz unter Führung des Theaitetos nach Rom gesandt hatten, einen Beschluss, durch den er Lykier und Karer für frei erklärte[2]). Die Lykier verhielten sich während der Dauer dieser rhodischen Frage ruhig; sie wussten, wohl auch durch Gesandt-

---

Wiener Handschrift gebotenen sciret: scisceret: H. J. Müller schreibt in Weissenborns kommentierter Ausgabe, 2. Aufl., statt sciret: senatus consultum, indem er, wie es scheint, sciret aus s. c. = senatus consultum entstanden denkt.) Qua audita re principem legationis, cuius magniloquentiam vix curia paulo ante ceperat, corruisse.

[1]) Liv. 45, 25, 6 in praesentia deducere ante certam diem ex Lycia Cariaque iusserunt praefectos. Livius folgt in c. 20—25 dem Valerius Antias; s. Nissen, Unters. S. 276. Unger a. a. O. S. 269.

[2]) Polyb. 30, 5, 12; κατὰ δὲ τὸν αὐτὸν καιρὸν ἡ σύγκλητος ἐξέβαλε δόγμα, διότι δεῖ Κᾶρας καὶ Λυκίους ἐλευθέρους εἶναι πάντας, ὅσους προσένειμε Ῥοδίοις μετὰ τὸν Ἀντιοχικὸν πόλεμον. Diese Angabe darf nicht mit der oben angeführten des Livius als sachlich zusammenfallend betrachtet werden, wie H. J. Müller thut.

schaften, die sie nach Rom sandten, was im hohen Rat fest geplant war. Wenigstens wird uns nichts von in diese Zeit fallenden Erhebungen derselben berichtet, während wir aus Polybios[1]) wissen, dass die Karer sich erhoben und die Bürger von Mylasa und Alabanda Euromos und dessen Nebenstädte zu besetzen versuchten.

[1]) Polyb 30, 5, 11. 13--15. Liv. 45, 25.

Achtes Kapitel.

Lykien als freier Bundesstaat unter römischem Protektorat.

In welches staatsrechtliche Verhältnis die Lykier nach ihrer Befreiung von den Rhodiern zu Rom traten, ist schwer festzustellen. Mommsen [1]) nimmt an, dass die

---

[1]) C. i. l. I ad no. 589 - Orelli 3674. C. i. gr. 5880. M. betrachtet diese Inschrift als zeitlich und sachlich zusammengehörend mit no. 587, einer Dankinschrift des Volkes von Laodicea ad Lycum und no. 588, einer Dankinschrift der Ephesier. Von diesen beiden ist es allerdings höchst wahrscheinlich, dass sie in die Zeit nach Beendigung des ersten mithradatischen Krieges fallen und dadurch veranlasst sind, dass Sulla die beiden Städte, trotzdem sie im Kriege sich treulos gezeigt, verhältnismässig geschont hatte. Der populus Laodicensis chrt populum Romanum, quei sibei salutei fuit benefici ergo quae sibei benigne fecit. Er hatte, von Mithradat mit Belagerung bedroht, demselben den römischen Legaten Oppius ausgeliefert (App. Mithr. 20). Die Gemeinde der Ephesier: salutis ergo quod o[ptinuit maiorum] sovom leibertatem (Ergänzung scheint nicht ganz sicher). Sie hatten den Mithradates mit frenetischem Jubel aufgenommen (App. M. 21) und den Blutbefehl mit ausnehmender Bereitwilligkeit und Frivolität ausgeführt (ibid. 23). Als aber Mithradates den Despoten herauskehrte und seine Sache etwas schief ging,

168 Achtes Kapitel.

Lykier erst durch Sulla im Jahre 81 das Recht einer libera civitas erhielten, was zur Voraussetzung hätte,

änderten sie ihre Parteistellung in sehr entschiedener Weise. Dem Feldherrn des Königs Mithradat gewährten sie nur mit einer kleinen Eskorte Eingang in die Stadt, töteten ihn in der darauffolgenden Nacht und trafen dann mit aller Energie Verteidigungsmassregeln. Eine Inschrift, nach der sie durch Volksbeschluss dem M. in alter Treue und Anhänglichkeit an das römische Volk den Krieg erklären und im Interesse möglichst energischer Verteidigung und der Vermehrung der Kombattanten alle Ehrlosen wieder ins Bürgerrecht einsetzen, Strafgelder und Schulden an den Staat und den Artemistempel erlassen u. s. f., findet sich bei Wadd. III no. 136 a = Dittenb. no. 253. Die vom κοινόν τῶν Λυκίων auf eine der dea Roma geweihte Bildsäule gesetzte Inschrift lautet: Lucei ab co[muni restitutei in maiorum leiber[tatem] [ab urbe od. dant?] Roma[m?] Iovei Capitolino et poplo Romano v[irtutis] benivolentiae beneficique causa erga Lucios ab communi. Λυκίων τὸ κοινὸν κομισάμενον τὴν πάτριον δημοκρατίαν τὴν Ῥώμην Διὶ Καπετωλίῳ καὶ τῷ δήμῳ τῷ[ν] Ῥωμαίων ἀρετῆς ἕνεκεν καὶ εὐνοίας καὶ εὐεργεσίας τῆς εἰς τὸ κοινὸν τῶν Λυκίων. Diese Inschrift mit no. 587 und no. 588 zusammenzunehmen scheint durch ihren Fundort nicht geboten und sachlich unterliegt es dem Bedenken, dass die Lykier im mithradatischen Kriege sich durchaus korrekt verhielten und so in eine für sie nicht passende Gesellschaft kämen. Trotz der Autorität Mommsens, der, allerdings in sehr problematischer Formulierung, die Inschrift dem J. d. St. 673 zuweist, und der Ritschls, der sie (op. philol. IV S. 123, 149, 236) ebenfalls in die sullanische Zeit setzt, wage ich die Richtigkeit dieser Annahme zu bezweifeln, welche materiell auf der nicht notwendigen und sachlich Anstoss gebenden Verbindung mit den Inschriften von Laodikeia und Ephesos beruht. Die von Franz im c. i. g. vorgeschlagene Beziehung auf die Zeit nach dem dritten makedonischen Kriege wäre am Ende durch Schriftzüge und Sprachformen der lateinischen Inschrift nicht durchweg ausgeschlossen. Es bliebe aber auch noch übrig, sie in die Zeit der Einrichtung entweder der Provinz Asien (129) oder der Provinz Kilikien (103) zu setzen, da beidemal in römischen Kreisen der Gedanke der Einbeziehung Lykiens sich wohl geregt haben wird. Selbst an eine etwas spätere Zeit

dass sie über 80 Jahre lang formell wenigstens als dediticii betrachtet wurden, in der Praxis dagegen ihre Stellung zum römischen Reiche gar nicht fest bestimmt war. Dies kann einige Zeit der Fall gewesen sein, so lange Rom Griechenland und Kleinasien nicht unter direkter Herrschaft hatte: spätestens aber musste, sobald eine römische Provinz Asia eingerichtet wurde, sich eine derartige Regelung als unumgängliche Notwendigkeit aufdrängen. Sollte auch unsere oben aufgestellte Erklärung von Polyb. 30, 5, 12 nicht richtig sein, nach welcher hier berichtet wird, dass der Senat den Lykiern die libertas durch einen Beschluss verlieh, nicht, wie Mommsen die Sache auffasst, nur die Befreiung von den Rhodiern anordnete, so giebt es doch kein Zeugnis dafür, dass bis zum Jahre 81 die Lykier nicht im Besitze des Rechtes der libertas waren[1]). Unserer Ansicht nach steht der

als die von Mommsen vorgeschlagene könnte gedacht werden, nämlich an die Zeit des von P. Servilius Vatia Isauricus 78—74 als proconsul Ciliciae geführten Seeräuberkrieges. Der Ausdruck restitutei in majorum leibertatem würde am besten für die Zeit der Befreiung von der rhodischen Herrschaft passen. Τὴν δημοκρατίαν κομίσασθαι findet sich c. i. g. 2144 — Dittenb. no. 201 in einer Inschrift von Eretria aus d. J. 197 6 v. Chr. als Bezeichnung des durch den Abzug der römischen Besatzung hergestellten Zustandes.

Für die Zeit des Servilius könnte man am Ende die Bezeichnung „Lucei ab comuni" geltend machen, die vielleicht dem Römer, der die lateinische Inschrift für die Lykier verfasste, statt commune Luciorum in die Feder kam, weil damals ein Teil der Lykier (Olympos) aus dem commune ausgeschieden war.

[1]) Appian M. 61 (ὁ Σύλλας) αὐτὴν δὲ τὴν Ἀσίαν καθιστάμενος. Ἰλιέας μὲν καὶ Χίους καὶ Λυκίους καὶ Ῥοδίους καὶ Μαγνησίαν καὶ τινας ἄλλους ἢ συμμαχίας ἀμειβόμενος ἢ ὧν διὰ προθυμίαν ἐπεπόνθεσαν οὐ ἕνεκα ἐλευθέρους ἠφίει καὶ Ῥωμαίων ἀνέγραφε φίλους, ἐς δὲ τὰ λοιπὰ πάντα στρατιὰν περιέπεμπεν, zeigt schon die Zusammenstellung mit den Rhodiern, Chiern (in Bezug auf letztere

Achtes Kapitel.

lykische Bund von 167 ab zu Rom im Verhältnis einer civitas libera: ob er Immunität besass, ist unsicher[1]), und wenn ihm solche auch irgend einmal verliehen wurde, so wurde sie nicht lange praktisch beachtet. Kontingente musste er auf römisches Ansinnen stellen, wobei besonders die Flotte in Anspruch genommen wurde; und dies wird viel häufiger geschehen sein als uns berichtet wird. Daran dass Rom dem lykischen Bunde ein foedus bewilligte, wird nicht zu denken sein[2]).

vergl. c. i. gr. 2222, dass das ἐλευθέρους ἀφιέναι die Bedeutung: „seither nicht besessene Freiheit verleihen" in Beziehung auf die Lykier zum mindesten nicht haben muss. In der Rede, welche Sulla an die asianischen Notabeln in Ephesos bei Appian M. 62 hält und die vielleicht den Memoiren Sullas entnommen ist (dies wird von Steringa Kuyper, De fontibus Plutarchi et Appiani in vita Sullae enarranda Utrecht 1882 ebenso, wie die Entlehnung aus Livius bestritten), sagt er (nach Besiegung des Antiochos): οὐ κατέσχομεν ὑμῶν ἡμετέρων ἐξ ἐκείνου γενομένων, ἀλλὰ μεθήκαμεν αὐτονόμους, πλὴν εἴ τινας Ἐφέναι καὶ Ῥοδίοις συμμαχήσασιν ἡμῖν ἔδομεν, οὐχ ὑποτελεῖς, ἀλλ' ἐπὶ προστάταις εἶναι. τεκμήριον δ' ὅτι Λυκίους αἰτουμένους τι Ῥοδίων ἀπεστρέψαμεν. Diese Stelle spricht doch auch einigermassen dafür, dass die Lykier nach ihrer Lostrennung von der rhodischen Herrschaft auch die Autonomie erhielten.

[1]) Appian b. c. 5, 7 (Antonius) Λυκίους ἀτελεῖς φόρων ἀφεὶς spricht allerdings dafür, dass die Lykier in der Regel ein stipendium zu bezahlen hatten, da es sich im Zusammenhang um Massregeln handelt, durch welche die Lage der Gemeinwesen, welche für die Partei der Triumvirn viel gelitten und geopfert hatten, nicht bloss gegenüber der der andern, sondern auch gegenüber ihrer früheren verbessern sollen. Zu Naturallieferungen wurde der Bund beigezogen; s. Cic. act. in Verr. II, 1, 95.

[2]) Philostr. vit. soph. II, 26 (Biographie des lykischen Sophisten Herakleides): οὐ μεγάλου ἔθνους, ὃ Ῥωμαῖοι μεγάλου ἀξιοῦσιν ὑπὲρ συμμαχίας οἷμαι παλαιᾶς beweist ein foedus nicht. Marquardts Annahmen in Röm. Staatsverw. I² stimmen unter sich nicht überein. S. 75, A. 10 „der lykische Bund, der ohne Zweifel ein foedus hatte". S. 378 vermutet er, dass das Abgabenwesen dem κοινόν unter römischer Oberherrschaft entzogen war. S. 375

Mit der Befreiung von der rhodischen Herrschaft erhielt der lykische Städtebund seine streng bundesstaatliche Organisation, die sich von den griechischen Föderationen der hellenistischen Zeit dadurch unterscheidet, dass der verschiedenen Grösse und Bedeutung der Bundesglieder dadurch Rechnung getragen war, dass es drei Klassen von Städten gab, eine mit drei Stimmen, eine zweite mit zwei und eine dritte mit einer Stimme. Diese Einrichtung setzt, so einfach sie auch zu sein scheint, doch von seiten der grösseren Städte einen Verzicht auf früher angestrebte Beherrschung der kleineren und von seiten letzterer den Verzicht auf vollständige Gleichberechtigung mit den grösseren voraus, während auf griechischem Boden die grösseren Politien nie auf längere Dauer es über sich gewannen, den kleineren das ihnen zukommende Mass von Recht und Teilnahme an der Zentralgewalt zu belassen, und die kleineren unter der von ihnen stets hochgehaltenen Autonomie gänzliche Unabhängigkeit und vollständige Gleichberechtigung verstanden. So waren der achäische und der ätolische Bund auf dem Prinzip der Gleichberechtigung aller Bundesglieder aufgebaut [1]). Im ersteren suchte man den schwersten aus diesem Prinzip folgenden Missständen durch Zerlegung des Gebietes grösserer Städte in mehrere selbständige Gemeinden abzuhelfen [2]). Diese Einteilung in Städte von verschieden abgestuftem Stimm-

stimmt er der Annahme Mommsens zu, dass dasselbe zuerst durch Sulla die Anerkennung seiner Freiheit erhielt.
[1]) Ad hoc, aber nicht als organisatorische Bestimmung einer bleibenden staatlichen Vereinigung, ist eine ähnliche Abstufung des Stimmrechts der Mitglieder der gegen Makedonien im lamischen Kriege errichteten Bundesgenossenschaft bezeugt durch die Inschrift, Dittenb. no. 118.
[2]) Siehe R. Weil, Zeitschr. f. Numism. IX p. 222 ff.

recht macht nach dem richtigen Urteile Montesquieus den lykischen Bundesstaat zu der vollkommensten Föderativverfassung des Altertums¹). In gleicher Weise wie das Stimmrecht war die Quote der Steuern und der sonstigen Leistungen abgestuft. Erforderte ein längerer Bestand dieser Stimmordnung sicherlich ein grösseres Mass von Selbstbeherrschung und Selbstzucht als wir es bei den Hellenen finden, so darf andererseits doch wohl angenommen werden, dass ähnliche Gliederung der Städte unter der Herrschaft der Ptolemäer zum Zweck der Aufbringung des zu bezahlenden Tributs und dann später das gemeinsame Dulden und Ringen unter und gegenüber der rhodischen Gewaltherrschaft vorbereitend eingewirkt haben.

Leider ist der Bericht Strabos²) in den Einzelheiten zu wenig klar und durchsichtig; klar ist nur noch die Angabe, dass das oberste Organ des Bundesstaats ein κοινὸν συνέδριον war, das in einer jedesmal erst vorher bestimmten Bundesstadt zusammenkam³), und dass dieses zuerst den Bundespräsidenten, den λυκιάρχης, erwählte und dann die übrigen Bundesbeamten, die wohl in Militär- (später mehr Polizei-), Verwaltungs- und Gerichtsbeamte zerfielen; sowie dass die Verteilung der einzelnen Richter- und übrigen Beamtenstellen an die einzelnen Bundes-

---

¹) Siehe auch den betreffenden Abschnitt in Freeman, History of Federal Governement S. 208—216, und die höchst belehrende Rezension dieses Werks in Wilh. Vischer, Kl. Schr. I S. 534 ff., sowie des letztern Abhandlung über Zentralisation und Föderation im alten Griechenland, a. a. O. S. 308 ff.

²) XIV, 664 f.

³) Dieses Fehlen einer stehenden Hauptstadt wird von Freeman und Vischer als ein weiterer Vorzug des lykischen Bundesstaates betrachtet, war aber nur deshalb ohne nachteilige Folgen möglich, weil derselbe von vornherein nicht auf rasche Aktion nach aussen angewiesen und angelegt war.

glieder nach dem Verhältnis des Stimmrechts erfolgte. Dagegen ist schon einigermassen zweifelhaft, ob das κοινὸν συνέδριον wenigstens prinzipiell eine grosse Ekklesie war, bei der alle Bürger der Bundesstädte sich beteiligen konnten und jedesmal die aus jeder einzelnen wirklich Erschienenen als eine Art Centurie ihre (eine oder zwei oder drei) Stimmen nach Mehrheitsbeschluss abgaben, oder eine repräsentative Versammlung, von jedem Bundesglied durch einen oder zwei oder drei Bürger beschickt [1]. Inschriftlich liegt unserer Ansicht nach für das letztere kein sicherer Beweis vor, da die fragliche Inschrift [2] aus der Zeit der Provinz Lykien stammt und die Römer bei der Einrichtung derselben eine etwa vorhandene lykische Gesamtlandesgemeinde zweifellos in einen Landtag umgewandelt hätten; dagegen spricht der Ausdruck συνέδριον entschieden mehr für einen repräsentativen Charakter der Versammlung. Sind wir berechtigt, derselben einen solchen zuzuschreiben, so sind die Lykier auch in diesem Stück in ihrer politischen Entwickelung über eine sonst

---

[1] Freeman entscheidet sich fürs erstere, giebt jedoch eine starke Annäherung an das repräsentative Prinzip zu, indem die Abstimmungen faktisch meistens schon zu Hause bestimmt, möglicherweise sogar ein oder zwei oder drei Bürger mit der Stimmgebung beauftragt und instruiert worden seien. W. Vischer a. a. O.; Marquardt, Röm. Staatsverw. I ² S. 377; Gilbert, Griech. St.-Alt. II, 184; Wadd. zu III, 1221 sprechen dem συνέδριον einen repräsentativen Charakter zu.

[2] Wadd. 1221: δόν[τα] δὲ καὶ τοῖς συνέδροις καὶ Λυκίων ἀρχοστάταις [καὶ μ[υλα]ρ]χαις καὶ κοινοῖς ἄρχουσιν]. Aus der Zeit der Selbständigkeit des lykischen Bundesstaates findet sich das κοινὸν Λυκίων inschriftlich sicher nur viermal erwähnt: c. i. gr. 5880; 4269 b u. b¹ = Wadd. 1250, 1251 und in einer von Foucart im Bull. de corr. hell. 1882 S. 278 veröffentlichten, im Peiraieus gefundenen Inschrift, in der das κοινὸν τῶν Λυκίων einen athen. Nauarchen ehrt. Bei Schriftstellern nur einmal: Appian b. c. 4, 82 τὸ κοινὸν τῶν Λυκίων ἐς Βρούτον ἐπέμπετο.

von der antiken Welt nicht überschrittene Linie hinausgekommen. Die mannigfach sich findenden Ansätze zu repräsentativer Vertretung der den einzelnen Gliedern eines grösseren Staatsgebietes zustehenden Hoheitsrechte blieben anderswo eben immer nur Ansätze, die nie zur vollen Ausgestaltung gelangten.

Dem Strabonischen Bericht gegenüber kann ferner die weitere Frage erhoben werden, ob die in demselben angegebene Zahl von 23 stimmberechtigten Bundesgliedern nicht am Ende bloss für eine bestimmte Zeit Gültigkeit hatte, oder ob sie als Normalzahl die ganze Zeit wenigstens der Selbständigkeit des Bundes hindurch trotz vorgekommener Änderungen in der Zusammensetzung desselben festgehalten wurde. Von solchen Änderungen ist uns eine positiv überliefert: Murena löste im Jahr 81 die bis dahin von Tyrannen[1]) beherrschte Kibyratis auf und wies drei Städte derselben, Balbura, Bubon und allem Anschein nach auch Oinoanda,[2]) dem lykischen Bunde zu, zweifellos, um die Lykier für die von ihnen im mithradatischen Krieg gebrachten Opfer zu entschädigen. Man wird nun nicht annehmen dürfen, dass diese drei ziemlich bedeutenden Städte als voll-

---

[1]) Als solche sind uns bekannt zwei Moagetes: der eine Polyb. 22, 15. Liv. 38, 14; der andre Str. XIII, 631. Der zweite der Enkel des ersten? (Die Charakteristik, welche Polybios und Livius vom ersteren geben, stimmt nicht zu der Angabe Strabos: ἐτυράννιτο δ᾽ ἀεὶ σωφρόνως οὗτος. Letztere verdient vielleicht deshalb mehr Glauben, weil die Angabe Polybs auf Manlius Vulso oder Freunde desselben zurückgehen kann) und ein Pankrates Polyb. 30, 9, 14. Der Name Moagetes erscheint auch auf Münzen von Kibyra; s. Imh.-Bl., Porträtk. auf ant. M. S. 46.

[2]) Str. XIII, 631. Hier wird allerdings Oin. nicht genannt, was Wadd. ad 1233 übersehen zu haben scheint. Dagegen erweisen von den im Bull. de corr. hell. 1886 III S. 216 ff. von M. Holleaux und P. Paris veröffentlichten Inschriften von Oin. jeden-

Lykien als freier Bundesstaat unter röm. Protektorat. 175

ständig rechtlos dem lykischen Bunde attribuiert wurden,
wenn sie auch, wenigstens anfangs, nicht das ihrer Bedeutung
entsprechende Mass von Rechten zugestanden
bekamen [1]). Demnach wird mit dieser territorialen Erweiterung
eine Änderung in der Stimmrechtsverteilung
verbunden gewesen oder wenigstens bald nach ihr erfolgt
sein. Das Gleiche trat wohl ein infolge des Seeräuberkriegs
des P. Servilius Vatia, der die Stadt
Olympos zerstörte. Wenn diese auch bald wieder besiedelt
wurde und nachher wieder ein Glied des κοινόν
der Provinz war [2]), so schied sie doch damals, wenn
nicht aus der Zahl der Bundesglieder überhaupt, so doch
wenigstens aus der der höchstberechtigten aus. Demnach

falls no. 7, und von der Stadt „τῶν Τερμησσέων τῶν πρὸς Οἰνοάνδοις",
die durch Sympolitie mit Oin. unter Wahrung munizipaler
Selbständigkeit zu einem Gemeinwesen verbunden war, no. 3 und
5, wahrscheinlich auch no. 4 die Zugehörigkeit zum lykischen
κοινόν: das Gleiche ist wohl auch aus c. i. g. 4380 m — Wadd.
1233 und c. i. g. 4380 n zu erschliessen. Allerdings gehören diese
Inschriften wohl alle der Zeit der Provinz an; aber schon die
geographische Lage der Stadt, die nicht unbeträchtlich südlicher
liegt als Bubon und Balbura, spricht dafür, dass sie gleichzeitig
mit diesen zwei zu Lykien geschlagen wurde, und bei St. B. s. v.
finden wir dafür ein positives Zeugnis, da er sich für die Zugehörigkeit
der Stadt zu Lykien auf das erste Buch der Λυκιακά
des Alex. Polyhistor beruft. Plin. n. h. V, 27 beweist natürlich
nur die Zugehörigkeit zur Provinz. Inschriftlich erscheint Bubon
als zum κοινόν der Provinz gehörig: c. i. g. 4380 k [4] = Wadd.
1219; Balbura: Wadd. 1221, 1224.

[1]) Bürger von Oin. unterstützen nach App. b. c. 4, 79 den
Brutus bei seinem Kampfe gegen Xanthos.

[2]) C. i. g. 4324 = Wadd. 1341. Plin. n. h. V, 28, 100:
oppidum Olympus ibi fuit ist wohl einer älteren Quelle entnommen,
ohne zu prüfen, ob die Angabe für die Gegenwart noch Geltung
habe; s. auch E. Kuhn, D. städt. u. bürgerl. Verf. d. röm. Reichs
II S. 297. Die gleiche Bewandtnis hat es mit der Notiz V, 35, 131:
Megista, cuius civitas interiit (von den Seeräubern zerstört?).

kann die von Strabo, wie er selbst deutlich angiebt, dem Artemidor entlehnte Angabe, dass Xanthos, Patara, Pinara, Olympos, Myra, Tlos die sechs Städte mit drei Stimmen waren, für die Zeit vom Jahr 74 an nicht mehr zutreffen, und Strabo hat seit der Zeit Artemidors[1]) vorgekommene Änderungen zum mindesten in Bezug auf die höchstberechtigten Städte nicht beachtet.

Wie viele von den übrigbleibenden 17 Städten zwei, wie viele eine Stimme hatten, giebt er nicht an. Ist die Voraussetzung berechtigt, dass bei der Organisation ein proportionales Verhältnis der Stimmen der Höchstberechtigten zu denen der Mittleren und Mindestberechtigten geschaffen wurde, so wären zwei Arten der Verteilung denkbar: eine solche, bei der es sieben Städte mit je zwei und zehn mit je einer Stimme gab und somit die Stimmzahl der zwei letzteren Gruppen zu der der ersteren wie 4 : 3 sich verhielt, oder die, dass es dreizehn Städte mit zwei und vier mit einer Stimme gab, so dass das Verhältnis 5 : 3 wäre. Letztere Verteilung wäre wahrscheinlicher. Schwer zu entscheiden ist, ob der Abschnitt Strabos, in dem er die Zahl der stimmberechtigten Städte auf 23 bestimmt, so zu fassen ist, dass derselbe auf Grund eingezogener Erkundigung diese Zahl als für seine Zeit (etwa vor 18 n. Chr.) noch gültig bezeichnet, oder ob wir in demselben eben auch ein Exzerpt aus Artemidor[2]) zu sehen haben, das wie so manches in den letzten Partien des Strabonischen Werks nicht mehr darauf geprüft worden ist, ob es für die Gegenwart noch gültig sei. Wollte man das erstere annehmen, so könnte man vermuten, dass bei Festhaltung

---

[1]) Nach Marcian. Heracleensis epitome peripli Menippei, Müller Geogr. min. 1, 566 fällt die Akme (ἀχμάζων) dieses ephesischen Geographen um die 169. Olympiade = 104 –100 vor Chr.

[2]) Siehe A. Vogel in Philologus XLI (1882) S. 526.

der anfangs bestimmten Zahl von 23 Kantonen den veränderten Umständen die nötige Rechnung durch die Massregel der Sympolitie getragen wurde, d. h. dadurch dass mehrere Gemeinwesen in Beziehung auf die Stellung zum Bunde so zu einem höheren Ganzen vereinigt wurden, dass sie als Teilkantone lokale Selbständigkeit bewahrten, aber dem Bunde gegenüber ein Ganzes bildeten und mit einander eine Stimme abgaben. Derartige Sympolitien gab es jedenfalls von Anfang an, da die Zahl der lykischen Städte viel über 23 betrug[1]). Solche Sympolitien sind uns auch inschriftlich bekannt. Der Kanton Aperlai bestand neben Aperlai aus Simena, Apollonia und Isinda[2]). Auch Akalissos war das Zentrum einer solchen Sympolitie, als deren weiteres Mitglied wir Idebessos kennen[3]). Mit Oinoanda war wohl in gleicher Weise das kleine Termessos verbunden[4]).

Der lykische Bund prägte Münzen in Silber und Kupfer. Die Silbermünzen desselben sind dem rhodischen Münzsystem angepasst und tragen auf der einen Seite den Kopf des Apoll, auf der andern die Lyra und die Aufschrift ΛΥΚΙΩΝ, meistens in der Abkürzung ΛΥ, an welche sich die zwei oder drei ersten Buchstaben des

Münzen des lykischen Bundes

---

[1]) Nach Plin. n. h. V, 28, 101 früher 70, zu seiner Zeit 36, nach St. B. 64. Aus Schriftstellern, Münzen und Inschriften hat Koner in Pinder und Friedländer, Beitr. z. älter. Münzkunde I S. 93—122 nahe an 100 lykische Ortschaften zusammengestellt
[2]) Wadd. 1290, 1292; c. i. g. 4289, 4300 t und w. G. Hirschfeld, Arch.-epigr. Mittlg. aus Österr. IX S. 192–201.
[3]) C. i. g. 4315 t und u = Wadd. 1333 und 1334.
[4]) C. i. g. 4380 n³ = Wadd. 1232 und Bull. d. corresp. hellén. 1886 S. 199 ff. no. 3—6. Spratt and Forbes, Travels in Lycia I, 182 (und II, 277) findet sich die Angabe, dass eine in Rhodiapolis sich findende Inschrift eine Sympolitie dieser Stadt und der Städte Gagae und Korydalla erweise. Diese Inschrift liegt uns nicht vor, weshalb wir die Sache unentschieden lassen müssen.

Namens der einzelnen Stadt, von der sie geprägt wurden, anschliessen. Einige wenige Silbermünzen tragen nur die erstere Aufschrift; vielleicht darf angenommen werden, dass dieselben bei ausserordentlichem Bedarf, besonders in Kriegsfällen geschlagen worden sind. Die Kupfermünzen zeigen meistens auf dem Avers den Kopf der Artemis, auf dem Revers einen Hirsch, oder auf ersterem den Kopf Apollos, auf letzterem Bogen und Köcher. Die Münzen aus beiderlei Metall zeigen im Revers ein leicht vertieftes Viereck, wenigstens bis um die Mitte des ersten Jahrhunderts v. Chr. Den von den einzelnen Bundesgliedern ausgegebenen Münzen fehlt die Signatur des jeweiligen Magistrats der Stadt, während diese z. B. bei den Münzen des achäischen Bundes konstant erscheint[1]). Zur Zeit des Augustus ging der Bund für Silber- und Kupferprägung zum römischen Münzsystem über und schlug somit Silberdenare und Kupfermünzen nach dem Asfusse; an die Stelle des Apollo trat das Bild des Kaisers, jedoch ohne Aufschrift.

An der Hand der erhaltenen Münzen ist vielfach versucht worden, die 23 Glieder des Bundes festzustellen[2]), ein Versuch, dessen Resultate unvollständig und auch unsicher sind, da er zur Voraussetzung hat, dass in der Zahl wie in der Zusammensetzung keine Änderungen eingetreten sind. Von Pinara, das zu den sechs von Artemidor angegebenen bestberechtigten Städten gehört,

---

[1]) Siehe Lenormant II S. 108 ff. Len. nimmt an, dass der lykische Bundesstaat sein Münzwesen im wesentlichen nach dem des achäischen geordnet habe, wie schon Freeman vermutet, dass bei der ganzen Organisation des ersteren gründliche Kenntnis und Prüfung der Einrichtungen des letzteren mitgewirkt haben. Einzelne solche lykische Bundesmünzen sind beschrieben in Imhoof-Blumer, Monnaies grecques S. 325 ff.

[2]) Koner a. a. O.; Waddington, Rev. numism. 1858 pag. 85—98; Lenormant a. a. O.

sind keine Münzen erhalten. Durch Münzen ist unzweifelhaft die Mitgliedschaft am Bunde, abgesehen von den fünf anderen der ersten Klasse (Xanthos, Patara, Olympos, Myra, Tlos) noch erwiesen für Antiphellos, Arykanda, Kragos (= Sidyma), Kyaneai, Limyra, Podalia, Telmessos, Massikytos [1]), Rhodiapolis, Aperlai [2]): mit annähernder Sicherheit für Phellos, Araxa, Korydalla [3]). Von Bubon giebt es Münzen mit lykischem Typus, aber ohne vertieftes Viereck. Von Telmessos ist es nicht ganz sicher, ob es gleich nach dem Ende des pergamenischen Reiches zu Lykien geschlagen wurde, also zu den 23 Städten des Artemidor zu zählen ist: dass es später einmal zu dem Bunde gehört hat, beweisen Münzen mit der Aufschrift ΛΥ [4]), sowie ein inschriftliches Zeugnis [5]). Strabo [6]) bezeugt dem Anschein nach den alsbaldigen Anfall an Lykien, aber bei Appian [7]) erscheinen für die Zeit des ersten mithradatischen Krieges die Telmessier den

---

[1]) L.-Bl., M. gr. schreibt Massikytes: wohl nicht der Name einer Stadt, sondern einer Sympolitie oder Syntelie von Ortschaften des Gebirgs Massikytos, von denen Komba die bedeutendste war. Diese Ansicht spricht neuerdings auch Six, Rev. num. 1886 S. 436 f. aus: jedoch giebt er dem „Distrikt Masikytos" einen bedeutend grösseren Umfang.

[2]) Marquardt und Lenormant geben noch daneben Apollonia an: dieser Name ist aber wohl zu streichen.

[3]) Trebenna wird neuerdings von Ramsay Pamphylien zugewiesen. Wenigstens eine Zeit lang muss auch das nur Plin. V, 28 genannte Amelas, sowie Tymena stimmführendes Mitglied des Bundes gewesen sein; s. L.-Bl., M. gr. S. 325 no. 1 u. 26.

[4]) L.-Bl. no. 18 u. 19.

[5]) Wadd. 1221 εἰσηγγαλμένον μὲν Φιλοκλέους εἰς τοῦ Ἀρτεμᾶ Τ[ελ]μισσέως), wenn richtig ergänzt.

[6]) XIV, 665 καταλυθείσης δὲ τῆς βασιλείας ἀπέλαβον πάλιν οἱ Λύκιοι.

[7]) Mithr. 21 καὶ τινας αὐτοῖς (Ῥοδίοις) Τελμισσέων τε καὶ Λυκίων συνεμάχουν.

Lykiern gegenüber noch selbständig; und auch eine weitere Notiz[1]) scheint dafür zu sprechen, dass Telmessos erst später in den lykischen Bund als einzelnes Glied aufgenommen wurde, während es einige Zeit hindurch nur in einer Art Symmachie zu demselben stand. Phaselis[2]) gehörte wohl nicht von Anfang an zum lykischen Bunde, sondern wurde demselben erst bei der erstmaligen Einrichtung der Provinz Kilikien zugewiesen, und hat als Glied desselben Münzen geprägt; nach dem Seeräuberkrieg des Servilius hörte es auf Glied desselben zu sein; nachdem die Stadt wieder besiedelt war, wurde sie wohl unter direkte Aufsicht des Statthalters von Kilikien gestellt. Bei der Umwandlung des lykischen Bundesstaats in römisches Unterthanenland wurde sie der lykischen Hälfte der Gesamtprovinz Lykien-Pamphylien zugewiesen[3]). Die Milyas gehörte jedenfalls nicht zum Gebiet des unabhängigen lykischen κοινόν: sie wurde nach dem Ende des pergamenischen Reiches selbständig konstituiert und zuerst als ein Anhängsel der Provinz Asia behandelt, nachher zur Provinz Kilikien geschlagen[4]).

Die obersten Behörden des lykischen Bundes.   Über die Verfassung des unabhängigen lykischen κοινόν sind wir beinahe ausschliesslich auf Strabos An-

---

[1]) St. B. Τελμησσός· πόλις Καρίας ὡς δὲ Φίλων (d. sog. Herennius Philo aus der Zeit Neros — Hadrians) καὶ Στράβων, Λυκίας.

[2]) Strabo XIV, 667 bezeugt wohl für seine Zeit: τοῦ κοινοῦ τῶν Λυκίων οὐ μετέχει, καθ' αὑτὴν δὲ συνέστηκεν (die Phaseliten waren sprichwörtlich, weil sie einmal ihre Ämter verkauft hatten, Macar. VIII, 26 τὴν ἐπὶ Λυκάδος πολιτείαν; und weil sie die Verehrung ihres Heros Kylabras (os) mit Darbringung von gesalzenen Fischen abmachten, Apostol. XIII, 79; Zenob. VI, 36).

[3]) C. i. gr. 4332 ein Phaselite ὑποφυλάξας τοῦ Λυκίων ἔθνους.

[4]) Cic. Act. in Verr. II, 1, 95 das commune Milyadum als zum Verwaltungsbezirk des Dolabella (80—79 a. Chr.) gehörig genannt. Ptol. V, 27, 25 rechnet eine Milyas zu Lykien, setzt aber in diese neben drei anderen Städten auch: Kandyba.

gaben angewiesen, da Rückschlüsse von den Einrichtungen des κοινόν der Provinz, für welche uns mehr inschriftliche Angaben vorliegen, irreführen können. Als sicher wird anzunehmen sein, dass der Λυκιάρχης nur auf kurze Zeit, wohl auf ein Jahr gewählt wurde, eponym war, im Synedrion den Vorsitz führte, das κοινόν nach aussen vertrat, im Innern für Vollzug der Beschlüsse der Bundesversammlung zu sorgen hatte, den Bundesgöttern die Staatsopfer ausrichtete, die Bundesfeste wenigstens zum Teil leitete und auch über das Gerichtswesen eine gewisse Oberaufsicht hatte. Dagegen war er zum mindesten nicht eo ipso Höchstkommandierender. Es scheint Flotte und Landmacht unter besonderem Oberbefehl gestanden zu haben[1]).

Auch wenn unsere Annahme richtig ist, dass das συνέδριον eine repräsentative Versammlung war, darf doch vermutet werden, dass dem Λυκιάρχης für seine verschiedenen Funktionen eine βουλή, ein halb beratender und kontrollierender, halb bei Exekution und Verwaltung mitwirkender, von und aus dem συνέδριον gewählter Ausschuss an die Seite gegeben war[2]). Die κοινοὶ ἄρχοντες, die Bundesbeamten in Heer, Verwaltung und Justiz, waren zu einem Kollegium vereinigt. Vielleicht gab es auch schon zur Zeit der Unabhängigkeit einen ἀρχιφύλαξ und ὑποφύλαξ, etwa Polizeidirektor und Polizeiunterdirektor.

Die einzelnen Glieder waren durch commercium und conubium verbunden. Auch wird es schon in diese Zeit

---

[1]) C. i. g. 4269 b¹ b² = Wadd. 1251, 1252 Aichmon Nanarch des Bundes.

[2]) Wadd. 1221 erscheinen beim κοινόν der Provinz neben σύνεδροι auch βουλευταί; zwischen denselben werden Λυκίων ἀρχοστάται genannt. Infolge eines Versehens des Steinmetzen für ἀρχ(ε)ιοστάται = Bundesarchivare oder Bundeskanzleioberbeamte, im ganzen also = γραμματοφύλακες? Über γραμματεύς und ὑπογρ. s. Kap. IX. über L. als Provinz.

Achtes Kapitel.

Verfassung der einzelnen Städte.

zurückgehen, dass Angehörige vermögender und angesehener Familien Bürger mehrerer Städte waren.

Über die Verfassung der einzelnen Städte können wir nur vermuten, dass sie demokratisch, aber gemässigt demokratisch war[1]), schon deshalb, weil nur eine solche von Rom in seinem Machtbereich geduldet wurde. Die obersten Organe jeder Stadt waren der δῆμος und die βουλή (letztere durch Wahl und in früherer Zeit nicht auf Lebenszeit besetzt[2])). Bei der Wahl in den Rat wie bei den übrigen Wahlen wird schon im Verlaufe dieser Zeit die für die Provinz Lykien bezeugte Sitte aufgekommen sein, dass der glücklich Gewählte den Wählern die Mittel zu einem fröhlichen Tage spendierte. Neben δῆμος und βουλή gab es in vielen Städten und zwar auch in kleineren älteren eine γερουσία, eine ältere Männer aus allen freien Ständen vereinigende Korporation, nicht

---

[1]) C. i. g. 4239 (Tlos) διατηρήσαντα τούς τε νόμους καὶ τὴν πάτριον δημοκρατίαν. Aus diesem Ausdruck, der allerdings überwiegend nur bezeichnet: „die Fortdauer der Unabhängigkeit und bisherigen selbständigen Verfassung wahren", ist immerhin so viel zu schliessen, dass die Verfassung von Tlos so eingerichtet war, dass ein δῆμος die höchste Gewalt wenigstens formell hatte. Wie dieser Demos aber konstituiert war und ob und inwieweit er thatsächlich durch irgend welche Organisation von mehr aristokratischem Charakter eingeschränkt war, dafür bleiben verschiedene Möglichkeiten offen. Dass für die hellenischen oder hellenisierten Politien Demokratie und Autonomie innerlich zusammenhing, zeigen u. a. d. Inschrr. Dittenb. 171 (= c. i. g. 3137) und 200. Wie wenig aber aus dem Ausdruck δημοκρ. auf eine durchaus demokratische Verfassung geschlossen werden darf, zeigt Dittenb. 266 (= bull. d. corr. hell. X p. 294), wo das Volk von Pergamos, ums J. 46 v. Chr., wo sicherlich keine rein demokratische Verfassung mehr in einer Stadt der Provinz Asien bestand, den P. Servilius Isauricus ehrt ἀποδεδωκότα τῇ πόλει τοὺς πατρίους νόμους καὶ τὴν δημοκρατίαν ἀδούλωτον.

[2]) B.-N. no. 49 (Sidyma Kaiserzeit) erwähnt ἐν τοῖς καθεστῶσι ἀρχαιρεσίοις: sicher ein Überrest aus der Zeit der Unabhängigkeit.

bloss dem Zweck gesellschaftlicher Unterhaltung und gemeinsamer Abhaltung von Spielen u. s. f. dienend, sondern mit munizipalen Rechten und Funktionen ausgestattet[1]). In Lykien mag dieses Institut auf eine alte Grundlage zurückgehen, nicht erst ganz neu in hellenistischer Zeit entstanden sein. Manchmal findet sich neben der Korporation der γερουσία noch eine solche der νέοι[2]). Das Gebiet jeder Stadt zerfiel in Demen; der Name Demen wurde aber bald überwiegend von den ausserhalb des Weichbildes der Stadt gelegenen Bezirken gebraucht, der Stadtbürger im engeren Sinne des Wortes wurde zur Unterscheidung von den Bürgern der mit der Stadt zu einem politischen Ganzen zusammengehörenden Aussengemeinden ἀστός genannt[3]). Trotzdem die Ämter durch Wahl besetzt wurden, waren sie infolge des Ansehens, das alte Geschlechter erfahrungsgemäss gerade in kleinen Politien geniessen, sowie infolge davon, dass der für die meisten Ämter wahrscheinlich gesetzlich verlangte Zensus in seiner Wirkung durch die immer mehr aufkommenden Largitionen noch verstärkt wurde, thatsächlich im Besitz bestimmter Familien[4]).

[1]) Siehe Exkurs im T. Gpr. 1887.
[2]) Νέοι in Xanthos: c. i. g. 4269 d. B.-N. no. 95; in Tlos: c. i. g. 1238; in Sidyma: 4266 b.
[3]) Siehe oben S. 58; ausserdem noch Ἰσσλαδέων (τῷ δήμῳ). (Ob Τρυσέων ὁ δῆμος inschriftl. B.-N. S. 31 = Gjölbaschi auch so aufzufassen, ist fraglich). Wadd. 1260. B.-N. no. 82 Xanthos: ἀστήν und ἀστικῷ. In Kadyanda (Cousin et Diehl, bull. de corr. hell. 1886 no. 10, 13, 14, 15) eine φυλή Ἀπολλωνιάς. Jedoch auffallend, dass sonst bei Bürgern von Kadyanda keine Phyle angegeben wird. Vielleicht war nur der vornehmere Teil der Bürger, die „Altbürger", in Phylen eingeteilt.
[4]) C. i. g. 4329 c. add. (Olympos) τὸν τῆς στρατιᾶς κο[σμούν]τα], τά[ν] ἐ[κ] γέ[νε]ος βασιλή[ων]. Von Parthenios Erot. V wird Leukippos, S. eines Xanthios, bezeichnet als γένος ἀπὸ τῶν Βελλεροφόντου, was jedoch bei dem von diesem gelehrten Fabulisten als Quelle genannten Hermesianax Erfindung sein wird. —

Achtes Kapitel.

Abhängigkeit von Rom in der äusseren Politik.

Strabo giebt vom lykischen Synedrion an, dass es früher auch über Krieg und Frieden und Bundesgenossenschaft beratschlagte und beschloss, was für seine Zeit, da diese Fragen der Entscheidung der Römer unterstehen, nicht mehr habe geschehen können, ausser so weit die Römer es erlauben oder es von ihrem Interesse geboten sei. Diese dem lykischen Bundesstaat für die frühere Zeit zugeschriebene Selbständigkeit in der äussern Politik ist dahin einzuschränken, dass Rom demselben, so lange es Asien noch nicht unter eigener Herrschaft hatte, mehr freien Spielraum liess als nachher [1]).

Aeussere Schicksale des Bundes.

Der lykische Bund wahrte Rom gegenüber eine beständige Treue. Gegen Aristonikos, welcher das von den Römern als Erbe beanspruchte Reich seines natürlichen Vaters Attalos für sich zu erwerben versuchte und in seinem Kampf gegen Rom (131—29) in Kleinasien mannigfache Unterstützung fand, wurde wohl wenigstens M. Perperna wegen der Nähe des Schauplatzes, auf dem der Kampf sein Ende nahm, von Lykien unterstützt. Ebenso wird die Vermutung berechtigt sein, dass M. Antonius bei den Kämpfen, die zu der Einrichtung der Provinz Kilikien 103 vor Chr. führten, lykische Kontigente verwen-

---

C. i. g. 4274 (Xanthos) πατρὸς καὶ προγόνων βουλευτῶν. 4289 (Patara). ἄνδρα ἐκ τῶν πρωτευ[σάντ]ων καὶ προγόνων ἀρξάντων. Kadyanda a. a. O. no. 8 προγόνων καὶ γονέων ἐνδόξων καὶ ἀρχιερέων.

[1]) In die Zeit vor Einrichtung der Provinz Asien fällt der nach Makk. I, 15, 23 von der römischen Regierung auch an Lykien zu Gunsten der Juden gesandte Brief; Phaselis, wo sicherlich damals schon viele Juden sassen, wird hier neben Pamphylien und Lykien genannt. Die von Hitzig in der Z. d. D. M. G. IX (1855) S. 431 f. und in seiner Gesch. d. jüd. Volks S. 347 aufgestellte Vermutung, dass die Spartaner in Makk. I, 12, 2. 5 ff. die Bürger des lykischen Patara seien, wird von Keil, Kommentar. S. 209 mit Recht als grundlos bezeichnet.

dete¹). Von dem ersten mithradatischen Krieg wurde Lykien schwer berührt; es blieb wie Rhodos der römischen Sache treu. Von den Kämpfen, die es zu führen hatte, sind wir im einzelnen nicht unterrichtet. Zuerst liess Mithradat die Lykier durch Feldherrn bekriegen²). Als die Rhodier zu der Zeit, da die meisten kleinasiatischen Städte den Mordbefehl des pontischen Königs mit Wonne befolgten, ihre Stadt in Verteidigungszustand setzten, wurden sie von einer Schar Telmessier und Lykier dabei unterstützt³). Als nachher den König seine Misserfolge

¹) Von Byzanz wird dies Tac. Annal. 12, 62 ausdrücklich bezeugt; s. auch Fr. Junge, De Ciliciae Romanorum provinciae origine ac primordiis S. 8, Anm. 21. Deshalb darf es von Lykien, das dem Kriegsschauplatz viel näher lag, mit Sicherheit angenommen werden. In diesen Zusammenhang, wenn nicht in den Piratenkrieg des Servilius, ist die Seeschlacht zu setzen, in der nach c. i. g. 4269 b¹ b² der Nauarch der vereinigten Lykier namens Aichmon in der Nähe der chelidonischen Inseln die Feinde besiegte, worauf er in ihrem Gebiet landete, es verwüstete und noch in drei Kämpfen zu Land siegte: vielleicht bezieht sich auf diesen unter der Oberleitung des M. Antonius geführten Krieg auch die Inschrift bull. de corr. hell. 1882 S. 278, in welcher das Volk von Phaselis, der lykische Bund und das Volk des lykischen Myra (Μυρέων τῶν ἐν Λυκίᾳ) einen athenischen Nauarchen ehrt. Daraus, dass das Volk von Myra wie das von Phaselis neben dem lykischen κοινόν besonders erscheint, wird nicht mit Foucart darauf zu schliessen sein, dass zur Zeit der Inschrift Myra noch nicht Mitglied des Bundes war, sondern man wird an eine Aktion zu denken haben, die für die Sicherheit Myras, wie für die von Phaselis besondere Bedeutung hatte. Der von Foucart gemachte Vorschlag, an den Seeräuberkrieg des Servilius Isauricus zu denken, ist entschieden abzuweisen, da in demselben Phaselis als eine Position der Seeräuber von dem römischen Feldherrn eingenommen wurde.

²) Appian Mithr. 20 καὶ ἐς τὰ περίοικα περιπέμπων ὑπηγάγετο Λυκίαν τε καὶ Παμφυλίαν· 21 Schl. Λυκίοις ἔτι ἀντέχουσι διὰ τῶν στρατηγῶν ἐπολέμει.

³) Appian Mithr. 24 Auf.

bestimmten die Belagerung von Rhodos aufzugeben, zernierte er Patara und begann den heiligen Hain der Leto niederlegen zu lassen, wovon er aber infolge eines ihn schreckenden Traumgesichts abgestanden sein soll. Die weitere Bekämpfung der Lykier überliess er dann seinem Feldherrn Pelopidas [1]). Die Verteidigung gegen diesen scheint Lykiens Kräfte ziemlich lange in Anspruch genommen zu haben [2]). Zur Belohnung für die gebrachten Opfer bestätigte Sulla, der wohl schon früher als Statthalter von Kilikien (92) mit den Lykiern in nähere Berührung gekommen war, nach Abschluss des Friedens von Dardanos (84) ihnen ihre Freiheit und zog sie zu der den asiatischen Städten auferlegten Steuer nicht herbei; später erhielten sie noch durch Murena Bubon, Balbura und Oinoanda. Bald darauf mussten sie die Misswirtschaft der römischen Optimatenregierung schwer empfinden. C. Verres beutete als Quästor des Statthalters von Kilikien, Cn. Cornelius Dolabella, durch die von ihm erfundene raffinierte Behandlung der Getreide- und sonstiger Naturallieferungen [3]) auch dieses Land aus, obwohl es nicht Provinzialgebiet war. So waren auch die Ly-

---

[1]) Appian Mithr. 27.

[2]) Dies möchten wir daraus schliessen, dass, wenn die Nichterwähnung bei Plutarch Luc. 3 u. Appian Mithr. 56 als beweisend gelten darf, Lykien zu der von Lucull zusammengebrachten und zur Wiedergewinnung von Kos und Knidos verwandten Flotte kein Kontingent stellte.

Worauf sich die Angabe bei Neumann, Geschichte Roms während d. Verf. d. Rep. S. 534 stützt, wornach die meisten Städte in Lykien dem Mithradat zufielen, kann ich nicht finden. Richtig an derselben ist wohl nur so viel, dass das Aufkommen der Seeräuberei an der lykischen Ostküste mit den Operationen des Königs und seiner Feldherrn zusammenhing.

[3]) Actio in Verr. II, 1, 38, 95. Die Lykier werden von Cic. als graeci homines bezeichnet.

kier beinahe, was Cicero von den Lampsakenern, Bewohnern einer Provinzialstadt, sagt[1]), ihrer formellen Rechtsstellung nach Bundesgenossen des römischen Volks, ihrer faktischen Stellung nach aber Knechte.

In den Jahren 78—74 spielte sich ein Teil des von P. Servilius Vatia Isauricus geführten Seeräuberkriegs im Osten des lykischen Landes ab. Der lykische Bund hatte sich, wie Strabo rühmend hervorhebt, allen Versuchungen trotzend am Unwesen der Seeräuberei nicht beteiligt. Dagegen war es den Seeräubern gelungen, sich auf der Ostküste Lykiens einzunisten, und einer ihrer Häuptlinge, Zeniketes, hatte Berg und Feste Olympos, Phaselis und einen lykischen Ort Namens Korykos zu Hauptbollwerken eines Piratenstaates umgeschaffen[2]). Servilius belagerte den Zeniketes in seiner Feste Olympos. Als die Berghöhe

Seeräuberkrieg des Servilius

---

[1]) Act. in Verr. II, 1, 32, 81.

[2]) Strabo XIV, 671 verlegt unrichtigerweise dieses Olympos nach Kilikien und verwechselt das lykische Korykos mit dem kilikischen. Damit hängt zusammen, dass er bei der allgemeinen Würdigung des Verhaltens der Lykier gegenüber der Seeräuberei die Ausnahme, die Olympos machte, nicht berücksichtigt; s. auch B.-N. S. 145. Das von Zeniketes beherrschte Korykos schwerlich = dem pamphylischen Attaleia (St. B. s. Ἀττάλεια und Eust. ad Dion. Perieg. v. 855).

Das jüngst von Hauler auf einem Palimpsest entdeckte und in der Revue de philol. X (1886) 2. Livr. S. 126 ff. veröffentlichte Fragment der Historien des Sallust bietet über den in Lykien sich abspielenden Teil des Krieges nichts. Von dem seinen Inhalt bildenden Bericht über die echt römische, an das Verfahren gegen Karthago erinnernde Art, wie Servilius Isaura nova in den Zustand der Wehrlosigkeit brachte, ist vielleicht zu beachten, dass, nachdem Servilius die Auslieferung der Überläufer, aller Waffen und Geschütze verlangte, hier, wie früher in Marmara und Termessos (s. oben S. 133 und 142 f.) iuniores primum ex consilio, deinde uti quisque acciderat, per totam urbem maximo clamore tumultum fecerunt neque se arma neque se socios, dum anima esset, prodituros firmabant.

von ihm eingenommen wurde, verbrannte sich der Seeräuberfürst mit seinem ganzen Hause. Ausser der Stadt Olympos [1], in der er Bildsäulen und sonstige Kunstwerke erbeutete, welche er dann in Rom im Triumph aufführte und dem römischen Staat als Eigentum überwies, nahm Servilius noch das lykische Korykos und Phaselis [2] ein. Teile der Markungen lykischer Städte, unter denen Phaselis und Olympos ausdrücklich genannt werden, wurden von Servilius zu ager publicus gemacht und waren das noch im Jahr 63 [3]). Was aus diesem ager publicus geworden ist, wissen wir nicht; wahrscheinlich wurde er im Lauf der Bürgerkriege oder unmittelbar nach Beendigung derselben an hervorragende Lykier, die für die betreffende Partei viel geleistet hatten, als Geschenk oder gegen geringen Kaufpreis weggegeben. Zu diesem Kriege musste ohne Zweifel der lykische Bund Schiffe und Landtruppen stellen. Ebenso hatte er den Pompejus bei dem grossen Seeräuberkrieg [4]) zu unterstützen. Die Festen

---

[1]) Cicero Act. in Verr. II. 1, 21. 56.

[2]) Cicero Act. in Verr. II, 4, 10. 22.

[3]) Cicero, De lege agrar. I frgm. 3: addicetur omnis ora Lyciorum atque Cilicum. § 5: iubens venire agros (Attalensium atque) Olympenorum; II § 50: iubet venire, (quae Attalensium), quae Phaselitum, quae Olympenorum fuerint. Der ager Agerensis, der darauf genannt wird, ist wohl in der Nähe des ager Oroandicus zu suchen, so dass an eine Änderung in Aperlensis nicht zu denken ist. Eutr. VI, 3: „Lyciae urbes clarissimas oppugnavit et cepit, in his Phaselidem, Olympum" beruht wohl auf rhetorischer Übertreibung, ebenso Orosius V, 23: Lyciam et urbes ejus obsessas oppressasque cepit. Praeterea Olympum montem pervagatus Phaselim evertit, Corycum diruit; s. auch Junge S. 25 ff. Dieser vermutet S. 31, dass Olympos und Phaselis von Servilius zur Provinz Cilicien geschlagen worden seien.

[4]) App. Mithr. 95: Λυκίαν καὶ Παμφυλίαν καὶ Κύπρον καὶ Φοινίκην ἐφύλασσε Μέτελλος Νέπως.

Kragos und Antikragos, die nach Appian[1]) zuerst sich dem Pompejus ergaben, gehören unzweifelhaft nach Kilikien. Cicero hatte als Statthalter der Provinz Kilikien im Jahr 57—56 in seinem Heer ein kleines Kontingent Lykier[2]).

Unter den Bürgerkriegen, welche der Republik der Optimaten ein Ende machten, hatte auch Lykien schwer zu leiden.

Lykien während der römischen Bürgerkriege.

Es musste Pompejus mit Geld, Schiffen und Proviant unterstützen[3]). Nach der Niederlage des Pompejus bei Pharsalos sagten sich die Lykier wie die Rhodier von dessen Sache los[4]), der sie nur notgezwungen gedient hatten. Cäsar verwandte im alexandrinischen Krieg fünf lykische Kriegsschiffe neben neun (ursprünglich zehn) rhodischen und zwölf aus der Provinz Asien[5]). Auch die Sympathien Lykiens scheinen, wie sein späteres Verhalten zeigt, bald für Sache und Person Cäsars gewonnen worden zu sein. Die Lykier sahen in ihm vor allem den Mann, der geeignet und gewillt war, Ordnung in das grosse römische Reich zu bringen und Unter-

[1]) Mithr. 96.
[2]) Ad Att. VI, 5, 3.
[3]) Caes. bell. civ. III, 3 allerdings nicht genannt, wo es jedoch in Asia oder Cilicia mit einbegriffen sein könnte; ebenso nicht III, 5. Cic. ad Att. IX, 9, 2 wird Lykien ausdrücklich unter den Gegenden genannt, aus denen Pompejus eine grosse Flotte zusammenbringe, um Italien auszuhungern; aber auch diese Stelle nicht sicher beweisend, da Cicero eben alle Orte aufzählt, welche Schiffe liefern können. Es ist jedoch nicht abzusehen, wie sich der lykische Bund der Notwendigkeit, Pompejus zu unterstützen, hätte entziehen können. Judeich, Cäsar im Orient S. 56 nimmt auf Grund von Lucan VIII, 251 an, dass P. auf seiner Flucht auf sehr kurze Zeit in Phaselis Halt gemacht habe.
[4]) Nur von den Rhodiern positiv überliefert: Caes. b. c. III, 102 fin. Cic. ad fam. XII, 14, 3. de divin. I, 32, 69.
[5]) Bell. Al. 13.

thanen wie Bundesgenossen vor Willkür und Habsucht der Grossen zu schützen. Vielleicht hat Cäsar Lykiens Stellung zum römischen Reich in einer für die Lykier günstigen Weise neu geregelt [1]. Nach der Ermordung Cäsars hielten sie, so lange es ihnen möglich war, treu zu seiner Partei.

Die Lykier stellten dem P. Cornelius Dolabella, wie die Rhodier, Pamphylier und kilikische Städte Schiffe, um ihn in Stand zu setzen, auch mit einer Seemacht nach Syrien zur Bekämpfung des Cassius sich zu begeben[2]; mit der Sammlung der Flotte war von Dolabella L. Figulus beauftragt. Dolabella liess aber, nachdem er seine Expedition nach Syrien angetreten hatte, in Lykien eine zweite, hauptsächlich aus Transportschiffen bestehende Flotte sammeln und in Bereitschaft halten; die Optimaten fürchteten, er werde, wenn sein syrisches

---

[1] Von Rhodos wird Appian b. c. 4, 68, 70 bezeugt, dass Cäsar das foedus mit ihm erneuerte. Schon im Jahr 51 war eine derartige Erneuerung vorhergegangen, Cic. ad fam. XII, 15, 2.

Cassius Dio 47, 32 von Lykiern und Rhodiern zusammen: ἐπειδή, εὖ ὑπὸ τοῦ Καίσαρος τοῦ προτέρου ἐπεπόνθεσαν. Die Lykier hatten nach der Schlacht von Pharsalos Gesandte an Cäsar geschickt: Appian b. c. II, 89 Καίσαρα τὸν Ἑλλήσποντον περαιωθεὶς, Ἴωσι μὲν καὶ Αἰολεῦσι καὶ ὅσα ἄλλα ἔθνη, τὴν μεγάλην χερρόνησον οἰκοῦσι, καὶ καλοῦσιν αὐτὰ ἐπὶ ὀνόματι Ἀσίαν τὴν κάτω, συνεγίνωσκε προσφερομένοις ἐς αὐτὸν καὶ παρακαλοῦσι. (Nach Judeichs Vermutung a. a. O. S. 62 hielt sich C. längere Zeit in Ephesos auf.) Zu τὰ ἔθνη, welche neben Ephesos und den übrigen hellenischen Städten Asiens Cäsar durch eine Inschrift c. i. g. 2957 — Dittenb. 260 ehren „τὸν ἀπὸ Ἄρεως καὶ Ἀφροδείτης θεὸν ἐπιφανῆ, καὶ κοινὸν τοῦ ἀνθρωπίνου βίου σωτῆρα", gehört wohl auch das lykische κοινόν.

[2] Appian b. c. IV, 60 ἀγείρων ἐπὶ μισθῷ wird mehr auf die Mannschaft als auf die Schiffe zu beziehen sein. Der Mannschaft wurde Sold versprochen und Werbegeld bezahlt, um die Flotte rascher zusammenzubringen.

Unternehmen fehlschlage, mit derselben nach Italien
fahren, um sich dem Antonius anzuschliessen.

P. Lentulus Spinther, der Proquästor des von
Dolabella ermordeten Trebonius, hatte sich nach Makedonien
geflüchtet. Von hier kehrte er (J. 43), nachdem
Dolabella nach Syrien gefahren, in die Provinz Asia
zurück, um deren Verwaltung für die Optimaten zu
übernehmen und aus derselben nicht bloss für die Kriegskasse
der Partei, sondern auch für seinen Privatbeutel
möglichst viel Geld heranzuschlagen. Er rühmt sich
durch sein Erscheinen bewirkt zu haben, dass die Legaten
Dolabellas, Sex. Marius und Titius, sich mit den
Kriegsschiffen von Lykien wegflüchteten; die Transportschiffe
habe er dann in seine Gewalt bekommen und den
Eigentümern zurückgestellt [1].

Als Cassius seinen Gegner Dolabella im syrischen Laodikeia
belagerte, verlangte er, wie von den Phönikern, so
auch von Rhodos und den Lykiern Schiffe. Beide weigerten
sich dem Verlangen nachzukommen, und als Cassius
zum zweitenmale durch Beauftragte das Ansinnen stellte,
erklärten sie, sie werden weder Cassius noch Brutus
zum Bürgerkriege bundesgenössischen Beistand leisten,
wie sie ja auch Dolabella Schiffe nur zum Geleite
gegeben hätten und nichts davon wüssten, dass sie am
Kampfe teilnahmen [2]). Damit hatten sich diese beiden
Staaten, bei der Unmöglichkeit Neutralität zu wahren,
entschieden auf die Seite der cäsarischen Partei gestellt.
Deshalb erklärte Cassius, als er mit Brutus in Smyrna [3])
den Kriegsplan beriet, es für eine Notwendigkeit, Rhodos
und Lykien vorher zu überwinden, ehe man sich zum

---

[1]) Cic. ad fam. XII, 14 und 15. Lentulus übertreibt wohl
die Grösse dieser Transportflotte.
[2]) Appian b. c. IV, 61.
[3]) Plut. Br. 30 in.

Entscheidungskampfe mit Oktavian und Antonius nach Europa begebe. Denn sonst könnten diese beiden Staaten mit ihrer Flotte ihnen im Rücken sehr gefährlich werden. Cassius zog dann gegen Rhodos, Brutus dagegen rückte mit einem Landheer gegen Lykien vor[1]). An der Landesgrenze trat ihm ein lykisches Bundesheer entgegen[2]), nachdem der „Demagog" Naukrates die Städte zum Widerstand bestimmt hatte[3]). Das Bundesheer wurde geschlagen[4]), ein Teil desselben flüchtete sich in die nahen Schanzen, die aber rasch genommen wurden. Einige Städte ergaben sich dann. Die Xanthier, unterstützt von den kriegstüchtigsten Teilen der Kontingente der Nachbarstädte, warfen sich in ihre Stadt und wurden

[1]) Appian b. c. 4, 65. Über die Kämpfe des Brutus gegen die Lykier liegen uns drei Berichte vor: Appian b. c. 4, 75—82 in. Plutarch Brutus 30—33. Cassius Dio 47, 34. Bei Plutarch und auch bei Appian ist das Bestreben unverkennbar, den Edelmut des Brutus auf der Folie der Unbarmherzigkeit des Cassius möglichst hervorzuheben.

[2]) Plutarch: λόφους τινὰς ὡς εἴρξοντες πάροδον τὸν B. καταλαβόντες. Dio C.: Βρ. τό τε κοινὸν τῶν Λ. στράτευμα ἀπαντῆσαν αὐτῷ πρὸς τὰ μεθόρια μάχῃ τε ἐκράτησε καὶ συγκαταφυγὸν ἐς τὸ ἔρυμα αὐτοβοεὶ εἷλε καὶ τῶν μὲν πόλεων τὰς μὲν πλείους ἀμαχὶ προσηγάγετο. Ξ. δὲ ἐς πολιορκίαν κατέκλεισεν.

[3]) Den Namen hat uns nur Plutarch erhalten, der eben für Persönliches mehr Interesse hatte als die beiden anderen. Dem „ἀνάστατος τὰς πόλεις ἀφίστασθαι" liegt die Anschauung zu Grunde, dass Brutus rechtmässiger Vertreter der römischen Reichsgewalt war.

[4]) Nach Plutarch infolge eines Reiterangriffes, dem 600 Lykier zum Opfer fielen. Seine Quelle lässt gleich zu Anfang Brutus Edelmut entfalten, indem er die Gefangenen, die er bei Eroberung der feindlichen Positionen und Städte machte, ohne Lösegeld freigab. Je grösser von Anfang an der Edelmut des Br., um so ärger die Verstocktheit der Xanthier. Appian erwähnt den Kampf mit dem Bundesheer nicht, entweder weil er ihm weniger wichtig erschien oder weil er flüchtig exzerpiert.

von Brutus belagert. Über den Gang der Belagerung giebt uns Appian die ausführlichsten Nachrichten. Die Xanthier legten ihre Vorstädte nieder, damit das feindliche Heer in denselben kein Quartier und kein Material zur Errichtung von Belagerungswerkzeugen finde. Um die eigentliche Stadt zogen sie einen Graben von über 50 Fuss Tiefe und entsprechender Breite, der jedenfalls nicht erst ganz zu erstellen war. Durch diesen gedeckt beschossen sie die Römer mit Speeren und Pfeilen. Es gelang aber Brutus durch Eifer und zweckmässige Verwendung der Arbeitskraft seiner Soldaten diesen Graben in unerwartet kurzer Zeit zu verschütten, so dass er gegen die jetzt vollständig zernierte Stadt angriffsweise vorgehen konnte [1]). Brutus liess die Thore der Stadt durch stürmende Kolonnen von ebener Erde aus berennen, die Mauern und Türme von Maschinen herab angreifen. Trotz ihrer bedeutend geringeren Anzahl, die ihnen keine Ablösung und Ruhe ermöglichte, leisteten die Xanthier hartnäckigen Widerstand. Als schon ein gut Teil der Befestigungen der Stadt erschüttert war, beging Brutus den Fehler, seine Truppen etwas zurückzuziehen, so dass die Städter die Möglichkeit hatten, einen Ausfall zu machen [2]). Zweck dieses Ausfalls war die römischen

[1]) In die Zeit der vollständigen Zernierung fällt der Versuch einiger Xanthier, dadurch dass sie (möglichst) unter dem Wasser den Fluss hinabschwammen, sich zu retten (Plut.). Dies setzt voraus, dass das linke Stromufer nicht durchaus hinter der römischen Zernierungslinie, sondern eine Stelle desselben innerhalb des Bereichs der Befestigungen der Stadt lag. Wenn Appian von der Aufgabe, den Graben der Xanthier zu verschütten, sagt: ὅθεν αὐτῷ τὸ ἔργον ἐλπισθὲν ἢ οὐκ ἔσεσθαι κωλυόντων (τῶν) πολεμίων ἢ πολλοῖς μησὶ μόλις ἔσεσθαι ὀλίγαις ἡμέραις ἐξείργαστο, so weist diese Hyperbel auf einen rhetorisch geschulten Mann hin, der sich im Hauptquartier des Brutus befand (etwa Empylos Plut. Br. c. 2?)

[2]) Nach Appian bezw. dessen Quelle traf Br. diese Anord-

194 Achtes Kapitel.

Belagerungsmaschinen in Brand zu setzen. Nach Appian missglückte, da die Römer auf ein gegebenes Zeichen rasch entgegentraten, der erste Versuch. Die Xanthier flohen wieder in die Stadt zurück und aus Angst schlossen

nung absichtlich und wohl überlegt: ὡς δὲ καὶ αὖται καὶ ἐπάλ-
ξεις) κατεσύρησαν καὶ οἱ πύργοι διερρώγεσαν, ὑποτοπήσας τὸ ἐσό-
μενον ὁ Βρ. ἐκέλευσε τὰς ἐφέδρους τῶν πολῶν τάξεις ἀποστῆναι καὶ
οἱ Ξ. νομίσαντες ἀφυλαξίαν καὶ ἀμέλειαν εἶναι κ. τ. λ. Das besagt entweder, dass Br. den Ausfall der X. als Folge des Zurückziehens der Sturmkolonne voraussah und darauf rechnete, dass so seinen Leuten Gelegenheit gegeben werde in die Stadt mit einzudringen, oder dass er den X. aus Humanität Zeit zur Überlegung lassen wollte, weil er im voraus fürchtete, bei einem stürmenden Eindringen könnten sie sich und ihre Stadt vernichten. Im ersteren Falle beging er jedenfalls den Fehler, nicht mit der Möglichkeit eines zweiten Ausfalls der X. zu rechnen. Die zweite Möglichkeit ist innerlich nicht wahrscheinlich; zudem wäre ein rasches Ausnützen des mit der teilweisen Zerstörung bezw. Erschütterung und Durchbrechung der Verteidigungswerke errungenen Vorteils wohl ein sichereres Mittel gewesen, um eine etwa schon vorhandene Absicht der X., sich selbst zu vernichten, zu vereiteln. Vielleicht war in Wirklichkeit der Fortschritt, den Br. gegenüber den Befestigungswerken der X. erzielt hatte, nicht so gross als er dargestellt wird.

Plutarch und Cassius Dio berichten nur von einem Ausfall, Appian von zweien. Dass dieser etwa zwei Exzerpte aus verschiedenen Quellen, die sich auf ein und denselben Ausfall bezogen hätten, missverständlich so benützt hätte, dass zwei Ausfälle daraus wurden, diese bei ihm an und für sich zulässige Annahme ist unserer Meinung nach durch das von ihm angegebene Detail ausgeschlossen. Er folgt offenbar einer Quelle, welche über die Einzelheiten sehr gut unterrichtet, aber alles so zu drehen und zu färben bestrebt war, dass Br. ins beste Licht kam. Die Darstellung bei Plutarch zeigt dieselbe Absicht, kümmert sich aber um das militärische Detail viel weniger und ist in manchem noch tragischer geformt. Der Bericht des Cassius Dio ist summarisch und nüchtern, von jedem Bestreben, Br. zu idealisieren, gänzlich frei.

Lykien als freier Bundesstaat unter röm. Protektorat. 195

die Wächter zu früh die Thore, so dass viele hinausgesperrt und dann von den Römern zusammengehauen wurden. Aber Brutus beging auch jetzt wieder den Fehler, seine Truppen etwas zurückzuziehen (wofür Appians Quelle diesmal uns das Motiv schuldig bleibt), und die Xanthier konnten noch in der gleichen Nacht [1]) einen Ausfall (in vermehrter Stärke) machen, vielleicht auch mit der Nebenabsicht, die aus der Stadt ausgeschlossenen Genossen, wenn noch möglich, herauszuhauen. Dieser Ausfall gestaltete sich für Lager und Heer des Brutus sehr gefährlich [2]). Es gelang den Xanthiern, alle Belagerungswerkzeuge in Brand zu stecken [3]), ausserdem fügten sie den Römern durch Pfeile und Wurfspeere schwere Verluste zu. Diese scharten sich jedoch zahlreich zusammen, rückten mitten durch die brennenden Maschinen [4]) gegen die Xanthier vor, überraschten dieselben und waren, sobald sie denselben unmittelbar nahe gekommen waren, durch ihre schwere Bewaffnung im Vorteil. Sie drängten die Städter bis zum Hauptthor zurück und mit denselben drangen ungefähr 2000 Römer durch das offen gehaltene Thor in die Stadt ein.

Mehr Römer konnten nicht eindringen, da das Thor entweder infolge Eingreifens von seiten eines Xanthiers oder infolge davon, dass die Seile, welche die Fallthüre hielten, plötzlich von selbst zerrissen, sich schloss. Die eingedrungenen Römer rückten, soweit sie nicht niedergemacht wurden, auf den engen Strassen, von den

---

[1]) Appian sagt sehr unbestimmt: οὐ πολὺ ὕστερον, aber der Zusammenhang scheint uns für obige Auffassung zu sprechen.

[2]) Cass. Dio: κἂν παρ'οὐδὲν ἀπώλετο, εἰ μή κ. τ. λ.

[3]) Cass. Dio: πῦρ ἐς τὰς μηχανὰς ἐμβαλόντων. Appian: καὶ ἐνέπρησαν τὰ μηχανήματα ἅπαντα ἀσφαλῶς. Plutarch nur: μηχαναῖς δέ τισι.

[4]) Cass. Dio: δι' αὐτοῦ τοῦ πυρός.

Xanthiern von oben beschossen, mit Mühe auf den nahen Markt vor; hier schlugen sie den Angriff der Xanthier zurück, eilten dann aber, da sie von den Pfeilen[1]) und Wurfspeeren sehr mitgenommen wurden, zum Sarpedonion, wo sie vor einer Umzingelung mehr geschützt waren. Für das Gros der römischen Armee handelte es sich darum, zur Befreiung der in der Stadt eingeschlossenen Schar möglichst rasch in dieselbe einzudringen. Aber das mit Eisen überzogene Hauptthor einzuschlagen erwies sich als unmöglich; Türme und Leitern waren verbrannt, mit den improvisierten Leitern wurde nichts erreicht. Da befestigten einige Soldaten Seile an spitze eiserne Haken, warfen letztere auf die Höhe der Mauer, so dass sie in dieselbe eindrangen und suchten sich an den Seilen hinaufzuziehen.

Dass die Römer in die Stadt eindrangen, war das zweifelhafte Verdienst von Bürgern aus Oinoanda, die aus Feindschaft gegen die Xanthier auf seiten des Brutus kämpften[2]). Diese kletterten an jähen Abhängen zur Stadtmauer empor und ihr Beispiel wurde von den Römern, wenn auch mühselig, nachgeahmt. Viele stürzten dabei, einigen gelang es aber die Mauer zu übersteigen und ein kleines Thor zu öffnen. Über die dichten Pallisaden, welche vor demselben angebracht waren, schwangen sich die kühnsten der noch draussen Stehenden hinweg und wurden von den schon innerhalb Befindlichen in Empfang genommen.

Als ihre Zahl sich gemehrt hatte, machten sie sich

---

[1]) Bemerkenswert ist, dass auch hier die Pfeile eine Hauptwaffe der Lykier bilden.

[2]) Ob ganz Oinoanda sich auf die Seite des Br. geschlagen hatte oder ob es sich nur um einen bundesfeindlichen Teil der Bürgerschaft, der vielleicht in der Verbannung sich befand, handelt, ist aus Appian nicht zu ersehen.

daran, das Hauptthor von innen einzuschlagen; da es
auf dieser Seite nicht mit Eisen beschlagen war und
von aussen andre an demselben Werk arbeiteten, gelang
es ihnen rasch. Die Hauptmasse der Xanthier war
mittlerweile mit einem Angriff auf die beim Sarpedonion
stehenden Römer beschäftigt. Um Sonnenuntergang begann das Gros des römischen Heeres in die Stadt eindringen, lauten Kriegsruf erhebend, damit die Eingeschlossenen von der nahenden Rettung unterrichtet
würden [1]). Die eindringenden Soldaten warfen in blinder
Wut, um für die Verbrennung ihrer Maschinen und
Zelte sich zu rächen, Feuer in einige Häuser und thaten
sicherlich auch sonst noch, was bei Römern nach Er-

---

[1]) Die Nachricht von der Einschliessung eines kleineren
Teils der Römer in der Stadt und dem was sich daran anschliesst
findet sich bei Appian. An ihrer Richtigkeit zu zweifeln liegt
kein Grund vor, da für die Erfindung der Episode kein Zweck
abzusehen ist. Cassius Dio giebt nur summarisch an: καὶ ἐκείνους τε ἐς τὸ τεῖχος κατήραξαν καὶ αὐτοὶ συνεισπεσόντες σφίσι τοῦ
τε πυρὸς ἐς οἰκίας τινὰς ἐνέβαλον, καὶ τοὺς μὲν ὁρῶντας τὸ γιγνόμενον
προκατέπληξαν, τοῖς δ' ἄπωθεν οὐκ ἔδοξαν ὡς καὶ πάντα ἄρδην ἠρηκότες παρέσχον. ἐκ γὰρ τούτου καὶ οἱ ἐπιχώριοι τὰ λοιπὰ συγκατέπρησαν καὶ ἀλλήλους οἱ πλείους ἀνεχρήσαντο. Bei Plutarch teilt
sich das Feuer der von den X. in Brand gesteckten römischen
Kriegsmaschinen dem Pfahlwerk auf der Stadtmauer mit und
ergreift dann die nahen Häuser, worauf Br. seinen Leuten den
Befehl giebt zu löschen, aber die Xanthier jeden Stands, Alters
und Geschlechts teils die löschenden Römer von den Mauern
herab beschiessen und bewerfen, teils noch allerlei Brennmaterial
herbeischleppen, damit der Brand die ganze Stadt ergreife. Als
die Stadt so an allen Enden zu brennen anfing, da reitet Br.
aussen die Mauern entlang und beschwört die X. doch mit sich
selbst und ihrer Stadt Erbarmen zu haben und spornt seine Leute
an zu löschen und zu retten. Aber die X. hören nicht und fahren
fort sich selbst und ihre Stadt zu vernichten. Von einem stürmenden Eindringen der Römer weiss Pl. nichts. Die Schilderung ist
„grausig schön" und recht dramatisch — aber tendenziös gefälscht.

stürmung einer Stadt üblich war, vielleicht noch mehr, da die Kriegszucht im Heere wohl nicht die beste war. Die im Sarpedonion bis dahin Eingeschlossenen gingen ihrerseits gewiss auch zum Angriff über und fingen an ohne Pardon niederzuhauen, was ihnen in den Weg kam. Das Feuer griff, da die meisten Privatgebäude aus Holz waren, rasch um sich. Von den Römern zum grössten Teil von zwei Seiten bedrängt, ohne Hoffnung, sich und die Ihrigen retten zu können, die Art, wie die Römer schonungslos dreinschlugen, vor Augen, vom Feuer bedroht, entschlossen sich die Xanthier das Feuer zu benützen, um sich und den Ihrigen einen Tod nicht aus der Hand römischer Würger zu sichern und den Römern die Beute möglichst zu vernichten. Brutus, gegen dessen Willen von den eindringenden Soldaten die Feuerbrände geworfen worden waren, gab wohl jetzt den Befehl, dem Feuer Einhalt zu thun und bot durch Parlamentäre den Xanthiern Pardon an [1]. Wenn er dies that, so war Humanität gewiss nicht das einzige Motiv. Aber es war zu spät. Die Xanthier hatten schon angefangen sich zu töten, indem Frauen, Kinder und Greise entweder ins Feuer sprangen oder sich von den Mauern kopfüber herabstürzten oder von den wehrhaften Angehörigen sich den Todesstoss

---

[1] App. καὶ σπονδὰς περιέπεμπε. Appian berichtet gar nichts von einer von den Römern verursachten Feuersbrunst; nach ihm beginnen die X. gleich nach Einnahme der Stadt in ihre Häuser sich zu zerstreuen und dort ihre Angehörigen zu töten, welche sich dem Tod freiwillig unterziehen. Das Geschrei der Sterbenden bringt den ausserhalb der Stadt sich befindenden Br. auf die gar nicht zutreffende Vermutung, dass seine Soldaten plündern, weshalb er denn sogleich seinem Heer durch Ordonnanzen ein Zurück kommandiert (τὸν στρατὸν ἀνεῖργε διὰ κηρύκων). Hierauf vom wahren Sachverhalt unterrichtet bietet er den Bürgern aus Bewunderung für ihren Freiheitssinn Pardon an.

geben liessen. Letztere töteten sich entweder selbst oder gegenseitig. Die Anerbietungen des Brutus wiesen sie so entschieden zurück, dass sie auf die Parlamentäre schossen. So fand der grösste Teil der freien Bevölkerung der Stadt ihren Tod. Zuletzt mag die Erinnerung an das, was über fünf Jahrhunderte vorher die Vorfahren nach der Besiegung durch Harpagos thaten, mitgewirkt haben. Beabsichtigt und geplant war aber die Selbstvernichtung nach dem Falle der Stadt von vornherein nicht [1]).

[1]) Wenn bei Plutarch und Appian die X. von vornherein eigentlich dem Br. zum Trotz und Tort diese Absicht hegen und verfolgen (bei Appian: καὶ τὰ σφέτερα πάντα ἀνελόντες ἐς πυρὰς προνενησμένας ἐν ταῖς οἰκίαις ἐπέθεσαν καὶ τὸ πῦρ ἅψαντες ἑαυτοὺς ἐπικατέσφαξαν; nach ihm kommt es also erst hiedurch zu einer Feuersbrunst), so ist das eine Entstellung, um Br. von der moralischen Verantwortlichkeit, sowie von der Kopflosigkeit, mit der er X. gegenüber einen der Zwecke des ganzen Krieges, möglichst viel Geld zusammenzubringen, so ziemlich vereitelte, zu entlasten. Diese Entstellung verdankte Br. entweder eigener historischer Bildung oder den Kenntnissen eines in seinem Hauptquartier befindlichen Leibgeschichtschreibers. Dass sie Glauben fand, dazu wirkte das Verführerische mit, das für Rhetoren und Historiker derartige Parallelen haben. Die Parallele wurde jedenfalls alsbald nach vollendetem Untergang der Stadt gezogen, darauf weisen die Schlussbemerkungen sowohl bei Appian als bei Plutarch hin. Beide folgen auch hier nicht unmittelbar derselben Quelle. Sie unterscheiden sich sachlich dadurch, dass Plutarch nur an die wirklich zur Zeit des Harpagos vorgekommene Selbsttötung und Selbstvernichtung erinnert, Appian aber noch die ungeschichtliche Behauptung hinzufügt, dass zur Zeit Alexanders das Gleiche in X. vorgekommen sei. Diese Behauptung behandelt er anfangs als konstatiert (τρίτον ὑπὸ σφῶν αὐτῶν ἀπόλλυντο): nachher schränkt er die Gewissheit in etwas ein: φασὶν ὅμοια παθεῖν. Ob diese zweite ungeschichtliche Parallele schon den primären auf Brutus' Umgebung zurückgehenden Quellen angehört oder erst später hinzugefügt wurde, lassen wir dahin-

Nur die Sklaven bekam Brutus in grösserer Anzahl in seine Gewalt, von Freien neben verhältnismässig wenig Frauen im ganzen kaum 150 männlichen Geschlechts[1]).

Nachdem so Xanthos vernichtet war, wandte sich Brutus gegen Patara. Seiner Aufforderung sich in Minne zu ergeben wurde nicht entsprochen; der vermögliche Teil der Bevölkerung war dazu bereit, wurde aber von den Sklaven, welche die Freiheit, und von den Armen, welche Schuldenerlass erlangt hatten, daran verhindert[2]). Jetzt suchte Brutus durch Edelmut auf die Städter zu wirken. Er schickte ihnen einige vornehme gefangene Xanthier, die mit Patareern durch Heirat verwandt waren, ohne Lösegeld zu[3]). Damit erreichte aber Brutus zunächst nichts, die Städter zeigten keine Neigung sich zu ergeben; nun ging er vom Edelmut zur schonungslosen Härte über, er liess an einem sicheren Orte nahe bei der Mauer eine Verkaufsbude einrichten und die vornehmsten unter den Gefangenen einen nach dem andern vorführen und zum Verkauf bringen. Als aber so einige verkauft waren, ohne dass die Patareer weich wurden, kehrte er zum

---

gestellt. Zonaras 504 D. hat nicht mit Unrecht die Sache kurz so zusammengefasst: Βρ. εἷλε Ξ. καὶ κατέπραξεν.

[1]) So Appian c. 80. Nach Plut. Br. c. 31: volle 150.

[2]) Dies giebt Cassius Dio an — eine Angabe, die allerdings a priori erdacht sein könnte, aber doch wohl von einer guten Quelle als Thatsache berichtet wurde.

[3]) Cassius Dio τοὺς αἰχμαλώτους τῶν Ξανθίων (καὶ γὰρ ἐν γένει αὐτοῖς κατ' ἐπιγαμίαν πολλοὶ ἦσαν) ἔπεμψε σφίσιν (ἔπεμψε ingressiver aor., so dass es nicht alle wurden), ἐλπίδα ἔχων δι' ἐκείνων αὐτοὺς προσάξεσθαι. Cass. Dio bietet in Bezug auf die Vorgänge vor der Unterwerfung Pataras den ausführlicheren Bericht. Nach Appian wurden die X. von Br. nicht in Freiheit gesetzt, sondern nur mit der Unterhandlung beauftragt. Bei Plutarch sind es ausschliesslich gefangene Frauen.

ersten Mittel zurück und liess alle anderen vornehmen Xanthier frei. Das hatte Erfolg, die Städter übergaben sich ihm jetzt von seinem Edelmut überzeugt ¹). Ohne irgend jemand zu töten oder zu verbannen, eignete er sich alles im Besitz der Stadt befindliche Edelmetall an und befahl, dass die Privatleute, was sie an solchem besässen, bis zu einem bestimmten Termin abliefern sollten, wobei der, welcher seine Habe zu verbergen suchte, mit dem Tod bedroht, dem welcher sie gutwillig abliefere. die Rückgabe von $1/10$ als Gnadengeschenk, und den Sklaven, die eine Anzeige machen, die Freiheit zugesichert wurde. Da ereignete sich folgende Scene: ein Sklave machte die Anzeige, dass sein Herr Gold verborgen habe und zeigte dasselbe dem dazu abgesandten Centurio. Herr und Sklave wurden vor Brutus geführt; der Herr schwieg, aber seine Mutter, die dem Sohn gefolgt war, um ihn zu retten, rief laut, sie habe das Gold verborgen. Der Sklave wartete nicht ab, bis er gefragt wurde, sondern erklärte die Angabe der Frau für unwahr, da der Sohn es gethan habe. Da liess Brutus aus Bewunderung Sohn und Mutter ohne Strafe davon kommen, ja er beliess ihnen sogar das Gold: den Sklaven aber liess er hängen, da er über das von seiner Bekanntmachung bestimmte Mass hinaus sich seiner Herrschaft feindselig gezeigt habe ²).

---

¹) Von diesem wechselnden Verfahren in Bezug auf die gefangenen Xanthier berichtet nur Cassius Dio. Bei Appian giebt Br. den P., nachdem er durch Vorführung der X. und deren Vorstellungen nichts erreicht, für den Rest des Tages Bedenkzeit. Als er am nächsten Morgen gegen die Stadt zum Sturm anrückt, ergeben sie sich unbedingt. Bei Pl. bewirken die Schilderungen, welche die gefangenen vornehmen xanthischen Frauen von der Gerechtigkeit und Sittsamkeit des Br. machen, alsbaldige Übergabe.

²) App. b. c. 81 Schl.

Achtes Kapitel.

Während Brutus mit der Unterwerfung von Xanthos und Patara beschäftigt war, hatte Lentulus[1]) gegen Andriake, den „Hafenort von Myra", schon damals einer der bedeutendsten Städte Lykiens, operiert. Er hatte die den Hafen sperrende Kette gesprengt, in Andriake den Feldherren der Myreer gefangen genommen, denselben aber freigegeben[2]), und war dann gegen Myra hinaufmarschiert. Die Myreer unterwarfen sich seinen Forderungen, welche die gleichen waren, die Brutus in Patara stellte[3]). Nun schickte auch der lykische Bundesrat, der sich, wie es scheint, ins Innere des Landes zurückgezogen hatte, eine Gesandtschaft an Brutus mit der Erklärung, er wolle bewaffnete Hilfe leisten und Geld beisteuern, so viel er könnte. Brutus legte ihnen

---

[1]) App. b. c. 4, 82. Lentulus war bei der Kapitulation von Rhodos noch im Hauptquartier des Cassius, 4, 72 Schluss. Also fällt das Unternehmen gegen Myra nach derselben und wurde mit einem Teil der gegen Rhodos verwandten Flotte ausgeführt; ist das τῷ αὐτῷ χρόνῳ Anf. c. 82 einigermassen genau zu nehmen, so fällt auch die Unterwerfung von X. und P. nach der von Rhodos.

[2]) Cassius Dio (ungenau Br. für Lentulus).

[3]) Appian: Μυρέων δὲ ἃ προσέτασσε δεχομένων χρηματισάμενος ὁμοίως ἐς Βροῦτον ἐπανῄει.

Den Verhandlungen mit dem lykischen κοινόν oder auch einer einzelnen Stadt gehört der Brief an, welcher uns von Plutarch Br. c. 2 als Probe des knappen griechischen Stils, den Br. schrieb, aufbewahrt ist: Ξάνθιοι τὴν ἐμὴν εὐεργεσίαν ὑπεριδόντες τάφον ἀπονοίας ἐσχήκασι τὴν πατρίδα, Παταρεῖς δὲ πιστεύσαντες ἑαυτοὺς ἐμοὶ οὐδὲν ἐλλείπουσι διοικοῦντες τὰ καθ' ἕκαστα τῆς ἐλευθερίας. Ἔξὸν οὖν καὶ ὑμῖν ἢ τὴν Παταρέων κρίσιν ἢ τὴν Ξανθίων ἑλέσθαι. Dieser Brief spricht für unsere Auffassung der Vorgänge vor dem Untergang von X. Mit dem von Fr. Leonh. Lentz, Philol. Jahrb. XXX (1884) S. 282 f. gemachten Vorschlag, statt: καὶ περὶ Παταρέων ἑτέραν, wie in dem das Citat einleitenden Passus überliefert ist, zu lesen: καὶ Περγαίοις περὶ Ξανθίων καὶ Παταρέων, kann ich mich nicht befreunden, da, wie L. selbst sagt, „geschicht-

eine Kontribution auf, die jedenfalls nicht klein war[1]), gab die noch in seiner Gewalt befindlichen Xanthier frei und befahl, dass die Flotte der Lykier nach Abydos, dem Sammelpunkt der Truppen zu Wasser und zu Land, zu fahren habe. Grosse Verluste an Mannschaft und Schiffen hat diese lykische Flotte nicht erlitten, da Brutus und Cassius die ihnen zur Verfügung stehenden maritimen Kräfte zum Kampf gegen die Triumvirn nicht benützten.

Nach der Schlacht bei Philippi wurden die Lykier einigermassen für die schweren Schläge, welche ihnen Brutus beigebracht, entschädigt. Als Antonius (41) Asien durchzog, um möglichst viel Geld zusammenzuraffen, legte er den Lykiern keine Lasten auf und ermunterte sie Xanthos wieder anzusiedeln[2]). Eine verständige Förderung bei dem Bestreben, ihren stark geminderten Wohlstand zu heben und ihre geknickte Volkskraft wieder zu erneuern, fand aber der so schwer getroffene Teil der Lykier von seiten des Antonius sicher nicht.

Lykier und Antonius.

lich die Sache nicht zu konstatieren ist". Hält man einen Dativ des Parallelismus mit den zwei vorhergehenden Citaten wegen für notwendig, so ist an eine lykische Stadt zu denken, etwa Πιναρεῦσι oder Ποδαλιεῦσι.

[1]) Nachdem er in Rhodos reiche Beute gemacht, legt Cassius allen Völkern Asiens noch die Bezahlung des Zehnfachen des jährigen Tributs auf: Appian b. c. 4, 74. Die Angabe Plutarchs Br. c. 32 Schl. αὐτὸς (Br. im Gegensatz zu Cass.) ἑκατὸν καὶ πεντήκοντα τάλαντα (= etwa 700 000 M.) Λυκίους πραξάμενος, ἄλλο δὲ οὐδὲν ἀδικήσας ἀνέζευξεν ἐπ' Ἰωνίας ist nur von der Kontribution zu verstehen, welche Br. schliesslich dem ganzen κοινόν auferlegte. Von Brandschatzung der Patareer und Myreer weiss Pl. nichts.

[2]) App. b. c. 5, 7. Bei dieser Neubesiedelung der Stadt wurden wohl auch Elemente anderer Nationalität, vor allem Griechen, beigezogen. Bei Paus. II, 37, 3 wird als kritischer Altertumsforscher genannt Ἀρριφῶν, τὸ μὲν ἀνέκαθεν Τριχωνιεὺς τῶν ἐν Αἰτωλίᾳ, τὰ δὲ ἐφ' ἡμῶν Λυκίων τοῖς μάλιστα ὁμοίως δόκιμος.

Achtes Kapitel.

Man wird sogar daran zweifeln dürfen, ob er den Lykiern nicht später doch wieder Lasten aufbürdete. Militärisch wurden sie jedenfalls durch die ihren Grenzen sehr nahe kommende Partherinvasion unter dem jüngeren Labienus [1]) und für den parthischen Zug des Antonius, sowie bei dessen Rüstungen zum Entscheidungskampf gegen Oktavian in Anspruch genommen [2]).

Lykier und Augustus. Erst als der Entscheidungskampf der beiden Machthaber geendet, begann für Lykien eine Zeit der Erholung und Kräftigung. Förderung aber erfuhren sie von Augustus wohl erst, als er ums Jahr 20 zum zweitenmale länger im Orient weilte [3]).

Dass Augustus die Lykier begünstigte, geht auch daraus hervor, dass Herodes sie beschenkte, wie er den

---

[1]) Vielleicht mussten sie auch schon zu der 200 Schiffe starken Flotte Schiffe stellen, mit welcher Antonius i. J. 40 nach Griechenland fuhr, Plut. Ant. c. 30. Lykien selbst wurde wahrscheinlich nicht von Labienus erobert; er zog wohl von Kilikien (= Pamphylien) durch das Binnenland in die Provinz Asien. Cassius Dio 48, 26 καὶ τῆς Ἀσίας τὰς ἠπειρώτιδας πόλεις παρεστήσατο πλὴν Στρατονικείας wird nur an die Städte der eigentlichen Provinz zu denken sein. Allerdings hätte Lykien in seinem damaligen Zustand wohl wenig Kraft zum Widerstand gehabt und die früher zur Kibyratis gehörigen Städte mögen sich dem Labienus unterworfen haben. Unter den 30000 Mann Hilfstruppen, die Antonius bei seinem Partherzuge i. J. 36 nach Plut. Ant. 35 hatte, die Iberer und Kelten nicht mitgerechnet, waren jedenfalls auch Lykier.

[2]) Plut. Ant. 56. ἔθνεσί τε καὶ πόλεσι πάσαις ταῖς μεταξὺ Συρίας καὶ Μαιώτιδος καὶ Ἀρμενίας καὶ Ἰλλυριῶν προσέταξε πέμπειν καὶ κομίζειν τὰς εἰς τὸν πόλεμον παρασκευάς. Cass. Dio 50, 6, 5 τῷ δ' Ἀντωνίῳ προσετέθειτο τὰ ἐν τῇ Ἀσίᾳ τῇ ἠπείρῳ τῶν Ῥωμαίων ἀκούοντα.

[3]) Cass. Dio 54, 7, 5. χρήματα τοῖς μὲν ἐπέδωκε, τοῖς δὲ καὶ ὑπὲρ φόρον ἐσενεγκεῖν προσέταξεν. Aug. von der γερουσία und den νέοι von Tlos als κτίστης und σωτὴρ τοῦ δήμου geehrt c. i. g. 4238.

Rhodiern häufig Geld zum Flottenbau gab¹). Nebenher mochte dies allerdings auch durch Niederlassung hellenistischer Juden in Lykien mit veranlasst sein. Eine wehmütige Erinnerung knüpfte sich für die alten Tage des Augustus an Lykien, indem sein Enkel Gajus Cäsar auf der Rückkehr begriffen an den Folgen einer in Armenien erhaltenen Wunde im lykischen Limyra starb²).

Von militärischen Leistungen war natürlich der lykische Bund auch unter kaiserlichem Regiment nicht befreit. So glauben wir eine Verwendung lykischer Hilfstruppen im Kampfe gegen Tacfarinas (Jahr 17—21 n. Chr.) annehmen zu dürfen³).

Als im Jahr 43 n. Chr. Claudius Lykien seiner Unabhängigkeit beraubte und es mit Pamphylien zu einer Provinz vereinigte, wurde dies mit schweren das Land zerrüttenden Entzweiungen und Wirren begründet⁴). Solche kamen unzweifelhaft vor, waren aber den

Lykien Provinz 43 n. Chr.

---

¹) Jos. b. Iud. I, 21, 11 τί δεῖ λέγειν τὰς εἰς Λυκίους ἢ Σαμίους δωρεάς.

²) Vell. Paterc. 2, 102, 5. Cass. Dio 55, 10 a.

³) C. i. gr. 4269 b = Wadd. 1250 (Xanthos) βα]σιλέα Πτολε-μαῖ]ον βασι]λέως Ἰέρα [υἱὸν Λυκίων] τὸ κοινόν. Dieser Fürst wurde nach Beendigung des Krieges gegen Tacfarinas vom Senat mit einem scipio eburneus und einer toga picta beschenkt und mit dem Namen eines Bundesgenossen und Freundes geehrt, Tac. Ann. IV, 26. Die lykische Inschrift wird nicht bloss hiedurch veranlasst sein, so dass sie eine Art Gratulation und eine schwache Zugabe zu der von Rom erhaltenen Auszeichnung wäre, sondern dadurch, dass dieser Ptolemäus lykischen Hilfstruppen, die, weil für die Art und den Schauplatz des Krieges geeignet, von den Römern gegen Tacfarinas verwendet wurden, freundliches Wohlwollen gezeigt hatte.

⁴) Suet. Claud. c. 25: Lyciis ob exitabiles inter se discordias libertatem ademit. Cass. Dio 60, 17 τούς τε Λυκίους στασιάσαντας, ὥστε καὶ Ῥωμαίους τινὰς ἀποκτεῖναι, ἐδουλώσατό τε καὶ ἐς τὸν τῆς Παμφυλίας νομὸν ἐσέγραψεν. Bei der diesem Beschluss vor-

Römern zum mindesten ein willkommener Anlass, um, was sie schon längst zu thun entschlossen waren, der Existenz dieses äusserlich unabhängigen Staates, die in ihren Augen eine Abnormität war, ein Ende zu machen. Dass ein weiterer Statthalterposten infolge davon zu vergeben war, war ein Vorteil, der gewiss auch mit in die Wagschale fiel. Vielleicht schürten Römer auch an diesen Entzweiungen: so lässt es sich wenigstens am leichtesten erklären, dass bei den von ihnen verursachten Tumulten auch Römer umkamen [1]).

Auch münzgeschichtlich weisen Spuren darauf hin, dass es in der letzten Zeit Sondergruppen im lykischen Bundesstaat gab. Es giebt einige Silber- und noch mehr Kupfermünzen, die neben dem Namen der Stadt Kragos (Sidyma) einen zweiten Städtenamen, Tlos oder Xanthos oder Telmessos oder Myra oder Aperlae tragen, beinahe immer aber daneben die Legende des lykischen Bundes haben [2]). Die Stadt Kragos gelangte zur Bedeutung

---

hergehenden Untersuchung der lykischen Wirren richtete der Kaiser an einen der lykischen Gesandten, der römischer Bürger war, in lateinischer Sprache eine Frage. Derselbe verstand diese nicht und der Kaiser erklärte ihn wegen dieser Unkenntnis der lateinischen Sprache des römischen Bürgerrechts für verlustig.

[1]) Die erschlagenen Römer könnten freilich auch als negotiatores sich dieses Los zugezogen haben.

[2]) Siehe Wadd., Rev. num. 1853 S. 93. Koner in Pinder und Friedländer, Beitr. S. 109. Imhoof-Blumer, M. gr. no. 17. 18. 24.

Lenormant II S. 91 (der jedoch den Irrtum begeht, mit diesen Sondereinigungen die Erscheinung der δῆμοι συμπολιτευόμενοι für wesensgleich zu halten). Friedländer, Repertorium d. antik. Numism. S. 282 ff.

Bei den von Kragos-Sidyma mit Tlos, Xanthos, Telmessos gemeinsam geschlagenen Münzen könnte, wenn sie allein stünden, daran gedacht werden, dass sie geschlagen wurden für in Kragos unter Beteiligung der andren Städte gefeierte Feste; die Lage von Myra, Aperlae schliesst dies aber wohl aus. Andrerseits

gerade durch die Ursachen, welche einen guten Teil der
übrigen Städte schädigten. Vor den Seeräubern war sie

müssen, wenn diese Unionsmünzen wirklich eine Äusserung von
Sonderbündelei sind, welche von Kragos ausging, die mit Myra
geschlagenen einer andern Zeit angehören als die im Verein mit
Xanthos ausgebrachten. Denn Myra gewann zweifelsohne durch
das Unglück von Xanthos an Bedeutung innerhalb des Bundes
und, wenn es darnach strebte, diese unter Zurückdrängung von
X. geltend zu machen, so konnte Kragos nicht zur gleichen Zeit
mit beiden Städten in eine Sonderverbindung treten. Voreilig
wäre es, mit diesen verschiedenen Münzunionen, deren Mittelpunkt Kragos ist, ἡ πρὸς Κράγῳ συντέλεια, M. Holleaux und P. Paris
bull. d. corr. hell. 1886 III no. 7, in Zusammenhang zu bringen;
vielmehr ist das ein Kreis der Provinz Lykien, zu administrativ-
finanziellen Zwecken eingerichtet.

Six, Rev. num. 1886 S. 436 ff. erklärt diese Münzen ganz
anders. KP ist ihm Bezeichnung der einen der zwei Hauptabteilungen, in welche die Städte Lykiens nach seiner Annahme
zerfielen, der Städte des Kragos(gebirges), z. B. Κρ(αγίων) Ξαν-
(θίων) = der Teil der Kragier, welche in X. sitzen. Die entsprechende Erklärung von MA(ΣI) = der Bewohner der Landschaft des Massikytosgebirges habe ich schon, ehe Sixs Artikel
erschien, aufgestellt, nur dass ich M. in engerem Umfang fasste,
so dass z. B. Limyra oder Myra, die für Six Hauptorte der
M.gruppe sind (siehe auch a. a. O. 1887 S. 10 ff.), nicht darunter
begriffen wären (s. S. 179 A. 1). Seiner Erklärung des KP. vermag
ich aber nicht zuzustimmen. Die Stadt Kragos existierte eben schon
in alter Zeit selbständig neben den anderen Städten des Xanthosthales, was unleugbar aus der aus Panyasis erhaltenen Genealogie
hervorgeht, nach der Tremilos vier Söhne hatte, neben Tloos,
Xanthos und Pinaros den Kragos. Deshalb ist es innerlich unwahrscheinlich, dass die Lykier des Xanthosthales sich von den mehr
im Osten sitzenden durch die Benennung „Kragier" unterschieden.
Die schwierig zu lösende Frage, auf welche Gebirgszüge sich
ursprünglich die Bezeichnung Kragos erstreckte, kann ganz ausser
Beachtung bleiben. Sind zudem Münzen vorhanden, die unverkennbar neben KP die Initialen von Myra und Aperlae tragen
(s. Koner a. a. O. S. 109 und 114, Lenormant und Friedländer
a. a. O.), so genügt diese Thatsache, um die Annahme Sixs um-

durch ihre Lage geschützt, der Raubzug des Brutus traf sie eben deshalb auch nicht unmittelbar. Dieses Gedeihen Sidymas erinnert an die Entwicklung des phokischen Tithor(e)a [1]). Zu grosse Bedeutung möchten wir aber diesen Münzunionen nicht beilegen; sie sind höchstens ein Symptom des Sondergeistes, der innerhalb des grossen Vereins kleinere Gruppen von vorübergehendem Bestand zu bilden begann.

Mit der Verwaltung durch kaiserliche Legaten konnten sich, wie es scheint, die Lykier nicht so schnell befreunden. Einen der ersten, den Redner Eprius Marcellus [2]), klagten sie im Jahr 57 wegen Erpressungen an, aber mit gänzlichem Misserfolg, nicht weil sie in zu grosser Empfindlichkeit einen im ganzen unschuldigen Mann angeklagt hatten, sondern weil derselbe viele einflussreiche Freunde und Gönner hatte. Unter Nero war auch ein zweiter, durch seine Bildung hervorragender Mann, der später eine bedeutende politische Rolle spielte, Statthalter des Landes, Licinius Mucianus [3]), vielleicht unmittelbarer Nachfolger des Eprius Marcellus.

Auf kurze Zeit erhielt Lykien die Freiheit wieder, entweder unter Nero oder unter Galba. Ersteres ist wahrscheinlicher, vielleicht erwirkten die Lykier dies zur Zeit, da Nero Griechenland mit seiner Person und Kunst beglückte. Als Vespasian sich von Palästina nach

---

zustossen. Denn mag man Kragos in so weitem Umfang nehmen als es möglich ist, diese beiden Städte fallen jedenfalls ausserhalb desselben. Six erwähnt allerdings gar nichts von derartigen Münzen.

[1]) Siehe Hertzberg, Gesch. Griech. u. d. H. d. R. II, 209.
[2]) Über diesen siehe Wadd., Fastes des prov. Asiat. no. 96.
[3]) Als solcher genannt Plin. n. h. 12, 5; 13, 27; und inschriftlich als in die Zeit Neros gehörend Bull. d. corr. hell. 1866 III S. 218 in einer Inschrift von Oinoanda (no. 2). Derselbe verwertete, was er in Lykien Merkwürdiges sah, litterarisch.

Italien begab, um dort das kaiserliche Regiment zu übernehmen, berührte er Lykien[1]), das sich rasch für ihn erklärt hatte[2]). Wahrscheinlich im Jahre 74 wurde es durch diesen Kaiser wieder zur Provinz gemacht, wie er mit Achaia in gleicher Weise verfuhr und den Städten Rhodos, Byzanz und Samos ihre Freiheit nahm[3]). Hiemit hörte die staatliche Selbständigkeit des Landes für immer auf.

---

[1]) Cassius Dio 66, 9.
[2]) Tac. Hist. I. 81.
[3]) Suet. Vesp. 8.

Neuntes Kapitel.

Lykien als römische Provinz.

Verwaltung.   Schon bei der ersten Einverleibung kam Lykien unter kaiserliche Verwaltung, so dass die oberste Leitung in den Händen eines legatus Augusti pro praetore (πρεσβευτὴς καὶ ἀντιστράτηγος τοῦ Σεβαστοῦ)[1]) war. Das

---

[1]) Ausser den bei Marquardt, Röm. St.Verw. 1², 376 A. 3 aufgezählten sind als solche noch bekannt:

unter Claudius: Q. Veranius Philagrus B.-N. S. 62; wahrscheinlich der erste Statthalter;

unter Claudius und Nero: Eprius Marcellus vergl. c. i. g. 4328 b. Wadd., Fast. no. 96;

unter Nero: Licinius Mucianus bull. d. corr. hell. 1886 Inscrs d'Oinoanda no. 2;

unter Vespasian: nach Wadd., Fast. no. 124 Mettius Modestus, später Proconsul von Asien. (Jedoch unsichere Vermutung. Die Inschrift von Patara c. i. g. 4279, in der das κοινόν τ. Λ. Μέττι]ον 'Ροῦφον [τὸν] πατέρα Μεττίου Μοδέστου ἡγεμόνος ehrt, hat nicht mit Notwendigkeit zur Voraussetzung, dass der Sohn ἡγεμών von L. war. W. setzt unrichtig Kaunos, wo eine diesen Namen tragende Inschrift von Fellows gefunden wurde, nach Lykien);

wahrscheinlich auch unter Vespasian: C. Caristanius Fronto, b. d. c. h. 1886 Inscrs de Cadyanda no. 6, dessen Name durch

Land hatte hievon jedenfalls den Vorteil, dass die Oberbeamten weniger rasch wechselten. Bei der Einverleibung durch Claudius (J. 43) hatte man geplant, das Land mit Pamphylien zu einer Provinz zu vereinigen[1]), eine Inschrift beweist aber, dass dies im Jahre 50 noch nicht vollzogen war[2]); vielleicht erfolgte diese Vereinigung erst bei der zweiten Einverleibung durch Vespasian. Ähnliche Bewandtnis hat es mit der Verwandelung Lykiens in eine senatorische Provinz. Dieselbe wurde im Jahre 135, als Hadrian Bithynien unter kaiserliche Verwaltung nahm, als Entschädigung für den Senat beschlossen oder angekündigt[3]), war aber im Jahre 178 noch nicht erfolgt[4]). Wann sie erfolgte, lässt sich nicht

---

Ergänzung wohl herzustellen: c. i. g. 4304 b Add. = Wadd. no. 1317:
    unter Antoninus Pius (J. 149): Q. Voconius, Eph. epigr. V no. 1357,
    und Cn. Arrius Cornelius Proclus, c. i. g. 4303 h¹ Add.;
    unter M. Aurel (178): Licinius Priscus, Eph. epigr. IV D. LXXI.
    (Kaiserliche) **Prokuratoren:** Wadd. no. 1225.... Pompeius Planta. W. no. 1292 = c. i. g. 4300 w Add. C. Maenius Longus (unter dem Legaten T. Aurelius Avitus). W. no. 1317 = c. i. g. 4304 b und Add. p. 1144 Name nicht erhalten.
    Von den Procur. Ls vermutet Hirschfeld, Verwg. S. 261 A. 1, dass sie zu der Klasse der centenarii gehörten.

[1]) Cass. Dio 60, 17: καὶ ἐς τὸν Παμφυλίας νομὸν ἐσέγραψεν.

[2]) Eph. epigr. V no. 433, ein Arruntius verwaltet als Procurator Pamphylien.

[3]) Cass. Dio 69, 14 τῇ δὲ βουλῇ καὶ τῷ κλήρῳ ἡ Παμφυλία ἀντὶ τῆς Βιθυνίας ἐδόθη.

[4]) Eph. epigr. IV D. LXXI S. 505. Unter Antoninus Pius ein leg. propr. Aug. genannt c. i. g. 4303 h¹ s. oben. Vielleicht war unter Hadrian eine Trennung von Lykien und Pamphylien geplant. Im Jahr 178 sind dieselben aber entweder noch oder wieder beieinander.

genau feststellen¹). Unter Commodus aber stand wahrscheinlich das Land schon unter „senatorischer" Verwaltung.

Besatzung und Aushebung.
Lykien erhielt bei seiner erstmaligen Umwandlung in eine Provinz keine römische Besatzung, was doch auch dafür spricht, dass die inneren Entzweiungen, welche die römische Regierung als Anlass benützte, nicht so „verderblich" waren, und blieb lange Zeit, wahrscheinlich bis in die Zeit der Antonine, ohne jede solche²).

---

¹) Zu den von Marquardt, Röm. St.-Verw. I² S. 376 A. 4 aufgezählten proconsules Lyciae sind hinzuzufügen:
P. Aelius Bruttius Lucianus. Bull. d. corr. hell. 1885 S. 436 Inschrift von Attalia.
...... M. f. Primus proc. Lyciae et Pamphyliae. C. i. l. VII no. 973.
C. Pomponius Bassus Terentianus. B.-N. no. 50 (aller Wahrscheinlichkeit nach in die Zeit des Commodus fallend; s. Mommsens Nachtrag zu B.-N. S. 71).
Ein quästor (M. Ant. Mem[mius]) auf einer galatischen Inschr. bull. d. corr. hell. 1883 S. 26. κουαίστορα [ἐπαρχίας Λυκίας] Παμφυλίας und Eph. epigr. IV p. 223 Inschrift von Hierocäsarea, drittes, vielleicht sogar gerade Ende des dritten Jahrhunderts: ταμίαν Λυκίας Παμφυλίας.
Zweifelhaft bleibt, welcher Art von Statthaltern angehören: C. Iulius Saturninus c. i. g. 4272. ὑπατικόν, ἡγεμόνα καὶ τῆς ἡμετέρας ἐπαρχίας γενόμενον und Domitius Apollinaris „δικαιόδοτου", der zudem diese Würde auch ausserhalb Lykiens bekleidet haben kann. Worauf Marquardt I² S. 552 A. 2 seine Behauptung stützt, dass dieser D.Ap. mit dem c. i. g. 4240 vom Volk und Rat von Tlos geehrten „πρεσβευτὴν καὶ ἀντιστράτηγον Αὐτοκράτορος Λυκίας καὶ Παμφυλίας, ἀγνὸν δικαιοδότην", von dessen Name nichts erhalten ist, identisch sei, ist nicht ersichtlich. Die Identität ist möglich neben vielen anderen Möglichkeiten.

²) Jos. b. Iud. II, 16, 4 (in einer Rede, welche er den König Agrippa II im Jahr 66 an die aufrührerischen Juden halten lässt): πᾶσα Βιθυνία καὶ Καππαδοκία καὶ τὸ Παμφύλων ἔθνος Λύκιοί τε καὶ Κίλικες ὑπὲρ ἐλευθερίας ἔχοντες εἰπεῖν χωρὶς ὅπλων φορολογοῦνται;

Unter M. Aurel stand in Lykien und Pamphylien eine einzige Kohorte von 500 Mann [1]). Ein stehendes Heer hatte der unabhängige lykische Bund nicht unterhalten und in der Provinz Lykien werden wir nur an kleine, von den einzelnen Munizipien unterhaltene Polizeimannschaften denken dürfen. Dagegen übernahm vielleicht die römische Regierung bei der Einverleibung eine kleine, zum Schutz der Küsten und der Seefahrt vorhandene Flotte, und es mag Zufall sein, wenn uns ein praefectus orae maritumae für die Provinz nicht bezeugt ist. Gab es eine derartige kleine Provinzflotte[2]), so wurde ihre Bemannung im Lande rekrutiert; aber auch ausserdem wurden wohl Leute noch peregrinischen Rechtes zum römischen Flottendienst, etwa bei der classis Syria, in Lykien ausgehoben[3]). Eine Aushebung zum Dienste zu Land wird in der ersten Zeit der Provinz, etwa bis zur Zeit Hadrians, nicht stattgefunden haben, obwohl es gerade nicht zum Ruhme der obersten Heeresleitung dient, wenn sie das jedenfalls zu nicht geringem Teile gute Material nicht verwendete. Die später in Lykien und Pamphylien jeweils stehende Kohorte wurde gemäss dem von Hadrian eingeführten Prinzip der territorialen Konskription aus dem Lande selbst ergänzt, was aber bei der geringen Anzahl und der langen Dienstzeit eine verschwindend kleine Blutsteuer war. Von einer ursprünglich aus Lykiern

Tac. Hist. II, 81 wird der Legat von L. unter die legati inermes einbegriffen.

[1]) Eph. epigr. IV. D. LXXI erteilt M. Aurel den Fusssoldaten und Reitern, welche ihre 25 Jahre abgedient haben in cohorte prima Flavia Numidarum quae est Lyciae Pamphyliae sub Licinio Prisco legato Iulio Festo tribuno, am 23. März 178 das römische Bürgerrecht.

[2]) Vielleicht weist auf eine solche hin: B.-N. no. 93 προγόνων ὑπάρχοντα στρατηγῶν καὶ ναυάρχων.

[3]) Ein classiarius Pamphylus c. i. l. X, 3400.

und Pamphyliern gebildeten Auxiliarkohorte haben wir nur eine ziemlich unsichere Spur ¹). Seit Septimius Severus sind wohl auch Lykier zum Prätorianerdienst zugelassen worden ²). Ist unsere Kenntnis von den Militärverhältnissen Lykiens sehr mangelhaft und sind wir auf unsichere Vermutungen angewiesen, so ist das überhaupt bei der Seltenheit der Soldateninschriften im Osten des römischen Reichs mehr oder weniger auch in Beziehung auf die andern asiatischen Länder der Fall.

Zu dem Waffendienst, der bestimmt war, der blutgierigen Schaulust des vornehmen und niederen Pöbels vor allem der Hauptstadt Rom Befriedigung zu verschaffen, zum Dienst in den Fechterschulen und zum Kampf in der Arena der Amphitheater wurden auch in Lykien Leute herbeigezogen ³). War auch der Hauptzweck der irgendwo in Lykien eingerichteten kleineren Fechterschule stets geschultes Material für die vom Kaiser in Rom gegebenen Spiele bereit zu halten, so glauben wir doch daran nicht zweifeln zu dürfen, dass mit der Zeit auch in Lykien selbst Fechterspiele aufgeführt wurden. Allerdings ist die Existenz eines Amphitheaters

---

¹) C. i. g. 4340 b = Wadd. no. 1364, s. Mommsen in Eph. ep. V. S. 191. Eine weitere Überlieferung über militärische Verhältnisse in L. enthält c. i. l. II, 484 (= Orelli 6940), wo ein praepositus entweder vexill(ationum) e[xpeditionis pe]r Asiam Lyciam Pamphiliam et Phrygiam (so Mommsen) oder vexill(ationum) e[t nume(rorum) pe]r etc. genannt wird.

²) Aus dem pamphyl. Sida ein Prätorianer bekannt; s. Eph. epigr. IV. p. 326.

³) C. i. l. III, no. 249: proc. fam. glad. per Asiam Bithyn. Galat. Cappadoc. Lyciam. Pamphyl. Cilic. Cyprum. Pontum. Paflag. (s. O. Hirschfeld, Röm. Verw.-Gesch. S. 179; Mommsen, Röm. St.R. II ² S. 1023) und die von Domaszewski in Archäol.-epigr. Mittlg. aus Öster. VII, S. 169 veröffentlichte Inschr. no. 7: Proc. Aug. ad fam. gladiat. per Asiam et adhaerentes provincias.

auf lykischem Boden noch nicht erwiesen¹) und im Umfang Lykiens selbst auch noch kein inschriftliches Zeugnis vorhanden ²).

Noch weniger sind wir ins einzelne über die verschiedenen finanziellen Leistungen der Provinz Lykien an die römische Zentralregierung unterrichtet. Neben den verschiedenen indirekten Steuern, wie z. B. auf Kaufkontrakte (1%), auf Verkauf von Sklaven (4%), auf Freilassung von Sklaven (5%), und Einfuhrzöllen, werden wir auch annehmen dürfen, dass Lykien, da es gemäss seiner, den bedeutendsten Linien des Landverkehrs gegenüber exzentrischen Lage für die Reichspost (cursus publicus) wenig in Anspruch genommen wurde, für den Seetransport, besonders die subvectio frumenti, ziemlich angespannt wurde. An Naturallieferungen hatte die Provinz, abgesehen von der annona militaris, die ihr sicherlich auch in der Zeit, da noch keine römischen Truppen in ihr lagen, nicht ganz geschenkt wurde, und die wohl aus Getreide, Holz, Leder und Filzzeug bestand, vielleicht noch solche direkt an den kaiserlichen Hof zu machen. Die Hauptabgabe war aber auch für sie jedenfalls die Grund- und Vermögenssteuer ³). Ausserordentliche Ausgaben wurden verursacht

Finanzielle Pflichten und Vorteile.

---

¹) Siehe B.-N. S. 41.

²) Dagegen für das pamphylische Attaleia bezeugt durch die von Ramsay im bull. d. corr. hell. 1883 veröffentlichte Inschrift no. 5; vergl. auch das Grabrelief eines retiarius samt Inschrift B.-N. S. 41, Fig. 30, dessen Zugehörigkeit nach Lykien nicht gesichert ist.

³) Zu dieser kamen vielleicht noch Einzelsteuern auf Häuser, Sklaven, Pferde, Ochsen u. s. f. Inschriftlich erfahren wir nur, dass für die Erhebung der bis auf Caracalla nur von römischen Bürgern zu bezahlenden 5%igen Erbschaftssteuer Lykien-Pamphylien mit Asien zu einem Verwaltungsbezirk kombiniert war, Wilm. 1281 = c. i. l. VI, 1633: proc. ad XX per Asiam [L]yciam

durch das aurum coronarium, welches unter geldbedürftigen Kaisern bei der Möglichkeit, den Kreis der Anlässe desselben auszudehnen, drückend wurde und durch die hie der immer strammer werdenden Zentralisation [1]), sowie bei dem immer mehr sich steigernden Servilismus, dessen Wachstum der eine oder andre nüchterne Kaiser nur zu hemmen vermochte, sich immer rascher wiederholenden Gesandtschaften an den Kaiser in Angelegenheiten der ganzen Provinz, sowie einzelner Gemeinden. Es wurde mit grossem Dank aufgenommen, wenn ein mit einer derartigen Gesandtschaft betrauter Bürger die Kosten aus eigener Tasche bestritt [2]). Ob die Provinz Lykien

---

Pamphyliam; eine umfassendere Kombination: c. i. l. X, 7583. 4. (= Orelli 5451) procurator Augustorum ad vectigal vicesimae hereditatium per Asiam Lyciam Phrygiam Galatiam et insulas Cycladas. Die von der Provinz an die römische Zentralkasse zu bezahlenden direkten Steuern sind genannt bull. d. corr. hell. 1886 Inscrs d'Oinoanda no. 7, wo ein Bürger von Oinoanda neben anderem auch wegen folgender Leistungen von Λυχίων τό κοινόν geehrt wird: πληρώσαντα καί εἰς τό ἱερώτατον ταμιεῖον τοὺς ἱεροὺς φόρους καί τὴν πρᾶξιν εἰσποιησάμενον ἐπιεικῶς καί τετιμηκῶς. Der Mann hatte also auch mit der Einschätzung der einzelnen Steuerpflichtigen zu thun.

[1]) C. i. gr. 4283 giebt Velia Procla im Jahr 147 n. Chr. an, dass ein von ihr oder ihrem Vater auf eigene Kosten erbauter Teil des Theaters von Patara προκατετέθη καί παρεδόθη κατά τά ὑπό τῆς κρατίστης βουλῆς ἐψηφισμένα. Als Ausnahme ist wohl zu betrachten, dass der Proconsul C. Pomponius Bassus Terentianus von sich aus den Beschluss der Gemeinde Sidyma, eine Gerusie zu gründen, bestätigt, B.-N. no. 50. Da sonst die Verleihung der Assoziationsrechte in den Senatsprovinzen Sache des Senats ist (Mommsen, R. St.R. II² S. 850), so hatte vielleicht dieser Proconsul Spezialvollmacht oder konnte angesichts der Stellung des Commodus zum Staat so handeln, wie wenn er solche gehabt hätte.

[2]) Solche Gesandtschaften erwähnt: c. i. g. 6446. 6270. 6271 (zweifelhaft, ob kommunal oder fürs ganze κοινόν). B.-N. no. 39. 49.

vom Reiche finanziell mehr zugewandt bekam, als sie an dasselbe leistete, lässt sich natürlich mit Sicherheit weder verneinen noch bejahen. Doch sollte unseres Erachtens einigermassen berücksichtigt werden, dass die erstmalige Umwandlung in eine Provinz zum mindesten nebenher veranlasst wurde durch den Wunsch der am Hofe und in der Regierung des Claudius so mächtigen Freigelassenen, für sich und ihre Günstlinge materielle Vorteile zu gewinnen, sowie dass Vespasian Lykien seiner jüngst wiedergewonnenen Freiheit in erster Linie deshalb wieder beraubte, weil er zur Gesundung der schwer herabgekommenen Reichsfinanzen auch die Einkünfte aus den Provinzen vermehren musste und wollte. Es wird deshalb anzunehmen sein, dass zum mindesten etwa bis zur Zeit Trajans Lykien aus Reich mehr zu leisten hatte, als vom Reich auf dasselbe verwandt wurde¹).

πρεσβεύσαντα πρός τούς Σεβαστούς und no. 35 mit dem Zusatz δωρεάν (alle drei in Sidyma; jedenfalls 39 und 49 kommunal).

¹) Der kleine dorische Triumphbogen in Xanthos wurde auf Kosten des Demos der Stadt, wenn auch unter Oberleitung des Statthalters, zu Ehren Vespasians gebaut (über die Inschr. c. i. g. 4271 und Add. S. 1124 = Wadd. 1254 siehe B.-N. S. 91 f.). Die Inschrift des Bades, das Vespasian in Kadyanda erbaute, B.-N. no. 122, besagt mit anerkennenswerter Ehrlichkeit, dass der Kaiser κατεσκεύασεν τό βαλανεῖον ἐκ τῶν ἀνασωθέντων χρημάτων ὑπ' αὐτοῦ τῇ πόλει. Auch das von Vespasian in Patara erbaute Bad ist errichtet [ἐκ τ]ῶν συν[ενεχ]θέντων χρημάτων [ἐ]κ [κοιν]οῦ ἔθνους [Λυκίων κ]αί τῶν ἀπό τῆς Παταρέων πόλε[ω]ς, Wadd. 1265. Vesp. hat wohl bei der Organisation der Provinz die Finanzen der einzelnen Städte genau untersuchen lassen; wo Unordnung eingerissen war, wurde Ordnung geschafft, Unterschleifen gesteuert, vielleicht aber auch wenigstens anfangs die Steuerschraube scharf angezogen; die von Vespasian bezw. von seinem Statthalter veranlassten Bauten sollten zeigen, dass trotz der Leistungen an Rom dank der strengen Kontrolle Geld übrig war. Von dem in Aperlae unter Titus (Jahr 80) erbauten Bade giebt die Inschrift c. i. g.

Vorteile und Nachteile der Zentralisation

Dass der schon früher vorhandene Wohlstand [1]) durch die römische Verwaltung und Zentralisation bis gegen das Ende des zweiten Jahrhunderts gehegt und geschirmt, in manchen Beziehungen durch gesteigerten Verkehr [2])

I300w Add. = Wadd. 1292 an, dass es die Gesamtgemeinde von Aperlae erbaute zu Ehren des Kaisers. (B.-N. S. 27 [und 143] ist von einer einfachen im Polygonbau ausgeführten Thermenanlage mit einer Dedikationsinschrift an Kaiser Vespasian die Rede; wohl ein Versehen.) Das von Hadrian in der Nähe von Myra erbaute granarium oder „horrea", c. i. l. III, 232 waren dazu bestimmt, jeweils den etwa vorhandenen Überfluss der lykischen Getreideproduktion aufzunehmen, um ihn für die Verpflegung der Reichshauptstadt und ähnliche Zwecke zu verwenden oder, wenn in Lykien selbst Mangel eintrat, durch Ausfolge eines Teils des gesammelten Vorrats denselben zu mildern, vorausgesetzt dass nicht ein Reichsbedürfnis gleichzeitig zu befriedigen war. Vielleicht dienten die horrea auch als Magazin zur zeitweiligen Aufbewahrung nicht lykischer Erzeugnisse.

[1]) Die unter dem Namen Lukians erhaltene Schrift Erotes enthält § 7: ἑκάστῃ τῶν Λυκιακῶν πόλεων ἐπεξενούμεθα, μόδεις τὰ πολλὰ χαίροντες· οὐδὲν γὰρ ἐν αὐταῖς ταχὺς εὐδαιμονίας ὁρᾶται λείψανον. Diese Schrift wird von Cobet (Var. lect. p. 117 und 257) und, wie es scheint, auch von Fritzsche (de libris Pseudolucianeis LXXII) aus sprachlichen Gründen Lukian abgesprochen. Die Lykien betreffende Angabe ist auch ein sachliches Argument gegen die Autorschaft L.s; zu dessen Lebzeiten könnte die Behauptung einigermassen nur passen auf die Zeit unmittelbar nach dem furchtbaren Erdbeben vom Jahr 155. Paus. 8, 43, 4 Λυκίων δὲ καὶ Καρῶν τὰς πόλεις Κῶν τε καὶ Ῥόδον ἀνέτρεψε μὲν βίαιος ἐς αὐτὰ κατασκήψας σεισμός. βασιλεὺς δὲ Ἀντωνῖνος καὶ ταύτας ἀνεσώσατο δαπανημάτων μὲν ὑπερβολῇ καὶ ἐς τὸν ἀνοικισμὸν προθυμίᾳ.

[2]) Hiedurch gewannen vor allem Patara (s. auch Luc. Philopseudes § 38) und Myra. Die Bezeichnung letzterer Stadt als μυρίπνους liegt schon vor Or. Sib. V, 129 (nach Alexandre Exc. 439 dieses fünfte Buch unter Antoninus Pius in Ägypten entstanden). Der Verfasser wird dieselbe kaum selbst erfunden, sondern einer älteren alexandrinischen Quelle (wohl einem Dichter), entnommen haben, aus welcher sie dann auch in Const. Porphyrog. de them. I, 14 gekommen sein mag.

gefördert wurde, soll nicht geleugnet werden. Der gesicherte Wohlstand und die lange Friedenszeit kam natürlich auch der geistigen Kultur zu statten. Eine andere Frage ist aber, ob nicht gerade durch den Verlust der Selbständigkeit und durch die Zugehörigkeit zu einem grossen Ganzen, in dem man so ziemlich nichts zu sagen und zu bestimmen hatte, dem geistigen Leben und Streben der Lykier noch ein grösseres Mass von Kleinlichkeit aufgeprägt wurde, als es wenigstens in den von der See abgelegenen Kantonen schon vorher haben mochte, und ihm die gesunde, wenn auch derbe und beschränkte, Reellität der früheren Zeit benommen hat. Ein grosser Vorteil, den Lykien aus der Zugehörigkeit zum römischen Weltreich zog, ist unbestreitbar, nämlich dass es bei besonders schwerem Unglück, wenn die Zentralregierung in den Händen eines pflichtbewussten Regenten war, der Abhilfe aus allgemeinen Mitteln sicher war, wie wir das in Beziehung auf das Erdbeben vom Jahre 155 erfahren [1]).

Mit der Wende des zweiten und dritten Jahrhunderts hörte aber die gute Zeit für Lykien auf. Neben den allgemeinen unglücklichen und unruhigen Zuständen, welche im grossen römischen Reiche immer mehr um sich griffen, und den nicht seltenen schweren Seuchen, welche dessen Bevölkerung beinahe überall mehr als dezimierten, hatte es noch durch besondere Bedrohungen zu leiden, sowohl von der in Kilikien wiedererstehenden Seeräuberei, als infolge der von dem Schwarzen Meer aus von „Skythen" (zum Teil Goten) unternommenen Raubzüge [2]).

Ende der glücklichen Zeit.

---

[1]) Siehe auch Mommsen, R. G. V S. 380.

[2]) Zosim. I, 69 Λύσιος τό γένος Ίσαυρος τήν Παμφυλίαν ἅπασαν καί Λυκίαν ἐπῄει (unter Probus). Flav. Vopisc. Prob. c. 16 heisst ein potentissimus quidam latro in Isaurien: Palfurius.

Seit der zweiten Einverleibung durch Vespasian scheinen die Lykier sich der römischen Herrschaft stets mit Ergebung gefügt zu haben[1]). Schon zur Zeit der ersten Einverleibung durch Claudius finden wir einige lykische Notabeln im Besitz des römischen Bürgerrechts[2]). Seit dieser mehrten sich natürlich die Anlässe zur Erwerbung desselben und wir haben von einigen, welche die römische Beamtenlaufbahn einschlugen, inschriftliche Kunde[3]). Einige Kaiser der zwei ersten Jahrhunderte

Sind dies zwei Namen eines und desselben? Zosim. IV, 20 Ἴσαυροι τὰς ἐν Λυκίᾳ καὶ Παμφυλίᾳ πόλεις ἐπόρθουν, jedoch nur das offene Land (unter Valens Jahr 376); s. auch Mommsen, R. G. V S. 221 ff. u. 311. Ähnlichen Angriffen, wie wir einen durch Dexipp. fr. 23 (bei Dindorf, Hist. gr. min. I S. 189 f.) von Side in Pamphylien (bei Dex. ungenau „πόλις δὲ αὕτη τῶν ἐν Λυκίᾳ") erfahren, mag auch manche lykische Stadt ausgesetzt gewesen sein. Auf Verheerungen, welche von aus dem Schwarzen Meer gekommenen Seeräubern in Lykien verübt wurden, weist auch or. Sib. XIII, 139 ff. hin:

Ὦ Λύκιοι Λύκιοι λύκος ἔρχεται αἷμα λιχμῆναι
Ξάνθοι ὅταν ἔλθωσι τὸν Ἄρχι πτολιπόρθῳ
Καὶ Κάρποι πελάσωσιν ἐπ' Αὐσονίοισι μάχεσθαι.

Bull. d. corr. hell. 1886 inscrs d'Oinoanda no. 6 nach Angabe der Inschrift selbst zur Zeit des jüngeren Valerian (259—263): Οὐαλέριον Στατείλιον Κάστον τὸν κράτιστον σύμμαχον τῶν Σεβαστῶν πραιπόσιτον βηξιλλατιόνων (praep. vexill., s. Marquardt, R. St.-V. II² S. 460) προνοησάμενον τῆς εἰρήνης κατὰ θάλατταν καὶ γῆν.

[1]) Ael. Spartian. Hadr. c. 5, 2 wird zwar angegeben, dass zur Zeit des Regierungsantritts Hadrians Lycia denique ac Palaestina rebelles animos efferebant. Ist an dieser Notiz etwas begründet, so wird es sich wohl nur um einen gegen einige römische Beamten oder „Geschäftsleute" gerichteten Krawall gehandelt haben.

[2]) Der bei Cass. Dio 60, 17 erwähnte wird nicht der einzige gewesen sein.

[3]) Römische Bürger:
B.-N. no. 20. 32. Tiberius Claudius Livianus, Sohn eines Tiberius, offenbar des bei den Ehreninschriften mitbeteiligten

n. Chr. kamen nach Lykien: Vespasian, Trajan, Hadrian, Verus[1]).

und zuerst genannten Tib. Claudius Epagathus, Freigelassenen und Accensus des Kaisers Claudius. Hirschfeld vermutet, dass dieser Tib. Claud. Livianus Vater oder Grossvater des gleichnamigen praef. practorio unter Trajan war (über diesen s. O. Hirschfeld, R. Verw.G. S. 224 f. no. 31). Q. Veranius Iason: B.-N. no. 85. Tib. Claudius Telemachus, Prätor von Achaia, Legat von Asia, consularis: B.-N. no. 41. Tib. Claudius Stasithemis, Sohn, und Tib. Claudius Aurelius Telemachus, Enkel des vorhergehenden, beide συγκλητικοί: B.-N. no. 41 und 42. Ein ...... Claudianus, der zuerst von seiner Familie, die seither Ritterrang besessen und deren männliche Mitglieder die prokuratorische Laufbahn durchlaufen hatten, senatorischen Rang erwarb und dann nach einander πρεσβευτής ἀντιστράτηγος Ἀχαίας καὶ Ἀσίας, Legat der II legio Traiana firma und Proconsul von Makedonien war: B.-N. no. 76. Tib. Claudius Agrippinus: B.-N. no. 89 und 93. προγόνων ὑπάρχοντα στρατηγῶν καὶ ναυάρχων. M. Aurelius Thoantianus γένους συγκλητικοῦ καὶ ὑπατικοῦ ..... καὶ πρεψιπειλαρίων καὶ ἱππικῶν: Wadd. no. 1224. Q. Velius Titianus, bull. d. corr. hell. inscrs de Cadyanda no. 7. Tatianus unter anderem cos. 391: c. i. g. 4266 e = Kaibel epigr. Gr. no. 919 = B.-N. no. 65.

Die Tribus, welche keineswegs immer angegeben wird, ist in drei Fällen, B.-N. 30 und 32, 35, 89 und 93 die Quirina, was mit Kubitschek, De Romanorum tribuum orig. ac propag. S. 200 übereinstimmt, da die Betreffenden bezw. ihre Vorfahren das Bürgerrecht durch Claudius (allerdings könnte B.-N. 30. 32 sich am Ende auch auf Tiber beziehen, der nach Cass. Dio 57, 8 auch den Beinamen Germanicus führte) erhalten haben werden; in einem Falle (Cad. no. 7): Velina.

[1]) Vesp. wohl auf seiner Reise von Alexandria nach Rom (Jahr 70), αὐτὸς ὁλκάδος ἐπιβὰς ἐς Λυκίαν ἔπλευσε, κἀκεῖθεν τὰ μὲν πεζῇ τὰ δὲ πλωϊζόμενος εἰς τὸ Βρεντέσιον ἐκομίσθη, Cass. Dio epit. 66, 9. Trajan auf seinem Weg zum Partherfeldzuge, Cass. Dio epit. 68, 17 (von Athen aus) ἐπί τε τῆς Ἀσίας καὶ ἐπὶ Λυκίας τῶν τε ἐχομένων ἐθνῶν ἐς Σελεύκειαν ἐκομίσθη, (Jahr 113).

Hadrian c. i. g. 4334. 4335. 4336. 4337 und Add. S. 1157; nach Dürr, Reisen des Kaisers Hadrian S. 60 im Jahr 130; in

Neuntes Kapitel.

Landtag. Beamte und Kaiserkult der Auch nachdem Lykien mit Pamphylien zu einer Provinz vereinigt war, behielt es als eine Art von

Betreff der von Dürr vermuteten lykischen Route H.s s. die begründeten Berichtigungen in B.-N. S. 117.

Folgende Kaiser finden sich auf lykischen Inschriften:

Augustus: c. i. g. 4238 (Tlos).

Tiberius: c. i. g. 4240 d (Tlos).

Claudius: B.-N. no. 29. 32 (Sidyma).

Nero: Bull. d. corr. hell. 1885 Oinoanda no. 2.

Vespasian: c. i. g. 4270. 71 = Wadd. 1253. 54. Wadd. 1265 = c. i. g. 4333. B.-N. no. 122. Bull. d. corr. hell. 1886 Cadyanda no. 5.

Titus: c. i. g. 4300 w Add. = Wadd. 1292.

(Domitian nach Wadd.s Ergänzung Wadd. 1225.)

Trajan: B.-N. no. 92 (Xanthos, Ehreninschrift wohl durch Anwesenheit des Kaisers veranlasst). Wadd. 1342 (Olympos).

Dessen Frau Plotina: B.-N. no. 33 (Ehrenstatue von Rat und Volk von Sidyma).

Hadrian: c. i. g. 4334—7 (34. 6. 7. Ehreninschriften von Rat und Volk von Phaselis, Limyra und Korydalla; 35 von einer Frau). B.-N. no. 90 (Patara). [no. 94 (Letoon) sehr unsicher.] c. i. l. III, 232.

Antoninus Pius: c. i. g. 4283 (Patara). 4303 h Add. (Ehreninschrift von Rat und Volk von Kyaneai, wohl veranlasst durch die rasche und kräftige Unterstützung nach dem Erdbeben: τὸν εὐεργέτην).

L. Aurelius Verus: c. i. g. 4283 b (Patara); er berührte wohl bei seiner Reise nach Syrien zum Partherkriege das Land, s. Jul. Capit. Verus c. 6 per singulas maritimas civitates Asiae Pamphyliaeque Ciliciaeque clariores voluptatibus immorabatur.

M. Aurelius: c. i. g. 4315 o = Wadd. 1337 (Rat und Volk von Korydalla); c. i. g. 4323 = Wadd. 1343 (Rat und Volk von Olympos).

Annia Faustina: B.-N. no. 95 (Letoon) wohl die jüngere; die Gemahlin des M. Aurel.

Commodus: c. i. g. 4315 s. Add. = W. 1332 („θεὸν Κόμοδον" Idebessos) und ausradiert wahrscheinlich B.-N. no. 50 (Sidyma).

Septimius Severus und sein Sohn M. Aurelius Antoninus

Halbprovinz seine Sonderorganisation[1]); es bildete für sich ein eigenes κοινόν [2]). Ob dieses κοινόν aus 23 Städten bestand[3]), ist sehr unsicher, da es zweifelhaft ist, ob der unabhängige Bund vor seinem Ende noch diese Mitgliederzahl hatte und da zudem die Römer bei der Einverleibung in dieser Hinsicht vielleicht Änderungen getroffen haben. Der Landtag, welcher aus von den einzelnen Städten gesandten Vertretern bestand, versammelte sich alljährlich. Seine Befugnisse waren, unter Oberaufsicht des Statthalters und seiner Organe für Erhaltung der öffentlichen Sicherheit und Ruhe zu sorgen, die Kosten für die gemeinsamen religiösen Feste, vor allem den gemeinsamen Kaiserkult[4]), umzulegen und überhaupt den

---

("Caracalla") auf einem Meilensteine in Kadyanda: B.-N. no. 123 (nach B.s Vermutung S. 144 erbauten sie eine Strasse, welche von Kaunos her quer durch Lykien zog).
  Caracalla allein: B.-N. no. 124 (Kadyanda).
  Severus Alexander: Bull. d. corr. hell. 1886 insers d'Oinoanda no. 9—13, wenn die Vermutung richtig, dass das zwischen Σευηρίων und Εὐερεσείων ausradierte Wort Ἀλεξανδρείων lautete und nicht vielmehr an Caracalla zu denken und Ἀντωνινείων zu vermuten ist.
  Diocletian, Maximian, Constantius und Galerius: c. i. g. 4300 x Add. = Wadd. 1293.

[1]) Παμφυλιαρχῶν unterschieden von γένους Λυκιαρχικοῦ Wadd. 1224. B.-N. no. 93. Ehren unterschieden, welche ausgehen ὑπὸ Λυκίων τοῦ κοινοῦ und solche ὑπὸ τῶν ἐν Παμφυλίᾳ πόλεων. Die gleiche Trennung bull. d. corr. hell. 1886. Inscrs d'Attaleia no. 1.

[2]) Das κ. τ. Λ. aus der Zeit der Provinz auf Inschriften sehr häufig; z. B. auf erst jüngst veröffentlichten: B.-N. no. 37. 77. 93. 110. Bull. d. corr. hell. 1886 Cad. no. 9; Oin. no. 5. 7. Noch häufiger ist die Bezeichnung ἔθνος.

[3]) Dies nimmt an Marquardt, R. St.Verw. I² S. 501.

[4]) Dem Kaiserkult ging wohl auch in Lykien und dies noch zur Zeit der Unabhängigkeit der Dienst der Dea Roma vorher. (Wadd. 1224 Balbura ἱερασαμένου Λυκίων θεᾶς Ῥώμης. Bull. d. corr. hell. Oin. no. 5 ἄρξαντα καὶ Λυκίων τοῦ κοινοῦ ἱερωσύνην θεᾶς Ῥώμης.

Kultetat festzustellen, die Verwaltung der vor allem für die gemeinsamen Kulte bestimmten Kasse zu überwachen, über

Wadd. 1290 ἱερατεύσαντα Ῥώμης καὶ Διὸς καὶ Ἀπόλλωνος Aperlae; c. i. g. 4266 b. ἱερατεύσαντα τῆς θεᾶς Ῥώμης Sidyma. Diese Inschriften allerdings aus der Zeit der Provinz.) Der Kaiserkult begann, wie es scheint, unter Tiber in einer dem sonstigen Verfahren dieses Kaisers entsprechenden verschleierten Weise. Eine leider unvollständige Inschrift c. i. g. 4210 = Wadd. 1245 besagt, nachdem in ihrem ersten Teil, von welchem nur der Schluss enthalten ist, die dem Kaiser Tiber zur Seite stehende Τύχη Ῥώμης gefeiert war: συνισταμένη δὲ καὶ Σεβαστῶν γένος κατὰ διαδοχὴν ἱερωτάτην θεῶν ἐπιφανῶν οἶκον ἄφθαρτον καὶ ἀθάνατον εἰς τὸν ἀεὶ χρόνον, dass die Lykier in frommer Verehrung dieser Göttin beschlossen haben in Tlos für ewige Zeiten feierliche Prozessionen, Opfer und Feste zu veranstalten. Unter Claudius wurde in Sidyma ein Sebasteion erbaut, siehe B.-N. no. 30 und S. 62. Im uralten religiösen Mittelpunkt der Lykier, im Letoon, befand sich wohl auch ein solches, siehe B.-N. S. 119.

Der Kult des Tiberius und Claudius erhielt sich bis in ziemlich späte Zeit neben dem der Σεβαστοί überhaupt. Wadd. no. 1224 (nach W. aus dem Anfang des 3. Jahrhunderts): πατρὸς Θεαντιανοῦ ἱερατευσαμένου Λυκίων θεᾶς Ῥώμης — ἱεράτευσαν καὶ αὐτὸς τοῦ κοινοῦ Λυκίων ἔθνους Τιβερίου Καίσαρος. Wadd. no. 1290 ἱερατεύσαντα [Τιβερίου] Κλαυδίου Καίσαρος Σεβαστοῦ — nachher καὶ ἱερατεύσαντα θεᾶς Ῥώμης (hier allem nach der Kult des Cl. kommunal). Kommunale Dienste der Σεβαστοί: B.-N. no. 39 ἱερατεύσαντα τῶν Σ. no. 43. τελέσασαν τῇ πατρίδι Σ. ἱερωσύνην no. 47 und no. 50 ἱερέως Σ. (alle drei in Sidyma). Bull. d. corr. hell. 1886 Kadyanda no. 10 ἱερασάμενον τῶν Σ. c. i. g. 4380 k[4] Add. = Wadd. 1219 Bubon ἱερασαμένην τῶν θεῶν Σ. μετὰ καὶ τοῦ ἀνδρὸς αὐτῆς und Balbura c. i. g. 4380 i. und Add. p. 1168 = Wadd. 1227. ἱερασ. τ. Σ. μετὰ καὶ γυναικός, c. i. g. 4303 h[0] Add. ἱερατεύσαντα τῶν θεῶν Σ. Κυανειτῶν τῆς πόλεως, 4332 f. Phaselis verbunden mit dem Dienst τῆς προκαθηγέτιδος Ἀθηνᾶς Πολιάδος. C. i. g. 4282 Patara scheint die Lesung: Αὐτοκρατόρεια = Kaiserfeste ziemlich unsicher zu sein. Was die lykischen Inschriften ergeben, widerspricht der von Desjardins, Rev. de phil. III (1879) 54 aufgestellten Behauptung, dass der Kult Roms und des Augustus, mit einziger Ausnahme von Spanien, die den Provinzialen eigentümliche Art des Kaiserkultes sei.

Errichtung von Ehrendenkmälern und Ehreninschriften zu beschliessen [1]), überhaupt irgendwie und irgendweshalb römische Beamte, wie Bürger und Bürgerinnen der eigenen Gemeinden zu ehren und auszuzeichnen, den weltlichen und den geistlichen Vorstand des Bundes und dessen übrige Beamte je fürs nächste Jahr zu wählen; das aurum coronarium für Kaiser und Statthalter zu bewilligen, Statthalter beim Kaiser schriftlich zu beloben oder zu verklagen; und im allgemeinen als Vermittelungsorgan zwischen den einzelnen Gemeinden der Provinz und den Organen bezw. Trägern der Zentralregierungsgewalt zu dienen.

Die zwei höchsten Beamten des lykischen Landtags waren der Lykiarch und der Oberpriester der Kaiser [2]).

---

[1]) B.-N. no. 97. καθὼς ἐψηφίσατο τὸ ἔθνος (== τὸ συνέδριον).

[2]) Dass in L. diese beiden Würden getrennt sind, zeigt klar B.-N. no. 50, s. auch Mommsens Nachtrag zu S. 72. Der Lykiarch ausser den von Marquardt, R. St.Verw. I² S. 378 Anm. 3 angeführten Inschriften erwähnt: Bull. d. corr. hell. 1878 S. 594 Μαρκίου Ἀριστηγιανοῦ Λυκιάρχου (ein Enkel desselben ist Asiarch) und Bull. d. corr. hell. 1886 Oin. 3. B.-N. 43, 44, 50, 97, 118, 121. Die Frau Λυκιάρχισσα B.-N. no. 43, 45 (von ein und derselben Frau; ihr Mann ist nicht Λυκιάρχης, er wird neben anderen no. 45 durch die Angabe ausgezeichnet: ἄνδρα τῆς ἀξιολογωτάτης Λυκιαρχίσσης, war also der zweite Mann der vielvermögenden Frau). ἀπὸ Λυκιαρχίας B.-N. no. 46. Beide haben das Prädikat: ἀξιολογώτατος.

Der ἀρχιερεὺς erscheint eponym: c. i. g. 4247, 4249, 4253, 4255, 4264, 4268, 4224 d. Add., B.-N. no. 107 bei Datierung des urkundlichen Eintrags von Bestimmungen über Eigentumsrecht und Benützung von Gräbern; in den 6 letzten Inschriften mit Angabe des Tages nach makedonischem Kalender. Vielleicht auch 4303 l. k. Ferner B.-N. no. 50 mit dem Zusatz τῶν Σ. und mit Angabe des Tages für den Beschluss des Volks von Sidyma eine Gerusie zu gründen. Diese Eponymie beweist, dass das Amt ein jährliches war. Sonst erwähnt: c. i. g. 6446, Wadd. 1266 τὸν ἀρχιερέα τῶν Σεβαστῶν καὶ γραμματέα Λυκίων τοῦ κοινοῦ; die

Der letztere war bei allen Akten, welche irgendwelche religiöse Beziehung hatten, eponym; dagegen wurde bei Akten, die frei von solcher Beziehung waren, das Jahr nach dem Lykiarchen bezeichnet[1]); der Oberpriester der Kaiser war zugleich Oberpriester der höchsten Götter des lykischen Volkes, der Leto, des Apoll und der Artemis[2]), wie in den einzelnen Gemeinden der Gemeindepriester der Kaiser zugleich Priester der kommunalen Hauptgottheit war.

Wie sich der Lykiarch und der Oberpriester in die

---

gleiche Verbindung: B.-N. no. 37, 89, 93 und wohl auch no. 35 ἀρχιερατεύσαντα τῶν Σ. καὶ γραμματεύσαντα καὶ ἱερατεύσαντα καὶ ἀρχιφυλακήσαντα τῷ ἔθνει, wenn wir richtig den Dativ auch zu γρ. beziehen.

B.-N. no. 93 geht das auf τὸν ἀρχ. τ. Σ. folgende ἀρχιερατεύσαντα δὲ τῶν Σ. καὶ ἀγωνοθετήσαντα ἐν τῇ ἡμῶν πανηγύρει ἐν τῷ παρ' ἡμῖν ἁγιωτάτῳ ἱερῷ τῆς Λητοῦς auf eine besondere in der Eigenschaft des ἀρχ. vollzogene Funktion. Ähnlich ist zu erklären B.-N. no. 77 ἱερασάμενον τῷ ἔθνει τῶν Σ. μετὰ ἐπιδόσεων; der Geehrte könnte hier auch ein Bundesunterpriester sein; es schliesst sich jedoch unmittelbar daran: γραμματεύσαντα.

ἀρχιέρεια ἐν τῷ ἔθνει: c. i. g. 4289 = Wadd. 1297 ἀρχιερατεύσασαν τῶν Σ. c. i. g. 4266. B.-N. no. 54.

[1]) B.-N. no. 97 ein Ehrendekret des κοινόν, s. S. 225, A. 1.

[2]) Diese Verbindung tritt deutlich hervor in der Widmungsinschrift c. i. g. 4283: nach dem Namen des regierenden Kaisers καὶ θεοῖς Σεβαστοῖς καὶ τοῖς πατρῴοις θεοῖς und in Wadd. 1221 wo von dem durch das lyk. κοινόν Geehrten hervorgehoben wird: ἱερασάμενος ἐν τῷ ἐξιόντι ἔτει Λυκίων τοῦ κοινοῦ θεοῦ πατρῴου Ἀπόλλωνος τά τε πρὸς εὐσέβειαν τῶν Σεβαστῶν καὶ τοῦ θεοῦ ἐπλήρωσαν. Der Geehrte war jedenfalls nicht ἀρχιερεύς, sondern ein dem ἀρχ. untergeordneter Bundespriester des Apoll. Auch B.-N. no. 93 ἀγωνοθετήσαντα ᾧ τῶν πατρῴων θεῶν μεγίστην καὶ ἐπώνυμον ἀρχήν wird von B. auf zweimalige Bekleidung der Archierie bezogen. Einige Bedenken hiegegen erregt der Umstand, dass von dem Gefeierten kein Bundesamt angeführt wird (ταμιεύσαντα τῶν πατρῴων θεῶν kann auf die πατρ. θεοί von Xanthos sich beziehen).

verschiedenen Funktionen bei den dem Kult der väterlichen Götter und der Kaiser bestimmten Festen teilten, lässt sich nicht bestimmen. Unverkennbar aber ist, dass die Würde des Lykiarchen die höhere war [1]), sie war Angehörigen aller Städte zugänglich [2]). Der Lykiarch leitete die Verwaltung der Angelegenheiten des κοινόν mit dem Masse von Selbständigkeit, das die römische Regierung zuliess. Das Amt erforderte bedeutende finanzielle Leistungen, wenn es auch vielleicht nach seiner Bekleidung Freiheit von Leiturgien zur Folge hatte, wie uns dies von der Würde des ἀρχιερεύς bezeugt ist [3]). Wie der letztere eine Art Oberaufsicht über den ganzen in Lykien ausgeübten Götterkult gehabt haben wird, so der Lykiarch über alle weltlichen Beamten des κοινόν. Von solchen kennen wir erstens die Würde eines γραμματεύς [4]), der dem Anschein nach immer zugleich die Würde des ἀρχιερεύς bekleidete, was darin begründet war, dass letzterer die Oberaufsicht über Führung der Archive hatte, in denen neben frommen Stiftungen die Bestimmungen über Eigentumsrecht und Benützung der Gräber niedergelegt wurden. So war die Leitung des Urkundenwesens in einer Hand. Ihm als Gehilfe stand zur Seite ein ὑπογραμματεύς [5]). Über die öffentliche Sicherheit und Ordnung wachten ein ἀρχιφύλαξ [6]) und ein ihm untergeord-

---

[1]) B.-N. 43. 44 συγγενῆ ἀρχιφυλάκων Λυκιαρχῶν, während ähnliches vom ἀρχ. nicht hervorgehoben wird.

[2]) B.-N. 118. 121 ein Lykiarch, der nur Bürger von Kadyanda ist.

[3]) Philostr. vit. soph. II, 26 die (vom Sophisten Herakleides bekleidete) Würde des ἀρχιερεύς Λυκίων als eine ἀλειτουργησία bezeichnet.

[4]) Wadd. 1266. B.-N. 35. 37. 89. 93; siehe A. 1 zu S. 226.

[5]) Bull. d. corr. hell. 1886 inscrs de Cadyanda no. 9.

[6]) ἀρχιφ. Wadd. 1224. B.-N. no. 43. 48. 77. Bull. d. corr.

neter ὑποφύλαξ oder vielleicht mehrere ὑποφύλακες[1]). Diese Ämter konnten von ein und demselben mehrmals bekleidet werden. Von einem ταμίας τοῦ κοινοῦ, welcher nicht gefehlt haben kann, ist keine sichere Spur vorhanden. Alle Beamten, weltliche wie geistliche, werden unter der Bezeichnung ἐθνικοὶ ἄρχοντες zusammengefasst[2]). Für die Bekleidung dieser Bundesämter trat nach und nach wenigstens thatsächliche Erblichkeit ein, da nur ein beschränkter Kreis von Familien den damit verbundenen finanziellen Leistungen gewachsen war[3]). Diese Familien waren dann später wenigstens überwiegend solche, die römisches Bürgerrecht besassen und von denen Mitglieder römische Reichswürden erlangt hatten.

Der Provinziallandtag, der sich abwechselnd in verschiedenen Städten versammelte, wählte, wie es scheint, aus seiner Mitte einen bleibenden Ausschuss, der den Lykiarchen zu unterstützen und zu beraten hatte[4]). Von

---

hell. 1886 insers d'Oinoanda no. 3. 5. B.-N. no. 48 ἀρχιφύλακος Λυκίων ἀρχιφυλακείας τῆς μεγάλης und Oin. no. 7 ἀρχιφυλακήσαντα ἐν τῇ πρὸς Κράγῳ συντελείᾳ weisen wohl darauf hin, dass es später neben dem ἀρχιφύλαξ fürs ganze Gebiet ἀρχιφύλακες zweiter Klasse für die einzelnen Bezirke desselben gab.

[1]) Wadd. 1224. B.-N. no. 43. 44. 46. 47. 49. Oin. no. 3. Der ἀρχιφ. Oin. no. 5 als νεανίας bezeichnet.

[2]) Wadd. 1221 viermal. Der gewesene Priester Λυκίων τοῦ κοινοῦ θεοῦ πατρῴου Ἀπόλλωνος wird selbst als ἐθνικὸς ἄρχων bezeichnet. Identisch die Bezeichnung κοινοὶ ἄρχοντες. C. i. g. 4380 k 4. Add. = Wadd. 1219. πατρὸς καὶ συγγενῶν ἀρξάντων τῆς πατρίδος καὶ τοῦ Λυκίων ἔθνους. c. i. g. 4289 und Add. p. 1127 = Wadd. 1297. ἐκ προγόνων ἀρξάντων καὶ ἐν τῷ Λυκίων ἔθνει.

[3]) Wadd. 1224 war der Ururgrossvater des vom κοινόν Geehrten, der selbst Bundespriester des Tiberius Caesar ist, ὑποφύλαξ, der Urgrossvater ὑπο- und ἀρχιφ., der Grossvater ὑποφ.

[4]) Wadd. 1221 (Λυκίων) βουλευταῖς nach συνέδροις.

drei Städten, Xanthos [1]), Patara [2]), Tlos [3]) ist uns der auszeichnende Name μητρόπολις erhalten. Diese drei waren aber kaum die einzigen. Z. B. bei Myra wird es nur von der verhältnismässig kleinen Anzahl der von ihm erhaltenen Inschriften herrühren, dass wir es als Metropole nicht kennen. Bemerkenswert und Nachwirkung der Organisation des unabhängigen Bundes ist, dass es keine πρώτη oder μεγίστη μητρόπολις gab. Die Feste des κοινόν fanden nicht bloss im Letoon [4]) statt, sondern auch in Städten, die irgend einen andern vom Bund unterhaltenen Kult oder für alle Lykier bestimmte Spiele hatten und immer da, wo der Landtag Sitzung hielt.

Auch über die politische Organisation der Städte lehren uns die Inschriften wenigstens einiges. Frühestens noch zur Zeit des Commodus bestand in ihnen die Ekklesie als formell höchstes Organ [5]); in dieser stimmte der Demos als Träger der Souveränetät über alle Neuerungen, Ehrenbeschlüsse u. s. f. ab und wählte die Beamten [6]). In allen zu entscheidenden wichtigeren Fragen war aber der Demos, wie schon früher, an die Vorlagen der Bule gebunden und ermangelte jeder Initiative; bei Wahlen wird sein Wahlrecht meistens nur scheinbar gewesen sein, da, vor allem wenn die vermögenden Familien einig waren, zu den kostspieligen Ämtern sich

Städtische Verwaltung

---

[1]) C. i. g. 4272. 4273, 4274 (= Wadd. 1257. 58.) 4276 Add. = B.-N. 74. B.-N. no. 47. 76. 78. 92. 96.

[2]) C. i. g. 4280. 81. 83. (B.-N. S. 161.)

[3]) C. i. g. 4240 c. Wadd. 1266.

[4]) B.-N. no. 93 ἠγμένη πανηγύρει ἐν τῷ παρ' ἡμῖν ἁγιωτάτῳ ἱερῷ τῆς Λητοῦς no. 96 ἐν ἐθνικῇ πανηγύρει Xanthos.

[5]) B.-N. no. 50 κατὰ τὸν νόμον ἐννόμου βουλῆς καὶ ἐκκλησίας ἀγομένης.

[6]) B.-N. no. 48 ἐπίδοσιν τοῖς πολίταις ἐν τοῖς καθεστῶσι ἀρχαιρεσίοις.

nicht mehr meldeten als zu wählen waren, oder der Rat wohl eine Kandidatenliste zur Auswahl dem Volk vorlegte; so mag es nur den Wert gehabt haben, dass der Demos die üblichen Spenden erhielt. Die wirkliche Regierung der Städte lag in den Händen der βουλή, deren Mitglieder vor allem aus den gewesenen Beamten bestanden und lebenslänglich waren [1]).

[1]) Dafür spricht, dass B.-N. no. 51 und 52 die in Sidyma gegründete Gerusie aus einer gleich grossen Anzahl von βουλευταί und δημόται gebildet wird. B.-N. no. 96 ἄνδρα ἔνδοξον ἐκ προγόνων βουλευτήν. c. i. g. 4274 und Add. p. 1124 = Wadd. 1257. πατρὸς καὶ προγόνων βουλευτήν. Über die Frage, wann unter römischem Einfluss die βουλή in den griechischen oder griechisch organisierten Politien so umgestaltet wurde, dass ein ordo senatorius sich bildete, s. Menadier Ephesii S. 29—31. Dieser bezieht mit Recht c. i. g. 4380 e τάξεως τῆς πρωτευούσης Balbura und c. i. g. 4332 τοῦ πρώτου τάγματος τῆς πόλεως Phaselis auf diesen ordo senatorius; ferner c. i. g. 4380 k⁴ Add. = Wadd. 1219 γυναῖκα εὐγενίδα τάξεως τῶν πρωτευόντων τῆς πόλεως Bubon, vergl. auch c. i. g. 4412 a und b (Iotape in Kilikien), wo a τῆς πρώτης τάξεως und b τάγματος βουλευτικοῦ gleichbedeutend sind.

Auf einer Inschrift (denn c. i. g. 4235 b Add. = Wadd. 1244 beruht πρυτάνεων γνώμη auf unsicherer Ergänzung) c. i. g. 4302 a Add. = Wadd. 1311: ἔδοξε τῇ βουλῇ καὶ τῷ δήμῳ πρυτάνεων γνώμη sind die Prytanen der jeweils die laufenden Geschäfte besorgende und das προβούλευμα entwerfende Ausschuss der βουλή. Zur Sicherung der Erträgnisse der Besteuerung bezw. Monopolisierung des Seeverkehrs von Myra nach Limyra, der nur von Andriake aus erfolgen soll, wobei Myra bezw. der Steuerpächter 33¹/₃ % des Transportgeldes der Waren und Personen erhebt, wird gegen Kontravenienten für jede Fahrt eine Strafe von 1300 Drachmen (nach Wadd.s Lesung) angesetzt. Es ist nun kaum denkbar, dass die römische Regierung einer Provinzialstadt solche Strafgewalt ohne Einholung ihrer Erlaubnis zugestand; von einer solchen berichtet aber die Inschrift nichts. Deshalb wird die Inschrift noch aus der Zeit der Unabhängigkeit sein. Sonst ergeben sich die Funktionen der πρυτάνεις als andere. Wadd. no. 1290 πρυτανεύσαντα ἡ Aperlae. C. i. g. 4303 h⁰ Add. Vater und Sohn πρ. Μυρέων

So zeigt sich uns die Erscheinung einer werdenden Oligarchie, die lange noch ihre Reihen demjenigen, der

---

τῆς πόλεως. Der S. auch πρ. τῆς Ἀρνεατῶν πόλεως. C. i. g. 4332 πρυτ. φιλοτείμως Phaselis; B.-N. no. 89. 40 πρ. εἰς δαπανηρῶς. Sidyma no. 47. πρυτάνεως Ξανθίων μητροπόλεως. 53 A sind Prytanen von Tlos, Sidyma und Pinara als bei einem Fest fungierend erwähnt, E solche von Kalabatia. no. 96 πρ. καὶ ἐν ἐθνικῇ πανηγύρει Xanthos. Bull. d. corr. hell. 1886 insers de Cadyanda no. 12. 13 πρ., in letzterer Inschrift mit dem Zusatz εὐθαιρέτως, weil der Geehrte als Arzt Anspruch auf ἀτέλεια hatte. Von Eponymie der Prytanen findet sich in Lykien keine Spur, so dass kein Anlass zur Annahme vorliegt, dass die πρ. früher die Präsidenten der jeweiligen Stadtregierung gewesen. So viel zeigen die Inschriften, dass die Prytanie mit Geldaufwand verbunden war, vielleicht mit irgend welchen priesterlichen Funktionen zusammenhing (jedoch schliesst Menadier a. a. O. S. 77 A. 43 aus c. i. g. 4303 h⁰ und Wadd. 1290 zu viel). Vielleicht hatten sie die Ausrichtung und Leitung gewisser Gemeindefeste.

Ein Polizeibeamter, der den Marktverkehr, vielleicht auch den Arbeitsverkehr zu überwachen hatte und entsprechende Gerichtsbarkeit besass: c. i. g. 4335 Phaselis; B.-N. no. 96 ἄρξαντα τῇ πατρίδι ἀγορανομίαν πόλεως Xanthos; a. a. O. Kadyanda 12 u. 14 ἀγορανομήσαντα. Möglich ist, dass der ἀγορανόμος auch noch mit der cura annonae betraut war. Nicht als Amt zu betrachten ist: καὶ διανομὴν ἀνδράσιν σειτομετρούμενον ἀνὰ δηνάριον α' (Patara), Kadyanda no. 12 a. a. O. σειτομετρήσαντα. Es handelt sich hier um ein munus, zu dessen Besorgung dem jeweils Beauftragten allerdings öffentliche Vorräte, wenn auch oft nicht ausreichend, und sachverständige servi publici zur Verfügung standen (ein δημόσιος von Balbura, der mit dem Verproviantierungswesen zu thun hatte und von dem, was er in diesem Dienst beiseite brachte, eine Stiftung εἰς τὸ σειτομέτριον κατ' ἔτος machte, Wadd. 1228). Eine ähnliche, wenn nicht die gleiche Leistung: c. i. g. 4278 k Add. = Wadd. 1248 Arsada: σειτωνήσαντα τῇ πόλει. Hier auch ein δήμαρχος = Vorsteher des δῆμος im Gegensatz zu den nobiles oder Vorsteher eines Bezirkes? ersteres am Ende wahrscheinlicher (vergl. den demarchus von Neapel, s. Ael. Spart. Hadrianus c. 19, 1). χειριστεύσαντα a. a. O. könnte auch irgend ein munus bezeichnen. Der ταμίας, mit dem man das Wort nicht ohne Wahrscheinlichkeit

232 Neuntes Kapitel.

zu grösserem Besitz gekommen, offen hält, um endlich ihren Kreis abzuschliessen. Diese Oligarchie wurde neben anderem dadurch gefördert, dass viele ihrer Familien Bürgerrecht und Besitz in verschiedenen Gemeinden hatten[1]). Von manchen Männern wird her-

identifizierte: B.-N. no. 96 ταμίαν πόλεως Xanthos Wadd. 1290 ταμιεύσαντα Aperlae; ταμιεύσαντα δήμου Kadyanda no. 10. Γραμματεύς von Sidyma B.-N. no. 47. γρ. τῆς βουλῆς no. 50 Sidyma, γραμματεύσαντα no. 77 Xanthos. C. i. g. 4247 Tlos, δημόσιοι γραμματοφύλακες, Vorsteher des städtischen Urkundenwesens. Στρατηγήσαντα κατὰ πόλιν c. i. g. 4269 d Add. = Wadd. 1260 (wohl im Gegensatz zu einem στρατηγὸς ἐπὶ τῆς χώρας); welche Funktionen den στρατηγοί unter römischer Herrschaft blieben, ist ungewiss; aber doch wohl zum Teil die Sorge für die öffentliche Sicherheit. In Kadyanda a. a. O. no. 10 ein παραφυλακήσαντα, dessen Funktion aber nach der Inschrift von Nysa Bull. d. corr. hell. 1883 Ramsay no. 15 von der εἰρηναρχία verschieden ist. War der παραφύλαξ eine Art Adjunkt des στρατηγός?

Ein unter den leistungsfähigsten oder opferwilligsten Gliedern der βουλή, umgehendes munus ist die Funktion der εἰκοσαπρωτεύοντες. C. i. g. 4332 Phaselis und Kadyanda a. a. O. no. 10 εἰκοσαπρωτεύσαντα. Sonst erscheinen in Asien nicht selten δεκάπρωτοι; ob jedoch die εἰκοσάπρ., welche inschriftlich nur in Lykien sich finden, als eine lykische Eigentümlichkeit betrachtet werden dürfen, möchte zweifelhaft sein. Die icasoprotia ist, wie die decaprotia, auch erwähnt Dig. L. 4, 18, 26 als zu den mixta munera gehörig. Δεκάπρωτοι (δεκαπρωτεύσαντα) B.-N. no. 49 Xanthos und c. i. g. 4289 = Wadd. 1297 Aperlae. Ihre Obliegenheit war, die an die Zentralregierung zu bezahlenden Steuern einzutreiben bezw. vorzuschiessen und jeden Ausfall dem Fiskus gegenüber zu decken. Vielleicht hing es von wechselnden Verhältnissen ab, ob 20 oder 10 mit dem Geschäft betraut wurden. Ein (vom Kaiser ernannter) λογιστής von Oinoanda, (gewesener) Lykiarch a. a. O. no. 4.

[1]) Bürger von mehreren Gemeinden auf Inschriften häufig: Bürger bezw. Bürgerinnen von zwei Städten: c. i. g. 4266 b. 4288. 4293. 4311. 4300 f. Add. 4303 h⁰ Add. 4311. B.-N. no. 41. 42. 44. 45. 47. 50. 119. Inschriften von Oinoanda a. a. O. no. 9. 10.

vorgehoben, dass sie in allen lykischen Städten öffentliche Ämter verwaltet oder öffentliche Leistungen erfüllt haben [1]), was allerdings ursprünglich mit den Einrichtungen des noch selbständigen Bundes zusammenhängt. Diese angesehenen Geschlechter zeigten sich sehr freigebig; so ziemlich bei jedem von ihnen verwalteten Amt hatten sie daraufzulegen; der bei einer Wahl erfolgreiche Bewerber spendete nicht bloss der wählenden Plebs, sondern auch all denen, deren angesehener Kollege im engeren und weiteren Sinne er geworden. Neben Spenden erfahren wir auch von Stiftungen; aber diese waren wenigstens zum überwiegenden Teile nicht geeignet, Armut zu heben und den „Enterbten" es zu erleichtern, sich empor zu arbeiten, sondern darauf berechnet, vorübergehende, wenn auch rauschende Freude der Gemeinde zu bereiten und der Schaulust der Masse Befriedigung

---

11. 12. 13; von drei Städten: c. i. g. 4240 c. 4300 q Add. = Wadd. 1298. B.-N. no. 92. Oinoanda no. 11. Der reiche Opramoas (no. 198 der von Six in Rev. numism. 1886 zusammengestellten lykischen Münzen trägt die Aufschrift Haruma oder Hampruma. Opramoas ist vielleicht die griechische Umformung dieses Namens) ist Wadd. 1266 bezeichnet als B. von Tlos und Rhodiapolis; Wadd. 1341 = c. i. g. 4324 als B. von Rhodiapolis, Myra und Phaselis; seine Geburtsstadt war also Rhodiap. Wadd. 1224 τῇ ἑτέρᾳ πατρίδι (neben Balbura das pamphylische Attaleia), B.-N. no. 47. τῆς πατρίδος ταύτης, no. 45. ἡ ἐνταῦθα πατρίς. Die Frau behielt ihr angeborenes Bürgerrecht: B.-N no. 45: die Frau Παταρὶς καὶ Σιδυμίς, der M. Σιδυμεύς; no. 41: Fr. Ξανθία καὶ Παταρίς, M. Ξάνθιος καὶ Σιδυμεύς. c. i. g. 4800 d Add.; Fr. Μύρισσα. M. Ἀντιφελλείτης. 4800 f. Add.: Fr. Ἀντιφελλεῖτις, M. Φελλείτης καὶ Ἀπερλείτης.

[1]) Πολιτευόμενος ἐν ταῖς κατὰ Λυκίαν πόλεσι πάσαις: c. i. g. 4324 = Wadd. 1341. 4293. 4300 c. Wadd. 1266. B.-N. no. 93. Kadyanda a. a. O. no. 7. In welch weiter Bedeutung πολιτεύεσθαι zu verstehen, zeigt B.-N. no. 45 τὴν μεγαλόφρονα αὐτῆς πολιτείαν; 44 πολιτευομένην ἐπὶ πᾶσιν σωτηρίως καὶ συμφερόντως.

234 Neuntes Kapitel.

zu schaffen: eine Sozialpolitik des Augenblicks und der Eitelkeit[1]). Eine grosse Rolle spielen innerhalb dieser angesehenen Familien die Frauen, wie das überhaupt

[1]) C. i. g. 4300⁰ Add. = Wadd. 1248 eine Liste von Beiträgen zur Tilgung einer städtischen Schuld von Myra; auch ein B. von Antiphellos steuert bei (kann einer früheren Zeit angehören). Kollekten zu irgend einem gemeinnützigen Zwecke auch Kadyanda a. a. O. no. 1—4. Geldbeisteuern eines einzelnen: c. i. g. 4278 k Add. = Wadd. 1248 ἀργύριον ἀναπόδοτον δόντα; giebt auch Geld εἰς πάνδημον ὑποδοχήν Arsada. ἐπιδόσεις ἀργυρικαί: B.-N. no. 49 (Sidyma); τῇ πόλει καὶ τῷ ἔθνει no. 92 (Letoon). Geld zu wiederholter Verteilung an die Bürger bei der Panegyris vermacht Oinoanda a. a. O. no. 3.

Bewirtungen der Gemeinde: c. i. g. 4278 k Add. = Wadd. 1248 ὑποδεξάμενον τὸ σύμπαν πλῆθος. B.-N. no. 39 ἑστιάσαντα τὸν δῆμον τρίς. no. 49 ἑστιάσεις πολλάς Sidyma. Opramoas hat nach Wadd. 1266 der Gemeinde Patara eine bedeutende Summe (zum mindesten 20000 Denare) zur Einrichtung des Theaters und zum Bau dreier Exedren im Bade geschenkt und ihr noch testamentarisch ein im Gebiet von Korydalla gelegenes Grundstück vermacht, das jährlich 1250 Denare trug; sein Ertrag soll bei einem penteterischen Feste in Gaben von 1 Denar als eine Art σιτηρέσιον ausgeteilt werden (εἰς πανήγυριν πεντετηρικὴν καὶ διανομὴν ἀνδράσιν σιτομετρούμενον ἀνὰ δηνάριον α'). Nach c. i. g. 4324 = Wadd. 1341 schenkte derselbe auch der Stadt Olympos εἰς διανομὰς καὶ θεωρίας 10 000 Denare, wohl nicht die einzigen Schenkungen und Stiftungen, welche dieser Mann machte. B.-N. no. 38 ein Kapital der Stadt Sidyma von Tib. Claudius Caesianus Agrippa vermacht, dessen jährliche Zinsen zur Verwendung kommen. No. 46 vermacht M. Aur. Eukarpus, dessen Eltern beide noch leben, seinen ganzen Grundbesitz im Kragos derselben Stadt. No. 44 wird seine Mutter geehrt, weil sie die vom Sohn testamentarisch der Gemeinde zugewiesenen Grundstücke ohne Weiterungen der Stadt zum Eigentum übergeben. Sein Vater hinterlässt dann ebenfalls ein Grundstück τῷ ἱερῷ „συστέματι" τῶν τριάκοντα (irgend eine Vereinigung zu gemeinsamem Kult und gemeinsamen Festlichkeiten). C. i. g. 4315 n = Wadd. 1336 stiftet ein „berühmter" Arzt seiner Vaterstadt Rhodiapolis einen Tempel und Bildsäulen des Asklepios und schenkt ihr zur Feier von As-

in der Zeit der römischen Oberherrschaft auf hellenischem und hellenistischem Boden sich findet¹).

klepien und Verteilungen 15000 Denare. Ein Asklepieion auch in Oinoanda gestiftet a. a. O. no. 1.

Nach c. i. g. 4283 (vom Jahr 147) hat Velia Procla, wie ihr Vater, Teile des Theaters von Patara auf eigene Kosten erbaut und ausgeschmückt. 4332 (Phaselis) πολλὰ καὶ μεγάλα παρεισχημένον τῇ πατρίδι ἐν τῷ τῆς ζωῆς αὐτοῦ χρόνῳ καὶ μετὰ τὴν τελευτὴν δὲ αἰωνίους δωρεὰς καταλελοιπότα τῇ πατρίδι εἴς τε ἀναθήματα καὶ θεωρίας καὶ διανομάς.

Mittel zu Agonen testamentarisch gestiftet von einer Frau B.-N. 118-120 (παίδων πάλην). Kadyanda; c. i. g. 4274 von einem Mann (ἀνδρῶν πάλην), Xanthos; von einem Euarestos noch zu seinen Lebzeiten hergegeben in Oinoanda für Agone, an denen alle Lykier sich beteiligen dürfen: c. i. g. 4880 m (= Wadd. 1233) und Bull. d. corr. hell. 1886 insers d'Oin. no. 9—13 (sowohl παίδων als ἀνδρῶν παγκράτιον); in Balbura testamentarisch: c. i. g. 4880 e bis h. Wadd. 1223. Oin. no. 3. συστησάμενον εἰς πάντα τὸν αἰῶνα πανήγυριν ἀγώνων θυμελικοῦ καὶ γυμνικοῦ ἐκ πάντων Λυκίων. (Derselbe Mann unterstützte auch seine Mitbürger in Zeiten der Teuerung.) Für die testamentarischen Bestimmungen ist die Zeit des S. C. Apronianum der terminus post quem.

Schenkung von Getreide an die Stadt: c. i. g. 4316 c Add. = Wadd. 1324 Arykanda.

Wie sehr auch in Lykien die Unsitte, dass der gewählte Bewerber spendierte, Sitte geworden war, zeigt Wadd. 1221 Balbura, wo der ἱερασάμενος Λυκίων τοῦ κοινοῦ θεοῦ πατρῴου Ἀπόλλωνος den σύνεδροι, βουλευταί, überhaupt allen ἄρχοντες des κοινόν eine Spende von zwei Denaren (wohl so viel und nicht wie Wadd. liest: διανομῆς ἀνὰ * ,β = 2000) und noch τῷ ἔθνει τὰ ὡρισμένα giebt. Ausserdem B.-N. no. 48. Interessant ist auch, dass der Grossvater schon für seine noch nicht erwachsenen Enkel Liturgien übernahm. B.-N. no. 95 τελέσαντα δὲ καὶ τὰς λοιπὰς λειτουργίας καὶ ὑπὲρ τῶν ἐγγόνων.

¹) Ehreninschriften für lykische Frauen häufig, z. B. c. i. g. 4880 k⁴ Add. B.-N. no. 41. 43. 79. 108. 109 (in 108 γυναῖκα δὲ Ἀγαθοκλέους τοῦ β τοῦ Συμμάχου καὶ ἀδελφήν Geschwisterehe?) 43 τελέσασαν τὰς δύο τῶν νέων γυμνασιαρχίας. Bei verschiedenen Anlässen haben wir Inschriften angeführt, welche den grossen Ein-

Neuntes Kapitel.

Geistiges Leben. Die Agonistik[1]) und die Schaustellungen und Auffluss der Frauen beweisen. (Bull. d. corr. hell. 1883 Inschrift von Sebaste no. 2 Frauen Mitglieder einer Gerusie.)

[1]) C. i. g. 4198 Procleiana, bei denen ein im ἀγενείων παγκράτιον errungener Sieg gefeiert wird, Telmessos. 4240 c ein Bürger von Myra und Tlos verherrlicht als Ὀλυμπιονείκης, Πυθιονείκης, πλειστονείκης παράδοξος; erwähnte Kampfart: ἀνδρῶν πυγμήν, Tlos. 4274 = Wadd. 1257 ἀγωνισάμενον ἀνδρῶν πάλην. 4276 b Add. ein Ἀκτιονίκης aus Xanthos. Oinoanda a. a. O. no. 11 ein ἀριστονείκης παράδοξος aus Oin., daselbst νικήσας ἀνδρῶν παγκράτιον κοινόν Λυκίων, der schon in Sardes, Ephesos und Argos gesiegt hat, und no. 13 ein Sieger im παίδων παγκράτιον, der schon zweimal in Ὀλύμπια und Ἄκτια, einmal in Πύθια gesiegt hat. Bei den Ὀλύμπια u. s. w. ist nicht an die grossen Spiele, welchen der Name vor allem und zuerst zukam, zu denken. Würde es sich um diese handeln, so wäre dies noch besonders hervorgehoben, wie z. B. Bull. d. corr. hell. 1887 S. 80 νικήσαντα Ὀλύμπια τὰ μεγάλα τὰ ἐν Ἡλείᾳ. Übrige Belege s. oben Anm. 1 zu S. 234 auf S. 235.

C. i. g. 4380 m. n und Bull. d. corr. hell. 1886 no. 9—13 führt Euarestos bei den von ihm in Oinoanda für alle Lykier gestifteten Agonen selbst die Agonothesie; in Kadyanda B.-N. no. 118. 121 ist bei den von einer Frau testamentarisch gestifteten Agonen der aus Kadyanda gebürtige Lykiarch Iulius Mettius Aurelius Philotas ἀγωνοθέτης διὰ βίου; ebenso in c. i. g. 4198 bei den in Telmessos gefeierten Spielen ein Lykiarch aus Telmessos und c. i. g. 4274 = Wadd. 1256 bei in Xanthos aus Mitteln einer testamentarischen Privatstiftung gefeierten Spielen ein in Xanthos bürgerlicher Lykiarch (τοῦ ἀξιολογωτάτου φιλοπάτριδος und B.-N. no. 41). Vielleicht wurde bei solchen von Privaten für ihre Vaterstadt testamentarisch gestifteten lykischen Spielen die Bestimmung getroffen, dass von der erstmaligen Feier an immer derjenige Bürger der Stadt die lebenslängliche Agonothesie führen solle, der schon am längsten das Prädikat Lykiarch führte. Fehlte es dann etwa einmal überhaupt an einem solchen in der Bürgerschaft für in Aussicht stehende Spiele, so hatte wohl das συνέδριον bei der Wahl ein Einsehen. C. i. g. 4380 c—h und Wadd. 1223: Balbura ist der Enkel dessen, der die Mittel zu Agonen gestiftet hat, von denen uns die 11. Wiederholung bezeugt ist, ἀγωνοθέτης διὰ βίου. Ein Stadium z. B. in Tlos und Kadyanda.

führungen der Bühne¹) nahmen ein gut Teil des Interesses der Bevölkerung in Anspruch.

Dass Lykien vor allem zur Zeit der Provinz auch von den litterarisch-ästhetischen Bestrebungen des Hellenismus ergriffen wurde, kann nicht bezweifelt werden²). Nur scheint es, dass es, abgesehen von dem mehr griechischen Phaselis, der griechischen Rhetorik langsamer und weniger intensiv zugänglich wurde als das karische Nachbarland. Der bedeutende Vertreter, welchen es der hellenistischen Sophistik der Kaiserzeit stellte, spricht eher für als gegen diese Annahme. Es fehlte offenbar dem Herakleides³), welcher ums Jahr 196 n. Chr. die kaiserliche Professur der Rhetorik in Athen inne hatte, nicht sowohl an Gründlichkeit der Kenntnisse und Tiefe des Strebens und Denkens, als an der nie versagenden Geläufigkeit der Zunge und an derjenigen Gewandtheit und Anpassungsfähigkeit, welche bei der gehässigen Rivalität und dem Klüngelwesen, wie es an der athenischen Universität herrschte, im Kampf ums Dasein die erste Förderung bot. Seinem Hauptneider gelang es, ihn in einem vor dem Kaiser Alexander Severus in Rom veranstalteten Wettkampf in improvisierter Beredsamkeit auszustechen. Der Kaiser entzog ihm die

---

¹) Theater z. B.: in Telmessos, Pinara, Xanthos (je 2), Patara, Kadyanda, Kyaneai, Balbura, Oinoanda, Antiphellos, im Letoon; ein Odeion in Aperlae. Die Verbindung der theatralischen Aufführungen mit der Agonistik zeigen Bull. d. corr. hell. 1886 Oinoanda no. 3. πανήγυριν ἀγώνων θυμελικοῦ καὶ γυμνικοῦ und B.-N. no. 96 nach ἀγωνοθετήσαντα ͅ τῶν πατρῴων θεῶν μεγίστην καὶ ἐπώνυμον ἀρχήν· τειμηθέντα καὶ ὑπὸ τῶν ἱερῶν ξυστικῆς τε καὶ θυμελικῆς συνόδων, wohl der σύνοδος von Smyrna; s. Lüders, Die dionys. Künstler S 91 und Grasberger, Erz. u. Unterr. im Altert. III A. 308.

²) B.-N. no. 75 Stiftung einer βυβλιοθήκη Xanthos.

³) Philostr. vit. soph. II, 26 und 20, 2. Hertzberg, Gesch. Griechenl. unt. d. Herrsch. d. Röm. III S. 103.

Atelic, worauf er sich nach Smyrna begab, wo er hochgeehrt wurde, grossen Zulauf aus Kleinasien, dem europäischen Griechenland und Ägypten hatte und hoch betagt starb [1]).

Einer der letzten, welche mit den Waffen der Philosophie das Christentum bekämpften zu einer Zeit, da sein Sieg schon entschieden, aber auch seine ethische Kraft und die Lauterkeit seiner Ideen gemindert und getrübt waren durch Verquickung mit materiellen Machtinteressen, stammte aus Lykien: der Neuplatoniker Proklos (411 bis 485), ein Mann, mehr geschaffen die Leistungen und Gedanken anderer Geister zusammenzufassen und in scheinbar systematischen Zusammenhang und wissenschaftliche Form zu zwängen, als selbst auf spekulativem Gebiete produktiv zu sein, aber ehrenwert durch Ernst der Arbeit und Reinheit des Charakters. Als dieser Sohn des lykischen Landes in diesem aussichtslosen Kampf der Verteidigung in Ehren sich abarbeitete, hatte die neue geistige Macht, die dazu bestimmt war, die alte Welt zu untergraben und eine neue aufzubauen und deren trotz aller hierarchischen Sünden und allen dogmatischen und konfessionellen Haders im ganzen doch segensreiche Wirksamkeit auch heute noch bei weitem nicht beendet ist, wenn nicht das Salz derer, welche

---

[1]) Philostr. a. a. O. τάφος μὲν αὐτῷ Λυκία λέγεται. Auch im fünften Jahrhundert stammte ein athenischer „Sophist" aus Lykien: Nikolaos von Myra, Schüler des Lachares. Eine Aufzählung der litterarisch thätigen Lykier unterlasse ich; es sind für uns leider blosse Namen ohne Fleisch und Blut. Nur die Bemerkung, dass der in Senagallica begrabene Lehrer aus Limyra (c. i. g. 6309 b = Kaibel, Epigr. Gr. no. 615) nicht, wie Kaibel vermutet, ein Anhänger der pythagoreischen Schule ist, da ein solcher nicht sagen kann: ἃ μὴ θέμις οὐκ ἐδόκευσα, εἰ ἤμην πρότερον, εἶτε χρόνοις ἔσομαι, sondern eher skeptischer Richtung, vielleicht auch epikureischer.

diesen Schatz ethischer Ideen zu hüten und den Aufgaben der wechselnden Zeit entsprechend umzugiessen haben, ganz dumm wird, das Christentum[1]) hatte um diese Zeit schon in Lykien Boden gewonnen und Wurzel gefasst. Zu den legendenumsponnenen Heiligengestalten des mittelalterlichen Christentums hatte Lykien seine Heiligen, Christophoros und Nikolaos von Myra gestellt.

Nachträge.

Zu S. 5 f. 92. über die Jaillahs enthält interessante Angaben der Vortrag von Luschans in der Sitzung der Berliner anthropologischen Gesellschaft vom 27. Februar 1886.

Zu Kap. II. Herr von Luschan wird, wie er mir freundlichst mitteilt, im zweiten Bande des Werkes: Reisen in Karien und Lykien vom physisch-anthropologischen Standpunkte aus, vor allem auf Schädelmessungen sich stützend, den Nachweis versuchen, dass „die älteste uns bekannte Bevölkerung des südlichen Kleinasiens eine völlig homogene war und mit den heutigen Armeniern physisch übereinstimmte". Die Solymer sind für ihn Semiten, die Pisider dagegen jedenfalls überwiegend Nachkommen „der iranischen Urbevölkerung".

Zu S. 23 (Anm. zu S. 21). Auf einer Archäolog. Ztg. III (1845) S. 113 beschriebenen Münze von Termessos findet sich für einen bewaffneten Heros die Inschrift: Σόλυμος.

Zu S. 109. Six nimmt in Revue numism. 1887 S. 3 ff. an, dass die Stele höchstens um einige Jahre vor 380 fallen kann. Auf eine ihm von Deecke mitgeteilte Übersetzung einer lykischen Sarkophaginschrift (im Schmidtschen Corpus Xanth. 8), nach welcher ein Mereis, Sohn des Kodalas, der auch auf der Stele

---

[1]) Ein christlicher Arzt aus Lykien c. i. att. III, 2 no. 3482.

erwähnt wird, das Grab erbaut für diejenigen seines Hauses, welche zur Familie der Cerices gehören, sich stützend ergänzt er die in der Mitte des letzten Verses der griechischen Inschrift auf einer kleinen Bruchfläche vorhandene Lücke KAIKA, so dass der Vers lautet:

$$\text{Κάλλιστοις δ' ἔργοις Καρίκα γένος ἐστεφάνωσεν.}$$

Statt in diesem Karikas einen Vorfahren des bei Herodot genannten Sikas zu sehen, zieht er es vor, ihn als den Enkel desselben und somit Sohn des Kyberniskos anzusetzen. Söhne des Karikas sind der auf Münzen vielfach erscheinende Kuperllis und Harpagos, sowie Kodalas. Für „den Sohn des Harpagos" ergiebt sich ihm der Name Karois aus einer Zusammenstellung des zehnten Verses der griechischen mit VII, 1 l. 43, 44 der lykischen Inschrift. So würde der Name des Sohnes des Harpagos auf der lykischen Inschrift sich finden, allerdings da ohne Angabe des Vaters, wenn die Annahme, dass wir an beiden Stellen das gleiche Faktum berichtet haben und die von dieser Annahme wenigstens zum Teil bestimmte Übersetzung der lykischen Zeilen haltbar sein sollte. Six ist so zuversichtlich, den Namen Cerois für den Sohn des Harpagos auch in eine Lücke der lykischen Inschrift VII, 1 l. 24—26 einzusetzen, so dass wir den Namen des Sohnes und des Vaters beieinander hätten. Da Karois oder Cerois metrisch nicht in den fünften Vers der griechischen Inschrift passt, so schlägt Six provisorisch etwa Χαίρις vor.

REGISTER.

Die Zahlen bedeuten die Seiten. Lr. = Lykier; Ln. = Lykien; N. = Name.

Das Register macht auf Vollständigkeit keinen Anspruch; von den im Buche behandelten Inschriften sind nur diejenigen zusammengestellt, welche eingehender besprochen und in leichter zugänglichen Sammlungen enthalten sind; von Stellen aus Schriftstellern ein Teil derjenigen, welche einlässlicher behandelt sind.

A.

Achaia, Göttin 77.
Achäischer Bund 160. 171.
Ada 105. 110.
Aegypten, Lr. an Raub- und Eroberungszügen gegen A. beteiligt? 50.
   Oberhoheit der Ptolemäer über Ln. 148 ff.
Ager publicus in Ln. 188.
Agonistik 108. 236.
Agonothesie 226. 236.
ἀγορανομία 231.
Aichmon 185.
Alabanda 45. 166.
Alexander d. Gr. unterwirft Ln. 135—7.
Alphabet, lyk. 49.
Amazonen 61 f.

Amyntas, Grab d. A. 132.
Andriake—os 8.
Antigonos (Diadoch) 139—46.
Antiochos III erobert Ln. 155 f.
Antipatrides 138 f.
Antiphellos 7. 110.
Antoninus, Kaiser 218 f. 222.
M. Antonius, „Triumvir" gewährt d. Lrn. Immunität 170. 203 f.
Aperlae 8. 110. 206.
Apollo 37. 68—86. 113 f. 177. 226.
   Schutz- und Nationalg. d. Lr. 68 f.
Ἐρεθίμιος 70 f.
Λυκηγενής 16.

Apollo, λύκιος 70. 73. 80.
Σαρπηδόνιος 65.
Σμινθεύς 70.
 Orakel zu Patara 82—84.
Apollonia-Mordiaeum (d.
 htg. Oluburlu) nicht in alter
 Zeit von („thrak.") Lrn. ge-
 gründet 31—34.
Araxa 6. 81.
ἀρχιερεύς (—εία) 225—27.
ἀρχιφύλαξ 227 f.
Argolis 51 ff.
Artemis 69. 73 f. 178. 226.
Arykanda 151.
Arykandos 2.
ἀστός 183.
Athen 27 f.
 die Lr. Mitglieder d. att.-ion.
 Seebundes 98—101.
Augustus 204 f. 222.

B.
Bachofen 121 f.
Balbura 174 f. 186.
Bargylia 58.
Bellerophon 57-63. 183.
Benndorf 132 f.
Brutus bekriegt d. Lr. 191—203.
Bubon 174. 186.
Bürgerrecht in mehreren
 Städten 232 f.
βουλή des unabh. Bundesst.
 181.
 des κοινόν der Prov. 228.
 der einzelnen Städte 182. 230.
 deren βουλευταί zur Zeit der
 Prov. lebenslänglich 230.
Bundesstaat 171—181.
 Zahl der Glieder 173 ff.
 κοινόν inschriftl. 173.
 Sondergruppen 206 ff.

C (K).
Kadyanda 5. 183.
Caesar 189 f.
Kaiserkult 223 f.
Kalchedonia 23.
Kalynda 43.
Kandyba 8.
Karer, verwandtsch. Verh. z.
 d. Lrn. 39—42. 44 f.
 Bezeichnung für Lr. 40.
 von Rom für frei erklärt 164 f.
Karien 10 f.
Kaunier 43. 166 (an letzterer
 Stelle im Text durch Druck-
 fehler „Karer").
Chaldene 23.
Chetas 47. 49 f.
Chimaira, N. 48. 62 f.
Kibyra 48.
Kibyratis 24. 174.
Kilikien 9. 168 f. 186. 189.
Kimmerier 19.
Kimon 98.
Claudius, Kaiser macht Ln.
 zur Prov. 205. 211.
 Sein Kult 224.
Kolonien, lyk. 93.
κολωνοί 32 f.
Kondalos 104. 106.
Konföderation, lyk., in pers.
 Zeit 113—115.
Korinth 57. 61.
Korydalla 9. 90.
Korykos 187.
KP Münzlegende 206—208.
Kragos, Stadt (= Sidyma) 5.
 206—208.
 Heros 20. 24.
 und Antikragos, Gebirge 4.
 Festen in Kilikien 189.

Kreta 19 f. 46. 51. 160.
Kyaneai 8.
Kyberniskos (Kuperlle) 97. 239 f.
Kyklopen („lyk.") 52—56.

D.

Deecke 44.
ἐϰατόπρωτοι 232.
Delos 76—78. 80.
Demarchos 107.
δήμαρχος 231.
Demen 183.
  Βελλεροφόντειος, Ἰοβάτειος 58.
  Γλαύκου 64.
  Τηλέφου 67.
Demetrios Poliorketes 146.
δημοκρατία 169. 182.
Dolabella 186. 190 ff.
Dynasten in Ln. 101 ff. 112 f. 116.
  beseitigt 140.

E.

εἰκοσάπρωτοι 232.
Eprius Marcellus 208.
Erbrecht 119 f.
Erythrai 51.
Eumenes (Diadoch) 141—143.
Eumenes (König v. Perg.) 153. 156. 159. 162.

F.

Felsengräber 129 f. s. auch „Gräber".
  tempelförmige 132 f.
Frauen, selbständige Stellung 123.
  Scheidung 123.
  Ehren 235 ff.

G.

Gagai 9. 90.
Gerusia 182 f.
Gigantia 31.
Gjölbaschi S. 111.
Gladiatoren 216.
Glaukos 64.
  Stammvater ion. Herrengeschl. 14.
Gräber 86 f. 128—133. s. auch „Felsengräber".
γραμματεὺς τοῦ κοινοῦ 227.
  der einz. Städte u. s. f. 232.
Gynaikokratie 62. 118 f.

H.

Harpagos, pers. Feldherr 90 f. 94.
  „Sohn des Harpagos" 94. 107 f. 239 f.
Harpyienmonument 86. 95. 131.
Herakleides, Sophist 237 f.
Herodes, Kg. d. Jud. 204 f.
Hyperboreer 78—82.
ὑποφύλαξ 228.

I.

Ilion (Neu-) 157 f.
Innere Verhältnisse Lns. in pers. Zeit 111 ff.
Iobates 60.
Ionier 51.
Isaurer 23.

K. siehe C.

L.

Legati Augusti pro praetore Lyciae etc. 210 f.
Leleger 42 f.

Leto 69—76. 82. 226.
Letoon 69. 186. 229.
Limyra 151. 230.
λογιστής 232.
Λυκιάρχης (ισσα) des unabh. Bundesst. 172. 181.
der Halbprov. 225—227.
Lykien, ältester Umfang dieses Begriffs 19.
von lyd. Herrschaft unabhängig 90.
kommt unter pers. Herrschaft 91 ff.
mit Athen verbündet 98—101.
an Maussollos 104.
von kar. Herrschaft wieder frei 106.
von Alex. d. Gr. unterw. 135—137.
Nearch, Statthalter 137.
an Antigonos 139.
verbleibt d. Antig. 146.
an Lysimachos 147.
an die Seleukiden 147.
an die Ptolemäer 148.
an Antiochos III 151.
an die Rhodier 155 ff.
von Rom für frei erklärt 165.
staatsrechtl. Verhältnis zu Rom vom J. 168 an 167—170.
Bundesstaat 171—181.
demselben Oinoanda, Bubon, Balbura zugewiesen 174 f.
ager publicus in Ln. 188.
Flotte von Dolabella in Ln. gesammelt, aber von Lentulus Spinther zur Auflösung gezwungen 190 ff.
wird unter Claudius Provinz 205. 211, dann wieder unter Vesp. 209. 211.

Lykien, wann senatorische Prov.? 211 f.
Militärverhältnisse der Provinz 212—14.
Lykier, nördliche 14—18.
Bedeutung des Namens 28 f.
Kämpfe mit den Milyern und Solymern 61. 89.
mit den Rhodiern 89 f. 159—165.
beteiligt an der Schlacht in Paraitakene 144.
verweigern dem Cassius Schiffe, deshalb von Brutus bekriegt 191—203.
Lykos 27. 41.

M.

MA, Münzlegende 179. 207.
Marmara 136.
Mas(s)ikytos, Geb. 4.
Maussollos 104. 105. 111.
Megiste 8. 89. 146. 154. 175.
Messapier 44.
μητρόπολις 229.
Milet 14. 65. 95. 105.
Milyas 1 f. 21 f. 111. 135. 180.
Milye 24.
Milyer 20 ff. 97.
Minyer mit Milyern verwechselt 24. 42 f.
Mithradates, Sohn des Ant. III 151.
d. Gr. 185 f.
Mucianus (Licinius) 208.
Münzen, lyk. in pers. Zeit 112 f.
des unabh. lyk. Bundes 177 ff.
Mutterfolge 116 ff.
Dauer 121—125.
Nachwirkungen 124.
Mutterrecht 67. 120—122.

Myra 3. 8. 111. 176. 185. 202. 206. 230.
μυρίπνους 218.
Myros Fluss 2. 8.

N.

ναύαρχος 185. 213.
Naukrates 192.
Nearchos 137—140.
Νέοι 183.
Nereidenmonument 103. 112.
Nikolaos der Heilige 239.

O.

Ogygia — οἱ 31.
Oinoanda 174. 196.
Olen 76 f. 79.
Olympos Berg 3. N. 48.
  Stadt 3. 175. 176. 188.
Opramoas 233 f.

P.

Παμφυλιάρχης 223.
Pamphylien 11. 211—215. 223.
Pamphylier 51.
Pandaros 15 f. 35.
Patara N. 48. Stadt 5. 67. 116. 135. 146. 148. 151—155. 176. 186. 200 f. 218.
  Orakel 82—84.
πατρῷοι θεοί 69; Kult mit dem der Kaiser verbunden 226.
Pauli, C. 44.
Perikles, „Kg. d. Lr." 104—106.
Persien unterwirft Ln. 90 f.
  Art der pers. Herrschaft 96 ff.
Pfeilergräber 131 f.
Phaselis 9. 68. 99. 105. 111. 116. 135. 146. 180. 185. 187.

Phellos 7.
Phoiniker 47—49.
Phoinikus 48.
Phokion 116[1]).
Phryger mit den Lrn. verwandt 37 f.
φυλή 183.
Pinara 5. 6. 15. 176. 178.
Pinaros (Heros) 20.
Pisider 22. 25. 239.
Pixodaros, Dekret des P. 105.
πολιτεύεσθαι 233.
Praxidike 20.
πρεσβύται 98.
Proconsules, Lyciae etc. 212.
Procuratores 211.
Proitos 52.
Proklos, Philosoph 238.
Provinziallandtag 222—225.
Ptolemaeus I erobert Xanthos 146.
  II erwirbt Ln. 148.
  baut in Patara 148.
  Epiphanes 150.
  Erzleibwächter (aus Telmessos) 150.
  Sohn d. Juba, König v. Numidien 205.

R.

Rhodiapolis 9. 90.
Rhodos, Kämpfe mit den Ln. und Besitzungen in Ln. in vorpers. Zeit: 89. 110.
  spätere: 146.
  erhält Lykien: 157 f.

---

[1]) Plutarch Phoc. 18. nennt statt Patara: Gergithos.

Rhodos, Kriege zwischen Rh.
u. d. Lrn. 159—163.
Regiment in Ln. 159. 162.
verliert Ln. 163 ff.
Rom, seine Politik gegenüber
Rhodos u. Ln. 155—166.
Zentralisation 215—219.
Kult der Dea Roma 223 f.
Römische Bürger 220 f.

S.

Sarkophage 130 f.
Sarpedon 19. 27. 40. 64—66.
Sarpedonion 66. 196.
Satrapenaufstand, grosser,
Ln. beteiligt 102—104.
Schenkungen und Stiftungen 234 f.
Seeraub d. L. 90. 126 f.
Seeräuberkrieg des Servilius 175. 187 f.
Seeräuber in der späteren Kaiserzeit 219.
Seleukiden 148 f.
Semiten, Ansiedlungen und Spuren in Ln. 47 f.
Solymer und Pisider zu ihnen gehörig? 25 f. 239 f.
Sepulkralmulten 128 f.
Sibros (Sirb(br)is) 2. 48.
Sidyma, N. 48 (s. Kragos).
σειτομετρεῖν 231.
Solymageb. 6. 256.
Σολυμεύς (Zεὺς) 23.
Solymer 21 ff. 105. 111. 239.
Solymos 23 f. 239.
Spiele 236.
Stele v. Xanthos 107—110. 239 f.
Stimmen, Verteilung im lyk. Bundesst. 171 f.

Strafe für falsche Zeugen 125 f.
für Diebstahl der Freien 126.
στρατηγήσαντα 232
Sulla 169 f.
Sura 8.
Sympolitie 177.
Synedrion des unabh. Bundesstaates 172—174.
Συντέλεια 207.
Συντελεῖν 93.

T.

Tacfarinas 205.
ταμίας 232.
Tarsos 58.
Telephos 67 f.
Telmessos 3. 4. 83. 99. 103 f. 110. 135. 138. 156 179 f. 185. 206.
Termeros — a 41.
Termessus maior 58. 142 f.
Termessus minor 25. 175.
Τηλόμοι 23.
Thraker 25.
Verwandtschaft der Lr. und Thr. nicht bewiesen 31—35.
Tiberius, Kult 224.
Tiryns 52 f.
Tloos (Heros) 20. 176.
Tlos 6. 36. 206.
Tod, Vorstellungen 80.
Trauer der Männer in Frauenkleidern 120.
Tremiler 20.
Tremilos 20.
Trerer 17.
Triopas 31.
Triquetrum 57. 70. 114.
Troer 15. 30.
mit d. Lrn. verwandt 35—37.

V.

Verres 186.
Vespasian 209. 217. 221 f.

X.

Xanthos (Heros) 20. 31. 41.
  (Freigelassener) 38.
  Stromthal 5 f.
  (Fluss)name 36 f.
  Stadt 5.
  von Harpagos erobert 90—92
  wiederbesiedelt 92—94.
  die Bürgerschaft sucht und findet nicht im Kampf gegen
  Al. d. Gr. den Untergang 135. 176. 199.
Xanthos von Ptol. 1 auf kurze Zeit erobert 146.
  von Brutus belagert und zerstört 192—199.
Münzvereinigung mit Kragos 206.
μητρόπολις 229.
Xenagoras 7.

Z.

Zeleia 16. 35 f. 83.
Zeniketes 188.
Zeus Solym. 23; Triopas 35.

Inschriften.

C. i. g. 2811 b. 3969. 7071: S. 31 ff.
4239: S. 149.
4269: S. 94. 107 f. 239 f.
4269 b¹ b²: S. 185.
4269 b: S. 205.
C. i. g. 4325 b Add.: S. 230.
5880: S. 167—169.
6309 b Add.: S. 238.
Dittenb. no. 132: S. 107.
C. i. l. 589 (587. 8): S. 167—169.

Stellen aus Schriftstellern.

Schol. ad Il. XII, 101: S. 67.
Herod. I, 173: S. 21. 27. 117 f.
  I, 176: S. 91.
Theopomp fr. 111: S. 90. 103.
Polyb. 30, 5, 12: S. 165.
Strabo VIII, 373: S. 52.
  XIII, 627: S. 16 ff.
  XIV, 664 f.: S. 172—177.
Arrian I, 26: S. 34.
Appian Mithr. 61: S. 169 f.
  bell. civ. 5, 7: S. 170.
Liv. 37, 56, 4. 5: S. 150.
  44, 15, 1 u. 2: S. 164.
Plin. n. h. V, 95: S. 25. 34.
(Pseudo) Lucian Erotes 7: S. 218.
Ael. Spartian. Hadrianus c. 5, 2: S. 220.

www.ingramcontent.com/pod-product-compliance
Lightning Source LLC
Chambersburg PA
CBHW021358230426
43666CB00006B/572